L'homme d'à côté

Emerson Hough

Writat

Cette édition parue en 2023

ISBN : 9789359254678

Publié par
Writat
email : info@writat.com

Contenu

I - Comment nous sommes-nous déplacés

Bonnie Bell était son vrai nom : Bonnie Bell Wright. Cela ressemble à un cheval de course ou à un yacht, mais c'était une fille. Ce nom ne vous convient pas exactement pour une fille, mais il convenait à son père, Old Man Wright. Je ne sais pas si elle a jamais été baptisée de ce nom, ni peut-être même baptisée, car l'eau était rare dans le Wyoming ; mais il n'aurait jamais été sain de se plaindre de ce nom devant Old Man Wright ou moi, Curly. En ce qui concerne cela, elle avait aussi d'autres noms. Sa mère l'appelait Mary Isabel Wright ; mais son père a commencé à l'appeler Bonnie Bell un jour quand elle était petite, et c'est resté, surtout après la mort de sa mère.

C'est alors que Bonnie Bell n'avait que quatre ans que sa mère est décédée et que sa mort a fait une grande différence dans le ranch. Je pense que Old Man Wright a probablement volé la mère de Bonnie Bell quelque part aux États-Unis quand il était jeune homme. Elle devait l' aimer un peu, sinon elle ne serait pas venue avec lui dans le Wyoming. Elle était grande et plus jolie que n'importe quelle image en couleurs – et en gibier ! Elle a essayé toute sa vie de montrer qu'elle aimait la gamme, mais elle n'a jamais été faite pour ça.

Maintenant, la voir lancer ce bluff et s'en tirer avec Old Man Wright – et personne d'autre, surtout moi – et voir Old Man Wright s'inquiéter, essayer de comprendre ce qui n'allait pas, et ne pas y parvenir – c'était le la chose la plus difficile qu'aucun d'entre nous ait jamais essayée. La façon dont il travaillait pour rendre la mère de Bonnie Bell heureuse était évidente pour tout le monde. Il se levait et regardait l'endroit où il l'avait vue passer pour la dernière fois, et oubliait qu'il avait une corde à la main et que son cheval l'attendait.

Après sa mort, nous avons dû nous mettre tous les trois à table – lui, l'enfant et moi – et personne au bout de la table où elle avait l'habitude de s'asseoir – elle portait toujours des vêtements qui n'étaient pas comme les nôtres. Je ne pouvais pas le supporter. Mais c'était ainsi qu'était le jeu Old Man Wright.

Il n'était pas vraiment vieux. Comme lorsqu'il était plus jeune, il était grand et droit, avait des cheveux blonds et des yeux bleus, et pesait environ cent quatre-vingts ans, maigre. Tout le monde sur le stand avait toujours connu Old Man Wright. Il fut capitaine de la rafle à vingt ans et président de l'association bovine dès son lancement. Je ne sais pas s'il y a jamais eu de meilleur vacher dans le Wyoming. Il a grandi avec ça.

Bonnie Bell a grandi avec ça, d'ailleurs. Elle plaisait beaucoup à son père, car elle se mettait en selle comme un canard, pour ainsi dire. À l'âge de quinze ans, elle pouvait monter n'importe quel cheval que nous avions, et si un cheval tanguait quand elle le débarrassait , elle pensait que ce n'était pas grave ; elle pensait que c'était juste une façon de faire des chevaux et quelque chose à supporter qui ne signifiait pas grand-chose. Elle ne savait pas mieux. Elle n'avait jamais pensé que quoi que ce soit ni qui que ce soit au monde lui en veuille, de toute façon. Elle croyait naturellement que tout et tout le monde l'aimait, car c'était ce qu'elle ressentait et c'était ainsi que cela se formait sur le stand. Il n'y avait aucune main sur place qui aurait permis à quoi que ce soit de traverser Bonnie Bell de quelque manière que ce soit.

Elle a grandi grande, comme son père, et mince et ronde, comme sa mère. Elle avait aussi les cheveux bruns ou jaunâtres, hâlés par le soleil, car elle ne portait jamais de bonnet ; mais ses yeux étaient comme ceux de sa mère, qui étaient foncés et non bleus, même si sa peau était blanche comme celle de son père sous les manches de sa chemise, sauf qu'elle n'avait jamais de taches de rousseur comme son père - certaines étaient grosses comme des pièces de cinq cents sur lui par endroits. Elle avait peut-être une tache de rousseur sur le nez, mais peu.

Bonnie Bell était cavalière depuis qu'elle était bébé, comme je l'ai dit, et elle s'est lancée dans tous les travaux de stand comme si elle était conçue pour cela. Elle était sauvage, comme une pouliche ou un yearling qui lève les talons quand le soleil brille et que le vent souffle. Et jolie! Dites, un nouveau wagon avec des roues rouges et des garnitures jaunes n'est pas comparable à elle, pas du tout !

Quand sa mère est morte, le vieil homme Wright n'a pas été bon à grand-chose pendant longtemps, car il étudiait toujours pour quelque chose. Bien qu'il n'ait jamais parlé d'elle, j'admets que d'une manière ou d'une autre, après sa mort , il en est arrivé à la conclusion que peut-être qu'elle n'avait pas été heureuse tout le temps, et il en est venu à penser que peut-être il en était responsable. d'une manière ou d'une autre. Après qu'il fut peut-être trop tard, il comprit qu'elle n'aurait jamais pu devenir une femme hors de portée, peu importe combien de temps elle vivait.

Mais nous devons quand même tous prendre les choses en main, et il l'a fait du mieux qu'il pouvait ; et une fois que l'enfant a commencé à grandir, il était plus heureux. Tout le temps, il remontait la gamme et le stock, jusqu'à ce qu'il soit plus riche que quiconque que vous ayez jamais vu, même si ses vêtements étaient à peu près les mêmes. Mais, à l'époque où Bonnie Bell avait quatorze ou quinze ans, à peu près comme lorsqu'une pouliche ou une génisse est d'un an environ, il a commencé à étudier davantage.

Il y avait une pièce au rez-de-chaussée où nous gardions parfois des choses dont nous n'avions pas besoin tout le temps : les selles, les brides de luxe, etc. Il y avait de vieilles malles dedans. Je pense que peut-être que Old Man Wright y allait parfois sans rien dire à personne. Quoi qu'il en soit, une fois, je suis allé là-bas pour quelque chose et je l' ai vu assis par terre, quelque chose dans sa main qu'il regardait si fixement qu'il ne m'a jamais entendu. Je ne sais pas ce que c'était – une photo peut-être ou une lettre ; et son visage était différent d'une manière ou d'une autre – plus âgé – de sorte qu'il ne ressemblait pas au même homme. Vous voyez, Old Man Wright était peut-être doux à l'intérieur, comme beaucoup d'entre nous, les hommes durs.

Je suis sorti en rampant et me suis senti très responsable d'avoir vu ce que j'avais, même si je n'en avais pas l'intention. On dirait que toute ma vie, j'ai vu ou entendu des choses qui ne me concernaient pas – certaines personnes ne font jamais les choses correctement. C'est moi. Je n'ai jamais dit à Old Man Wright que je l'avais vu là-bas et il ne le sait pas encore. Mais peu de temps après, il est venu me voir, et il n'avait pas été rasé depuis quatre jours, et il avait l'air plutôt bizarre ; et il me dit :

"Curly, nous y sommes pour de bon!" dit-il.

"Pourquoi, qu'est-ce qui ne va pas, colonel ?" dis-je, car j'ai vu que quelque chose n'allait pas.

Il n'a pas répondu au début, mais a en quelque sorte levé la main pour montrer que je devais l'accompagner.

Enfin il dit :

"Curly, nous sommes prêts à y faire face !" Il soupira alors, comme s'il avait perdu tout un train de vaches.

« Quoi de neuf, colonel ? dis-je. "Des voleurs de fourgons ?"

"Sûrement pas!" dit-il. "J'aimerais que ce soit ça – j'aimerais bien."

"Eh bien", dis-je, "nous avons eu beaucoup de cette eau et nous avons marqué plus que notre pourcentage moyen de veaux ce printemps." Car telle était la situation cette année-là : tout allait bien. Cet automne, nous étions prêts à vendre pour quatre-vingt mille dollars de vaches de boucherie.

Il n'a pas dit un mot et je lui ai demandé s'il y avait des nicheurs qui arrivaient ; et il secoua la tête.

"J'ai vu ça quand j'ai déposé mes brevets, il y a des années. Non, la gamme est sûre. C'est ça qui ne va pas, le titre est bon, trop bon."

"Eh bien, colonel", dis-je, certains dégoûtés et me levant pour s'éloigner, "si jamais vous voulez me parler, envoyez quelqu'un là où je suis. Je suis occupé."

"Asseyez-vous, Curly", dit-il sans me regarder.

Alors je l'ai fait.

"Mon fils", me dit-il - il m'appelait souvent ainsi depuis que j'étais son segundo pendant tant d'années - "ne pars pas ! J'ai besoin de toi. J'ai besoin de quelque chose."

Maintenant, je ne suis plus qu'un cow-boy aux taches de rousseur, aux cheveux roux, et certains disent que mes deux yeux ne suivent pas la même chose, et peut-être que je suis dedans. En plus, je n'ai pas beaucoup d'éducation. Mais, voyez-vous, je suis avec Old Man Wright depuis si longtemps que nous avons en quelque sorte appris à nous connaître — même si je ne suis pas non plus bon pour la Divine Providence.

"Curly", dit-il après un moment quand il a repris courage, "Curly, on dirait que je dois vendre — je dois vendre le Circle Arrow!"

Hein! C'était pire que tout ce qui m'a jamais frappé dans ma vie, et nous avons également connu des problèmes. Je ne pouvais pas dire un mot à ce sujet.

Après environ une heure, il recommença.

"Je pense que je dois la vendre", dit-il. "Je dois quitter le jeu. Curly, toi et moi devons faire un changement - j'ai bien peur de devoir la vendre - serrure, stock et baril."

"Et ne plus être un vacher ?" dis-je.

Il hoche la tête. Je regarde autour de moi pour le voir de près. Il était absolument sobre et son visage était solennel, comme si c'était la fois où je l'avais surpris en train de regarder dans le coffre.

"Ce syndicat d'irrigation est encore après moi", dit-il.

"Eh bien, qu'en est-il ?" dis-je. "Laissons- les aller ailleurs . Il n'est pas nécessaire que nous gagnions plus d'argent, nous sommes assez riches pour n'importe qui sur terre. D'ailleurs, quand un homme est un vacher , il va aussi loin qu'il peut." Je peux y aller, il n'y a rien de mieux au monde que ça. Vous le savez et moi aussi.

Il hoche la tête, car ce que j'ai dit était vrai et il le savait .

« Colonel, lui dis- je, avez-vous joué au poker ?

"Certains", dit-il. "Au Cheyenne Club."

"Combien as-tu perdu?"

"Je n'ai rien perdu : j'ai gagné plusieurs milliers de dollars et huit cents têtes de bœufs la semaine dernière", dit-il.

"Eh bien, qu'est-ce qui ne va pas ?" dis-je.

"Cela remonte à loin ", dit-il au bout d'un moment, et maintenant son visage ressemblait plus que jamais à celui qu'il avait lorsqu'il était là en train de fouiller dans ces malles. Je détourne mon visage maintenant, pour ne pas l'embarrasser, car j'ai vu qu'il était un peu déséquilibré.

"C'est elle", dit enfin le vieil homme.

J'aurais pu le savoir – j'aurais peut-être su que c'était soit Bonnie Bell, soit sa mère qu'il avait en tête tout le temps ; mais il ne pouvait pas dire un putain de mot. Il reprit au bout d'un moment :

"Quand elle était malade , j'ai commencé à avoir un peu peur. Un jour, elle a pris Bonnie Bell par une main et moi par l'autre, et elle m'a dit : "John Willie" - elle m'appelait ainsi, même si personne ne le savait. peut-être... "John Willie", dit-elle, "je veux te demander quelque chose que je n'avais jamais osé demander auparavant, parce que je n'avais jamais su à quel point tu tenais vraiment à moi", dit-elle. Oh, bon sang, Curly, c'est vrai . Ce qu'elle a dit ne regarde personne.

Au bout d'un moment, il reprit sa route.

"'Lizzie,' lui dis-je, 'qu'est-ce qu'il y a ? Je ferai n'importe quoi pour toi.'

"'Promets-moi alors, John Willie,' dit-elle, 'que tu éduqueras ma fille et que tu lui donneras la vie qu'elle devrait avoir.'

"'Eh bien, Lizzie,' dis-je, 'bien sûr que je le ferai. Je ferai tout ce que tu dis, comme tu le demandes.'

"'Alors donne-lui la place qu'elle devrait avoir dans la vie', me dit-elle."

Il s'arrêta alors de parler pendant peut-être une heure, et enfin il dit encore :

"Eh bien, Curly, laisse tomber ça. Je ne peux pas parler de choses. Je ne pourrais jamais parler d'elle."

Je ne pouvais pas non plus parler. Au bout d'un moment, il reprit en quelque sorte, lentement :

"Le gamin a quinze ans maintenant", dit-il enfin. "Elle va être aussi belle que sa mère. C'est dans son sang de grandir dans le secteur des vaches aussi - c'est moi. Mais en plus, comme sa mère, elle a envie de faire quelque chose de différent.

"Je n'aime pas faire mon devoir plus que quiconque, mais il est de mon devoir d'éduquer cette enfant et de lui donner une chance de prendre un meilleur départ que ce qu'elle peut obtenir ici. C'était cela qui était en elle. Elle ne voulait pas que sa fille grandisse ici, dans le Wyoming ; elle voulait qu'elle retourne dans l'Est et joue au jeu, au grand jeu, à la limite du toit. Elle l'a décidé, et elle doit le faire . " Je l'ai, même si elle est morte depuis plus de dix ans maintenant. Quant à vous et moi, cela ne peut pas faire beaucoup de différence. Nous l'avons élevée du mieux que nous avons connu jusqu'à présent. "

"Eh bien, vous ne pouvez pas vendre le Circle Arrow maintenant", dis-je, "et je vais vous dire pourquoi."

" , dit- il.

"Eh bien, réfléchissons", dis-je. "Il faudra de toute façon quatre ans pour que Bonnie Bell soit prête à éteindre la cuisinière, selon la façon dont les choses fonctionnent. Elle devra aller à l'école pendant au moins "

"Tu veux dire dans une université pour filles ?" dit-il. "Eh bien, j'ai réfléchi à tout cela. Elle devra fréquenter le même genre d'écoles que sa mère et devenir une dame, comme sa mère." Il a l'air un peu plus joyeux et me dit : "De toute façon, ça va retarder de quatre ans, n'est-ce pas ?"

"Ce sera le cas", dis-je. "Peut-être que quelque chose se passera d'ici là. Il n'est pas logique que ces gens du syndicat soient aussi stupides dans quatre ans qu'ils le sont aujourd'hui; et comme assez, vous ne pouvez pas vendre. la portée alors nulle part . " Cela nous rend tous les deux beaucoup plus joyeux.

Eh bien, plus tard, lui et moi avons commencé à chercher dans des livres quelle était la meilleure université pour filles, même si aucune d'entre elles n'a parlé de prendre soin spécialement des filles qui connaissaient plus les chevaux et les vaches qu'autre chose. Nous avons vu les noms de nombreuses écoles – Vassar, Ogontz et Bryn Mawr – mais nous ne parvenions pas à prononcer leurs noms ; nous avons donc voté contre tous. Finalement, j'en trouvai un qui avait l'air bien : il s'appelait Smith.

"Voici l'endroit !" dis-je au vieil homme Wright ; et je lui ai montré sur la page. "Ce Smith semble avoir un certain sens du cheval. Envoyons Bonnie Bell chez Old Man Smith et voyons ce qu'il fera d'elle."

Eh bien, nous l'avons fait. Old Man Smith devait bien connaître son métier, car ce qu'il a fait avec Bonnie Bell était considérable. Elle était changée lorsqu'elle nous est revenue pour la première fois, l'été de la première année. Je ne suis pas allé vers l'Est et je n'ai jamais rencontré Old Man Smith ; mais je dis qu'il devait connaître son affaire. Son catalogue indiquait que sa ligne était de faire apprécier aux filles les meilleures choses de la vie. Il a écrit Better Things en grosses lettres. Eh bien, je ne sais pas si Bonnie Bell a commencé à avoir envie de meilleures choses ou non, mais elle a ensuite changé de plus en plus chaque année lorsqu'elle rentrait à la maison. En quatre ans , elle n'était plus la même fille.

Elle n'était pas gâtée – on ne pouvait pas la gâter maintenant . Elle était toujours aussi chatouillée par les poulains, les veaux, les poules, la luzerne et les montagnes ; et elle pouvait toujours monter tout ce qu'ils apportaient, et elle n'avait pas oublié comment faire de la corde. Pourtant, elle était différente. Ses vêtements étaient différents. Ses chapeaux étaient différents. Ses chaussures étaient différentes. Ses cheveux étaient coiffés différemment. D'une manière ou d'une autre, elle avait grandi moins comme son père que comme sa mère. Alors j'ai vu que le pire qui pouvait arriver à lui et à moi était arrivé. Them Better Things n'était pas comme on le cultivait dans le Wyoming.

Maintenant, Old Man Wright et moi, nous deux, avions élevé l'enfant. Moi étant contremaître, ça faisait aussi partie de mon métier. Nous avons été occupés. Je voyais que nous allions être beaucoup plus occupés. Peu de temps après, quelque chose allait éclater. Enfin , le vieil homme revient vers moi.

"Curly", dit-il, "j'espérais que quelque chose arriverait, pour que notre gamme ne soit pas une tentation pour les colonisateurs de l'irrigation; j'espérais que quelque chose leur arriverait et qu'ils perdraient leur argent. Mais Au lieu de cela, ils ont perdu la tête. Ces quatre dernières années, ils ont augmenté leur offre sur le Circle Arrow d'un demi-million de dollars chaque année. Ils m'ont offert plus d'argent qu'il n'y en a dans le monde entier. Ils disent maintenant que pour la marque et le les pâturages et le ranch familial, ainsi que toutes les terres à foin et les fossés que nous avons creusés il y a si longtemps, ils me donneront trois millions huit cent mille dollars, dont un tiers en argent réel et le reste garanti sur place. tu penses à ça ?"

"Je pense que quelqu'un a été ivre", dis-je. "Il n'y a pas beaucoup d'argent du tout. Je me souviens avoir vu Miss Anderson, la professeure de Bonnie Bell à Meeteetse, gagner un million de dollars au tableau, et c'était clair partout. " - six chiffres, avec un chiffre devant. Et ce n'était qu'un million de dollars. Quand vous parlez de près de quatre millions de dollars - eh bien, il n'y a pas beaucoup d'argent. Ils vous trompent, Colonel . "

"J'aurais aimé qu'ils le soient ", dit-il en soupirant ; "Mais l'agent continue de me harceler. Il dit qu'ils gagneront quatre millions ou peut-être plus si je lâche prise. Tu vois, Curly, nous avons bien cueilli le terrain il y a des années, et les fossés que nous avons laissés entrer depuis les montagnes pour le bétail il y a des années, c'est ce sur quoi ils ont les yeux rivés maintenant. Ils disent que les gens peuvent cultiver à sec les bancs en direction des montagnes - ils ne le peuvent pas, et je n'aime pas voir personne l'essayer. Je suis un vacher et je n'aime pas voir le champ de tir utilisé pour rien d'autre. Mais qu'est-ce que je vais faire ?

"Eh bien, qu'allez-vous faire, colonel ?" dis-je. "Je sais ce que tu vas faire, mais je vais juste te le demander ."

"Bien sûr", dit-il, "ce n'est pas dans mon cœur de vendre le Circle Arrow - vous le savez - mais je dois le faire. Voici Bonnie Bell. Elle a fini, c'est-à-dire qu'elle n'a pas fini , mais Je ne fais que commencer. Elle est à la limite de ce que la gamme peut produire pour elle en ce moment.

Je lui ai fait un signe de tête. Nous avons tous les deux ressenti la même chose. Ce n'est pas vraiment ce qui nous est arrivé.

"Eh bien", dit-il, "nous devons lui choisir un endroit où vivre après avoir vendu la gamme. J'ai pensé à Saint-Louis, mais il fait trop chaud et je n'ai jamais aimé le marché là-bas. Kansas City est un " C'est une bonne ville de vaches ; mais ce n'est pas aussi bon que Chicago. Je pense que Chicago est peut-être une aussi bonne ville de vaches qu'elle l'est. "

"Eh bien, Colonel", dis-je, "je pense que c'est ici que je vais vers l'Ouest."

"Tu vas où?" me dit-il, brusquement.

"Ouest", dis-je.

"Il n'y a pas d'Occident", dit-il. "D'ailleurs, qu'est-ce que tu veux dire ? De quoi tu parles, aller n'importe où ?"

"Vous avez dit que vous alliez vendre la gamme", dis-je. "Cela met fin à mon travail, n'est-ce pas ? J'ai déposé des dossiers sur huit ou dix propriétés, tout comme les autres garçons. Tout est étudié et breveté, et c'est à vous. vendre."

Il ne dit rien pendant un moment, sa pomme d'Adam montant et descendant dans son cou.

"Vous avez été honnête avec moi toute votre vie, Colonel", dis-je, "et je ne peux pas donner de coups de pied. Il faut bien parfois jeter tous les cow-punchers dans l'herbe et cela a pris longtemps pour moi. Je suis aussi vieux que c'est votre cas, colonel, et je ne peux pas me plaindre.

"Curly", dit-il, "ce que tu dis me blesse un peu plus que tout ce qui m'est jamais arrivé. N'ai- je pas toujours bien agi avec toi ?"

" Bien sûr que oui, Colonel. Qui a dit que non ? "

" N'as- tu pas toujours été honnête avec moi ? "

"Au mieux que je savais faire", dis-je. "Je n'ai jamais laissé ma main droite savoir ce que ma gauche faisait avec un fer à repasser - et j'étais gaucher."

"C'est vrai ; vous m'avez aidé à démarrer dans les premiers jours. Je vous dois beaucoup, bien plus que je n'ai jamais payé ; mais le moins que je puisse faire pour vous serait de vous donner une maison et un logement. à ma table aussi longtemps que tu vivras, et un salaire supérieur à ta valeur, n'est-ce pas la vérité ? »

"Je ne sais pas comment vous comprenez cela", dis-je.

"Oui; vous aussi, vous savez comment je pense cela - vous savez qu'il n'y a qu'une seule façon de le comprendre. Vous restez avec moi jusqu'à ce que l'enfer gèle sous nous deux; et je ne veux plus en entendre parler. parle de toi qui va vers l'Ouest ou nulle part ailleurs.

Les pommes d'Adam dérangent parfois.

"Nous avons construit cette marque ensemble", dit-il, "et de quel droit avez-vous le droit de la secouer maintenant ?" dit-il ; je ne peux plus beaucoup parler maintenant. « Nous avons parcouru ce parcours, chaque pied, ensemble, et avons dormi plus d'une fois sous le même tapis de selle. Je vous ai fait confiance pour compter un millier de têtes de bœufs pour moi une demi-douzaine de fois par an. Le rodéo de printemps entre vos mains depuis que je me souviens bien. Vous êtes la moitié du père de ce gamin. Les temps ont-ils tellement changé que vous avez le droit de parler comme vous parlez ?

" Mais vous retournez aux États-Unis, Colonel, " dis-je. " Là-bas, on envoie des hommes à quarante ans - et je ne reverrai plus jamais quarante ans. J'ai lu dans les journaux que quarante ans est la date limite. là-bas."

"Ce n'est pas dans le Wyoming", dit-il.

"Nous ne serons plus dans le Wyoming, là-bas", dis-je.

Il s'est assis et a regardé à travers la chaîne de montagnes vers Gunsight Gap, à la tête de la rivière, et je pouvais le voir blanchir sous ses taches de rousseur. Il était partant, mais il avait peur.

"Nous n'y pouvons rien, Curly", dit-il. "Nous avons élevé la fille entre nous et nous devons rester jusqu'au bout. Tu as été mon contremaître ici et tu dois être mon contremaître là-bas, en ville. Nous y atterrirons avec quelques millions de dollars. ou presque et je pense que nous apprendrons le jeu après un moment."

"Je ferais un sacré vallay , n'est-ce pas, Colonel ?" dis-je.

"Je ne vous ai pas demandé de ne pas être un vallay pour moi", dit-il. "Je vous demande d'être mon contremaître, vous savez très bien ce que je veux dire."

Je le savais aussi à ce sujet, et je pensais alors plus au vieil homme Wright que jamais. Bien sûr , il est difficile pour les hommes de parler beaucoup sur le stand, et nous n'en parlions pas. Nous ne sommes restés assis qu'un bon moment, les genoux levés, cassant des bâtons et regardant le Gunsight Gap, au sommet du stand, comme si nous ne l'avions pas vu là un jour au cours des quarante dernières années.

J'avais très peur de ce nouveau déménagement et lui aussi. C'est comme entrer dans un gué où l'eau est tachée de neige ou de boue et coule haut, et où il n'y a pas de berge basse de l'autre côté. Vous ne savez pas comment c'est, mais vous devez tenter votre chance. Cela m'a semblé mauvais et cela l'a fait pour lui ; mais nous étions déjà allés dans de tels endroits ensemble et nous savions tous les deux que nous devions le faire maintenant.

« Colonel, lui dis-je enfin, cela ne me plaît pas du tout, mais je dois en finir avec vous si vous le voulez.

Il m'a en quelque sorte frappé le côté du genou avec le dos de sa main, comme s'il disait : « C'est un échange. » Et c'était un échange.

C'est pourquoi nous avons déménagé du Wyoming à Chicago, à la recherche de certaines de ces meilleures choses.

II - Où nous sommes entrés

"Eh bien, Curly", me dit un jour le vieil homme Wright, quelques mois après notre première conversation, "je l'ai fait!"

"Tu l'as vendue ?" dis-je.

"Oui", dit-il.

« Combien leur avez-vous coûté , Colonel ? dis-je ; et il dit qu'on lui donne un million et demi d'acompte, ou quelque chose comme ça, et le solde de quatre millions et quart différé, un, deux, trois.

C'est plus d'argent que ne vaut tout le Wyoming, sans parler de la Yellow Bull Valley, que nous possédons.

"C'est une grosse somme d'argent différée, n'est- ce pas, Colonel ?" dis-je.

"Eh bien, je ne leur en veux pas ", dit-il. "Si je devais payer à quelqu'un trois ou quatre millions de dollars , je différerais le paiement aussi longtemps que je le pourrais. En plus, je pense qu'ils différeront le paiement de plus d'un, deux ou trois ans s'ils attendent que les Grangers paient." Ils remboursent leur argent avec ce qu'ils peuvent récolter.

"Mais n'est- ce pas drôle comment vous et moi avons gagné tout cet argent ? C'est une preuve de ce que l'industrie et l'économie peuvent faire quand elles ne peuvent pas s'en empêcher . Quand Tug Patterson m'a souhaité cette gamme il y a quarante ans , je l'ai détesté comme un péché. Pourtant, nous creusons les fossés d'année en année, progressivement, et nous y sommes !

"Eh bien, maintenant", poursuit-il, "ils veulent la possession tout de suite. Nous devons tirer notre fret. Toi et moi, Curly, nous n'avons plus de maison."

C'était la vérité. Au bout de trois semaines , nous étions en route et nous nous retrouvions dans le monde comme des orphelins. Pourtant, Old Man Wright, il ne pouvait tout simplement pas supporter de partir sans un dernier tourbillon avec les garçons au Cheyenne Club. Il y est resté plusieurs jours ; et quand il revint, il avait faim, mais pas soif.

"Ça ne sert à rien, Curly", dit-il. "C'est ma faiblesse et je le déplore; mais je n'arrive pas à prendre le dessus sur mes habitudes."

"Combien avez-vous perdu, colonel ?" Je l' interroge .

"Perdre?" dit-il. "Je n'ai rien perdu. J'ai gagné quatre parcelles de terrain et cinq cents vaches. Je ne suis pas allé le faire et je suis désolé ; parce que, qu'est-ce que je vais faire de ces vaches ?"

"Cédez- les à Bonnie Bell", dis-je. "Confiez- les à un type que vous connaissez pour les actions. Nous aurons peut-être besoin d' eux pour une participation un jour."

"C'est une bonne idée", dit-il. "Je n'ai pas peur de faire faillite. L'argent vient à moi, je n'arrive pas à le chasser."

"Je n'ai jamais eu autant de problèmes", dis-je, "mais si vous vous sentez libéral, donnez-moi une bouchée de tabac et discutons-en."

Nous l'avons fait et nous avons tous deux admis que nous avions peur de quitter le Wyoming et d'aller à Chicago. Nous avons cependant dû faire notre pause.

Bonnie Bell était vraiment heureuse. Elle n'arrêtait pas de parler à son père des choses qu'elle allait faire une fois arrivée en ville. Elle lui a dit que, en ce qui la concernait, elle n'avait jamais quitté le stand ; mais comme il voulait aller vers l'Est et qu'il insistait pour le faire, eh bien, elle était prête à l'accompagner. Et il hoche la tête tout le temps pendant qu'elle lui parle de cette façon – il a mal à l'intérieur.

Nous ne savions pas plus qu'un lapin où aller en arrivant à Chicago ; mais Bonnie Bell a pris en charge nous. Nous avons logé dans le meilleur hôtel qui soit, celui qui donne sur le lac et où chaque demi-tour coûte un dollar. Les chasseurs nous faisaient rire doucement au début, et quand le directeur venait nous jauger, il ne pouvait pas nous distinguer tant que nous ne lui avions pas dit quelques choses. Peu à peu, cependant, les gens autour de cet hôtel ont commencé à nous remarquer, en particulier Bonnie Bell. Ils ont également découvert, comme assez, que Old Man Wright avait plus d'argent que quiconque à Chicago n'en avait jamais eu auparavant – du moins, il agissait comme s'il l'avait fait.

"Curly", me dit-il un jour, "je dois ouvrir un nouveau compte bancaire. Je ne peux pas faire de chèques assez vite sur une banque pour suivre Bonnie Bell", dit-il.

« Que fait-elle, Colonel ? Je l' interroge .

"Tout", dit-il. "Acheter de nouveaux vêtements et des photos, et plein de choses. En plus, elle va bientôt construire sa maison."

"Qu'est ce que c'est?" Je dis .

"Sa maison. Elle a acheté un terrain là-bas au bord du lac, au nord d'un de ces parcs; il se trouve juste au bord de l'eau et on peut voir de l'autre côté du lac. Elle a choisi une bonne distance. Si nous avions toute cette eau dehors dans le Wyoming, nous pourrions faire des affaires avec, mais ici, c'est du gaspillage, rien qu'à regarder.

"Elle a un homme qui dessine les plans de sa nouvelle maison, Curly - elle
dit que nous devons le faire cette année. Cette fille Shore est une arnaqueuse
! Compte tenu de toutes ces choses, vous pouvez facilement voir qu'il est
temps pour moi d'y aller et arrangez les choses avec une nouvelle banque.

donc à la banque qu'il convoite, la plus grande et la plus froide de la ville, un
bon endroit pour conserver du beurre et des aigs ; et nous avons rejoint
certains de ces gens de Chicago qui sont toujours pressés, ils ne savent pas
pourquoi. Nous arrivons là où il y a une rangée de gens derrière les barreaux,
comme dans une prison. Les gardiens de prison étaient installés dehors, assis
à des tables en verre, semblant suspects comme n'importe quel gardien de
prison dans un jeu de Faro. Ils ressemblaient tous à des gens de l'école du
dimanche. Je me sentais mal à l'aise.

Le vieux Wright s'approche d'une des tables où est assis un type avec des
lunettes et des moustaches au menton – un homme assez âgé ; et tu savais
qu'il avait l'air plus vieux qu'il ne l'était. Il ne m'a pas plu. Il nous mesure.
Nous portions toujours les vêtements que nous avions achetés à Cheyenne
au Golden Eagle, ce que nous trouvions suffisants ; mais cet homme, tout ce
qu'il nous dit c'est :

« Que puis-je faire pour vous, mes braves gens ?

"Je ne sais pas exactement quoi", dit Old Man Wright, "mais je veux ouvrir
un compte".

"Troisième bureau à droite", dit-il.

donc descendus sur trois bureaux et avons préparé un autre homme pour
voir si nous pouvions mettre de l'argent dans sa banque. Celui-ci avait des
moustaches séparées au milieu sur le menton. Je le détestais.

« Que puis-je faire pour vous, mon brave homme ? dit-il.

"Je pensais ouvrir un compte", explique Old Man Wright.

"Quelle affaire?" dit-il.

"Le poker et les vaches", dit Old Man Wright.

Le type à moustaches se détourna.

"Je suis très occupé", dit-il.

"Moi aussi", dit Old Man Wright. "Mais qu'en est-il du compte ?"

"Vous feriez mieux de voir M. Watts, trois fenêtres plus bas", dit l'homme
aux moustaches. Nous avons donc continué un peu plus bas.

"Quel montant de dépôt vouliez-vous faire, mon bon ami ?" comme ce nouvel homme, qui avait de petites moustaches devant les oreilles. Je ne l'aimais pas du tout.

Le vieux Wright met sa main dans sa poche et en sort un tas de beaux morceaux , des clés, un couteau et du papier-monnaie, et dit :

"Je ne sais pas, cela pourrait monter jusqu'à trois cents dollars."

L'homme aux petites moustaches repousse son rouleau.

"Nous ne pouvions pas imaginer ouvrir un si petit compte ", dit-il. "Je vous recommande à notre service Epargne , deux étages plus bas."

Old Man Wright, il se tourne vers moi et dit :

"N'ont-ils pas le système des amendes ? Ils ont toujours une place pour votre argent, même si c'est un tout petit peu."

"Attendez une minute", dit-il au bout d'un moment et il sort une carte de sa poche. "Apportez ceci à votre président et dites-lui que je veux le voir."

Cela a fait pâlir l'homme aux petites moustaches. Sa bouche était ronde comme celle d'un poisson meunier.

"Que veux-tu dire?" dit-il.

"Rien de grand-chose", dit Old Man Wright. "J'ai peut-être oublié certaines choses. Je me suis trompé à propos de ces trois cents dollars ."

Il aplatit sur la table un morceau de papier ébouriffé qu'il a trouvé dans sa poche latérale.

"Ce n'était pas du tout trois cents dollars, mais trois cent mille dollars", dit-il. " J'ai oublié. Allez demander à votre président s'il veut bien me laisser ouvrir un compte, d'autant plus que j'ai acheté quatre mille actions de cette banque l'autre jour alors que j'étais distrait — mon banquier à Cheyenne m'a dit de le faire. Vous comprenez pourquoi je suis venu ici : je voulais voir comment les gens qui travaillaient dans cette affaire se débrouillaient, moi étant actionnaire. Maintenant, vas-y, mon fils, " dit-il, " et amène le président ici, parce que je Je suis occupé et je n'ai pas longtemps à attendre."

Et blâmez-moi si le président ne sortait pas lui aussi, au bout d'un moment ! C'était un petit homme, mais on aurait dit qu'il venait tout juste de recevoir son costume chez le tailleur ce matin-là, ainsi que sa cravate, blanche et plutôt douce ; pas très grand, mais large, sans moustaches. Je n'avais aucune utilité pour lui.

Le président est venu souriant, les deux mains tendues. Il était certainement un artiste aux mains joyeuses, ce qui est ce que doit être un président de banque aujourd'hui : il doit être un orateur et un serreur de main. Le reste ne compte pas tellement.

Il nous a emmenés dans sa propre chambre. Je n'avais jamais imaginé que les chaises devenaient si grandes auparavant, ni aucune table si longue ; mais nous nous sommes assis. Ce président connaissait certainement les bons cigares.

"Mon cher M. Wright", dit-il, "je suis profondément heureux que vous soyez enfin venu nous voir. J'étais au courant de votre achat dans notre institution et nous apprécions votre association au-delà des mots. Avec l'étendue de vos avoirs - que vous augmenterez peut-être - vous aurez clairement droit à une place dans notre conseil d'administration. Je suis moi-même un Occidental - je viens de Moline, Illinois ; et peut-être que ce ne sera pas de trop si je vous demande de laisser J'ai votre procuration, juste pour la forme. Il parle comme un livre.

Nous avons encore discuté, et quand nous sommes sortis, tous les gardiens se sont levés et se sont inclinés l'un après l'autre. Nous ne semblons pas avoir eu de difficulté à ouvrir un compte par la suite.

"Le stock de cette banque est trop bas", me dit Old Man Wright en passant. "C'est pour ça que je l'ai acheté. Ils vont le monter au bout d'un moment ; et quand ils commenceront à monter les choses, ils les mettront plus loin quand tu commenceras au rez-de-chaussée. Tu vois ?"

J'ai commencé à penser que Old Man Wright était peut-être autre chose qu'un vacher, mais je n'ai rien dit. Nous sommes retournés à l'hôtel et il appelle Bonnie Bell dans notre chambre.

"Regarde-moi, ma sœur", dit-il. "Est-ce qu'ils ont quelque chose qui ne va pas chez moi ?"

Elle s'assoit sur ses genoux et repousse ses cheveux.

"Eh bien, mon vieux," dit-elle, "bien sûr que non ."

"Est-ce qu'il y a quelque chose qui ne va pas avec mes vêtements ou avec ceux de Curly ?" il dit.

"Eh bien maintenant———" commence-t-elle.

"C'est réglé !" dit-il ; et cet après-midi-là, lui et moi sommes allés chez un tailleur.

Ce qu'il a fait à chacun de nous, c'était plusieurs vêtements. Old Man Wright a déclaré qu'il voulait un costume pour chacun des types de vêtements que quiconque avait jamais porté dans l'histoire du monde. J'étais plus modéré.

Je n'ai jamais été en queue-de-pie de toute ma vie et je lui ai dit que je mourrais en premier. Pourtant, je pouvais voir que j'allais être considérablement refait.

Quant à Bonnie Bell, lorsqu'elle descendait l'avenue, où le vent souffle presque tout le temps, elle avait l'air d'avoir vécu en ville toute sa vie. Elle avait toujours les joues de bonne couleur à force de vivre dehors et de rouler autant, et elle était tout à fait souple et plutôt mince. Son chapeau était plutôt petit et en mettait de côté. Ses chaussures étaient en partie blanches et en partie noires, comme on les portait alors , et ses bas étaient de la couleur de sa robe ; et sa robe était parfaitement alignée, comme les choses que l'on voyait dans les vitrines des magasins.

C'était l'hiver quand nous sommes arrivés à Chicago et elle portait des fourrures – des plus foncées – et son manchon était stylé. Lorsqu'elle le plaçait sur le côté de son visage pour se protéger du vent , elle était si facile à regarder que bon nombre de personnes se retournaient et la regardaient. Je ne sais pas ce que les gens pensaient de son père et de moi, mais Bonnie Bell n'avait pas l'air de venir du Wyoming. Un jour, deux jeunes gens la suivirent jusqu'à la porte de l'hôtel, où ils me rencontrèrent. Ils sont partis peu de temps après.

Bonnie Bell vient d'emménager à Chicago comme si c'était facile pour elle. Quant au vieux Wright, tout ce que lui et moi pouvions faire, c'était descendre dans les parcs à bestiaux et voir d'où venait le bœuf. Nous avons cherché des vaches de notre marque, et quand il a vu arriver certaines vaches Circle Arrow, il n'a pratiquement pas parlé à personne pendant deux ou trois jours.

Je n'ai jamais vu où se trouvait la nouvelle maison de Bonnie Bell, car elle a dit que c'était un secret pour moi. Son père m'a dit qu'il avait payé environ deux cent vingt-cinq mille dollars pour le terrain, sans aucune maison dessus.

"Eh bien, en plus," dis-je, "vous allez construire là une maison qui coûtera plus de six mille dollars, comme assez !"

Bonnie Bell m'entend et dit :

"Je ne devrais pas me demander si cela coûterait encore plus cher. Quiconque est quelqu'un doit avoir une bonne maison, ici à Chicago."

"Sommes-nous quelqu'un, soeurette?" » dit soudain le vieux Wright.

"Cher vieux papa !" dit-elle, et elle l'embrasse encore. "Nous serons quelqu'un avant de quitter ce jeu, croyez-moi !"

"Bouclée", me dit le vieil homme peu après, "cette fille a de l'allure... Seigneur ! Je ne le savais pas avant de la voir toute habillée comme elle est ici. Elle a classe... je ne sais pas où." elle l'a eu, mais elle l'a. Elle a un cerveau - Dieu sait où elle l'a obtenu ; certainement pas de moi. Elle a du sable aussi - vous ne pouvez pas l'arrêter sur terre. Si elle commence , elle passe à travers. Et elle dit qu'elle viens ici seulement parce qu'elle savait que je le voulais!" dit-il.

"Quelle est la différence?" Je l' interroge . "Nous l'avons trompée, n'est-ce pas ?"

"Peut-être", dit-il. "Je ne suis pas à terre."

Quoi qu'il en soit, c'est pour cela que nous avions troqué le bon vieux temps sur le Yellow Bull. Nous avions déjà troqué les montagnes, la vallée et tout ce que nous connaissions contre ces trois ou quatre chambres à plusieurs centaines de dollars par mois dans un hôtel qui donnait sur l'eau, et sur beaucoup de gens en mouvement, pas un seul. ils se soucient vraiment de nous — du moins pas de son père ou de moi.

III - Nous vivons en ville

Je n'avais jamais vécu en ville aussi longtemps, pas de toute ma vie auparavant, et, autant que je sache, le patron non plus. Nous n'étions pas habitués à cette façon de vivre. Nous avions l'habitude d'en monter tous les jours. Dans les parcs, même en hiver, de temps en temps, on pouvait voir quelqu'un rouler - ou penser qu'il roulait, ce qui n'était pas le cas .

Un jour, le vieux Wright, au printemps, descend aux parcs à bestiaux et achète un bon cheval de selle pour que Bonnie Bell puisse le monter. Cela lui coûtait vingt-cinq dollars par mois pour garder ce cheval, donc il lui dévorerait la tête en trois mois environ. Old Man Wright me dit que je devrai sortir avec l'enfant chaque fois qu'elle voudra y aller. Cela me convenait. Bien sûr , cela signifiait que nous devions m'acheter un autre cheval. Cela faisait une facture stable de cinquante dollars par mois. Je n'ai jamais su combien nous payions pour nos chambres à l'hôtel, mais c'était plus chaque mois que ce qui permettrait à une famille de vivre un an dans le Wyoming.

Bonnie Bell, elle pouvait très bien monter sur une selle d'homme, et elle avait une tenue pour cela. Quand il faisait un peu plus chaud au printemps, nous allions dans les parcs de temps en temps. Un jour, nous nous sommes dirigés vers un endroit étroit au bord du lac. Il y avait là des maisons, une rangée, toutes grandes, toutes en pierre ou en brique ; des maisons aussi grandes que le pénitencier du Wyoming et à peu près aussi gaies.

Nous nous arrêtâmes juste devant une grande maison en brique et en pierre, bordée d'arbres, de parterres de fleurs et de haies ; et dit-elle :

"Curly, ça te plairait de vivre dans une maison comme celle-là ?"

"Je ne vivrais pas dans ce foutu endroit si tu me le donnais, Bonnie Bell", dis-je joyeusement.

Elle m'a regardé d'une manière plutôt drôle.

"C'est le genre de maison que possèdent les meilleurs gens de cette ville", dit-elle. "Par exemple, la maison que nous examinons semble avoir été conçue par les meilleurs architectes de la ville. Cet endroit, Curly, a coûté entre un demi et trois quarts de million, je parie . "

"Eh bien, c'est bien plus d'argent que ce que quiconque devrait payer pour un logement", dis-je. "Ils devraient le dépenser pour des vaches."

"Mais il fait face au lac", dit-elle, "et il se trouve en plein milieu des meilleurs gens."

"Est-ce ainsi?" dis-je. "Alors c'est ici que nous devrions venir - un endroit comme celui-là; car ce que nous sommes ici, c'est de nous frayer un chemin avec les meilleures personnes. N'est- ce pas la vérité, Bonnie Bell?"

"Peut-être", dit-elle au bout d'un moment, "des banquiers, je suppose, des marchands, des grossistes... des peaux, du cuir, des emballages..."

"Et pas les vachers ?" dis-je.

"Certainement pas!" dit-elle. "Pour être les meilleures personnes, vous devez vous occuper de quelque chose sur lequel quelqu'un d'autre a travaillé - vous devez manipuler un produit manufacturé. Vous ne devez pas être un producteur de richesse réelle."

" Sho ! Bonnie Bell, " dis-je, " si vous êtes sérieux, vous parlez de quelque chose que vous avez appris au collège d'Old Man Smith. Je ne sais rien de ces choses. Les gens sont les gens, n'est-ce pas ? A L'homme carré est un homme carré, quelles que soient ses affaires."

"C'est différent ici", dit-elle.

"Eh bien, maintenant, pendant que nous parlons de maisons", dis-je, nous étant assis tout le temps là sur nos chevaux et plein de gens qui passent et nous regardent - ou du moins la regardent - "pourquoi ne dis-tu pas " Où sera ta maison ? Tu ne me l'as jamais montré une seule fois. "

"Je ne le ferai pas, Curly", dit-elle. "Ça va être un secret. Bien sûr, papa sait où c'est ; mais quant à toi, eh bien, peut-être que nous y reviendrons d'ici Noël."

"Maintenant, par exemple", dis-je - et j'agite ma main vers un endroit qui commençait tout juste à côté de cette grande maison que nous regardions - "il a fallu environ un an pour arriver à cet endroit aussi loin que possible. tel quel."

"Euh-huh !" dit-elle.

Alors nous nous sommes détournés et sommes rentrés chez nous. De retour à l' hôtel , nous avons trouvé le vieil homme Wright assis sur une chaise, les jambes écartées et les mains dans les poches, l'air complètement mécontent.

"Qu'est-ce qu'il y a, papa ?" comme Bonnie Bell. « Avez-vous perdu de l'argent ou entendu de mauvaises nouvelles ?

"Non, je ne le suis pas ", dit-il. "Tout dépend de ce dont les gens ont besoin pour être heureux."

"Eh bien", dit Bonnie Bell - son visage était tout rouge à cause de la balade que nous avons faite et elle se sentait bien - "Je suis parfaitement heureuse, sauf qu'il n'y a aucun endroit où vous pouvez monter à cheval dans cette ville et vous amuser. Les routes sont si dures. De toute façon, tout le monde semble rouler en voiture de nos jours.

"Hein!" dit son père. "C'est ce que je devrais penser." Il tient un journal devant lui. "Quand je suis arrivé ici", dit-il, "j'ai vu que tout le monde voyageait en voiture, et j'ai pensé qu'ils allaient être plus nombreux ; alors j'ai pris un dépliant, d'une valeur d'environ soixante mille dollars, en actions dans une entreprise. Cela consistait à fabriquer une de ces voitures qui se vendait à un prix très bas. Maintenant, ces gens m'ont donné quatre-vingts pour cent d'actions en échange d'un bonus et ont augmenté le dividende à vingt-cinq pour cent par an. Elle va bien gagner de l'argent. Je ne devrais pas me demander si ce stock faisait plus que doubler en un an environ. »

« Pour l'amour du ciel, colonel, dis-je, n'y a-t -il rien de grand dans lequel vous puissiez vous lancer sans gagner d'argent ? dis-je.

"Non, il n'y en a pas ", dit-il tristement. "Cela arrive ainsi à certaines personnes. Je ne peux m'empêcher d'y arriver ; et pourtant, me voici avec plus d'argent que chacun d'entre nous ne devrait en avoir. Mais je devais le faire", dit-il à Bonnie Bell. "Je me sens un peu seul, je n'ai pas grand-chose à faire, donc je dois me mêler de quelque chose. Les voitures, ma sœur ?" dit-il. "Eh bien, laissez-moi vous en donner deux ou trois du type que fabrique notre entreprise."

" Non, tu ne le fais pas!" dit Bonnie Bell. "J'en veux un qui———"

"Hein ! ça coûte environ huit ou dix mille dollars, peut-être ?"

"Eh bien", dit-elle, "tu dois en quelque sorte jouer les choses de manière proportionnée, papa ; et je pense que ce genre de voiture est à peu près proportionné à ce que toi et moi allons faire dans cette petite ville quand nous commencerons."

Elle se retourne et regarde encore par la fenêtre. C'était une façon de faire qu'elle avait. Vous voyez, pendant tous ces mois que nous étions là-bas, nous ne connaissions personne dans cette ville. Les femmes se détestent toujours, mais elles se détestent elles-mêmes lorsque les autres femmes ne leur prêtent pas attention. Bonnie Bell était habituée aux voisins et elle n'en avait pas ici ; alors, même si elle était occupée à acheter tout ce qu'une fille ne pouvait pas désirer, elle ne semblait pas très heureuse maintenant.
"Qu'est-ce qui ne va pas, sœurette ?" dit son père au bout d'un moment, en la mettant sur ses genoux. « Est-ce que Curly et moi ne vous traitons pas bien ?
Elle repoussa son visage et le regarda ; et dit-elle, très sobre :
"Papa", dit-elle, "tu ne devrais jamais vraiment me demander ça. Tu es le meilleur homme du monde, et Curly aussi."

"Non, ce n'est pas le cas ", dit-il. "Le témoin ne s'est pas encore vraiment montré pour toi, ma sœur."

"Eh bien, papa," dit-elle, "je ne suis qu'une jeune fille !"

"Vous êtes la plus belle jeune fille de cette ville", dit-il, "et la ville le sait."

"Hein!" dit-elle en reniflant son nez. "Ça n'agit pas vraiment comme ça."

"Si j'en crois mes yeux", dit son père, "quand je sors avec toi, beaucoup de gens semblent le savoir."

"Ça ne compte pas, papa", dit-elle. « Les hommes, et même les femmes, regardent une fille dans la rue – les hommes à ses chevilles et les femmes à ses vêtements ; mais cela ne veut rien dire. Cela ne vous mène nulle part. Ce n'est pas être n'importe qui. Cela ne veut rien dire. Cela ne veut pas dire que tu es l'une des meilleures personnes.

"Et tu veux être l'une des meilleures personnes, c'est ça, sœurette ?"

Elle serra les dents et ses yeux devinrent brillants.

"Eh bien", dit-elle, "nous n'avons jamais joué à quoi que ce soit pour les pikers, n'est-ce pas, papa ?"

Puis ils se regardèrent tous les deux dans les yeux. Je les ai regardés tous les deux. Il me semblait qu'il y aurait certainement des choses à faire.

"Allez-y, soeurette!" dit son père. "Vous avez votre propre compte bancaire et il est plus gros que le mien. La limite est le toit.

« En parlant de limites, dit-il, cela me rappelle que le président de notre banque m'a fait élire au club de la Ligue nationale ici en ville ; il avait une telle influence qu'il l'a fait très vite – par procuration, peut-être. là-bas cet après-midi, j'essayais de m'amuser. Je ne connaissais personne sur terre. Une ou deux personnes m'ont finalement permis de participer à une partie de poker avec eux quand j'ai fini. Ce n'était pas du poker, mais seulement une imitation . J'ai gagné deux cent cinquante dollars et ça a interrompu le jeu. Si un gars pousse une demi-pile de bleus là-bas, ils tremblent tous et pâlissent. C'est peut-être une bonne ville pour les femmes, mais, croyez-moi, ma sœur, ce n'est pas une ville. pour un vrai homme."

"Eh bien, peu importe, papa", dit-elle. "Si vous vous sentez seul , je vous demanderai de m'aider à la maison. Nous devrons réunir nos domestiques. Par exemple, il nous faut un majordome... et un bon."

"Qu'est-ce qu'un majordome ?" dis-je.

"Il se tient en arrière de votre chaise et vous fait sentir effrayant", explique Old Man Wright. "Il nous en faut une, le rivage. Et puis il y a le chauffeur de la voiture quand tu l'auras, et le cuisinier. C'est à peu près tout, n'est-ce pas ?"

"C'est à peu près le début", déclare Bonnie Bell. "Vous devez avoir un cuisinier et une fille de cuisine et deux femmes de chambre au premier étage et deux femmes de chambre à l'étage supérieur et un valet de chambre."

"Eh bien, ça va aider certains", dit son père. "Je me suis beaucoup ennuyé et je me suis senti seul, mais peut-être que, vivant avec tous ces gens, quelqu'un commencera quelque chose un jour. Quand as-tu dit que nous pourrions entrer ?"

"Ils me disent que nous aurons de la chance si tout est prêt d'ici Noël", déclare Bonnie Bell.

"Ça a l'air d'être un joyeux été, n'est-ce pas ?" dit-il en soupirant.

"Et comme un sacré joyeux Noël !" dis-je.

IV - Nous et le réveillon de Noël

Comment nous avons passé tout ce printemps et cet été, je ne le vois presque plus maintenant. Nous étions les personnes les plus solitaires que vous ayez jamais vues. Old Man Wright, il se rendait de temps en temps dans son nouveau club et parfois dans les parcs à bestiaux, et parfois il s'affairait à propos de ceci ou de cela. Bonnie Bell et moi allions monter à cheval de temps en temps quand elle n'était pas occupée, ce qui était la plupart du temps maintenant. Elle avait beaucoup à discuter avec les gens qui construisaient sa maison et la meubleaient – elle ne me disait jamais où elle se trouvait.

Eh bien, il faisait froid au début de l'hiver. Il faisait terriblement froid, plus froid que dans le Wyoming. Quand il fait froid à Chicago, les gens disent : « C'est certainement un temps très inhabituel ! » – tout comme nous le faisons quand il y a une tempête de neige dans le Wyoming. Le vieux Wright et moi, nous pensions que nous allions geler, parce que, voyez-vous, nous devions porter des pardessus comme ils en portaient en ville, et nous ne pouvions pas porter de manteaux doublés de mouton comme nous l'aurions porté au champ de tir .

rouler notre voiture, nous n'aurons plus besoin de marcher. Personne qui représente quoi que ce soit ne se promène en ville. Nos meilleurs gens ont tous une voiture ; donc ils n'ont pas besoin de manteaux en peau de mouton. Notre voiture sera là d'un moment à l'autre ; nous pourrons ainsi voir davantage la ville et être plus à l'aise qu'à cheval. Personne ne monte à cheval, sauf quelques jeunes dans les parcs en été... Je l'ai découvert."

"Est-ce que nos meilleurs collaborateurs ne font pas ça maintenant ?" comme son père.

"Certains, mais pas beaucoup", dit-elle. "Beaucoup de gens veulent que vous pensiez qu'ils sont les meilleurs, mais ce n'est pas le cas . Vous pouvez toujours le leur dire par la façon dont ils jouent leurs mains. La plupart des gens que j'ai vu rouler dans les parcs sont ce genre de chose : ils veulent que vous les regardiez quand ils roulent parce qu'ils sont parfaitement sûrs qu'ils font ce que font nos meilleurs. Vous pouvez les reconnaître à leurs vêtements, s'ils roulent ou marchent. C'est facile à repérer les sortir."

"Je me demande", dis-je, "s'ils peuvent nous repérer, ton père et moi ?"

Elle vient et m'ébouriffe les cheveux comme elle le faisait parfois.

"Tu es un chéri, Curly!" dit-elle.

«Je le sais», dis-je; "Mais ne gâche pas ma nouvelle cravate, car j'ai travaillé dessus environ une heure ce matin, et en plus elle est un peu d'un côté et un peu basse. Mais j'y arrive", dis-je.

Maintenant, Old Man Wright, quand il portait son manteau à queue-de-pie , il avait les mêmes problèmes avec sa cravate que j'avais avec la mienne. Il en a parlé une fois à son tailleur , mais celui-ci lui a dit que les meilleurs les portaient ainsi : ébouriffés et négligents. Naturellement, comme si c'était un jeu difficile à jouer, car comment savoir quand être imprudent et quand ne pas l'être ? Mais comme je l'ai dit, nous avancions .

M. Henderson – il était le directeur de l'hôtel et un très bon sportif aussi – il s'est en quelque sorte lié d'amitié avec Old Man Wright, et on ne pouvait pas difficilement dire que nous n'avions pas de visiteurs, car il venait de temps en temps. un moment et il était vraiment gentil avec nous. Vous voyez, avec Old Man Wright portant sa cravate négligemment et Bonnie Bell s'habillant exactement comme si elle sortait d'un journal de mode, sans moi, notre tenue aurait pu se contenter d'être les meilleures personnes, d'accord. Comme ça, j'ai un peu bizarre le jeu ; mais Henderson ne semblait même pas s'en soucier.

La veille de Noël, Bonnie Bell a déclaré que sa nouvelle maison était entièrement terminée et entièrement meublée, avec tout, les domestiques et tout, prête à nous accueillir le soir même et à y passer le réveillon de Noël. Mais elle dit que M. Henderson, le directeur de l'hôtel, voulait que nous prenions notre dernier dîner ce soir-là à l'hôtel avant de rentrer chez nous. C'est pour l'obliger que nous l'avons fait.

Il nous a pris en lui cette nuit-là. L'homme à la porte nous a arraché nos chapeaux, mais il a pris le manteau de Bonnie Bell – il était doublé de fourrure et coûtait quelques milliers de dollars – par-dessus son bras et il lui a retenu la chaise. Il y avait beaucoup de fleurs sur la table. Je pense qu'il l'a réparé. Il n'y avait pas de jarret de jambon ni de légumes verts, mais il y avait tout le reste.

Je ne devrais pas me demander si certaines des meilleures personnes étaient là. Tout le monde portait le genre de vêtements qu'on porte le soir dans une ville comme celle-ci : des queues de queue pour les hommes, et des vêtements en soie, bas, pour les femmes . Le vieux Wright, avec sa moustache rouge, un peu grise, grand, mais pas gros, et sa cravate un peu ébouriffée, était aussi bel homme que l'endroit.

Quant à Bonnie Bell, eh bien, j'ai regardé notre fille alors que j'étais assise là, dans mes plus beaux vêtements et ma cravate nouée du mieux que je savais, et, honnêtement, elle était si jolie que j'avais peur. Le fait est que joli n'est pas qu'un mot. Elle était bien plus que cela : elle était belle.

Sa robe était une sorte de soie verte douce, je pense, coupée bas, et son cou était haut et blanc, et ses cheveux étaient coiffés haut derrière et attachés d'une manière ou d'une autre, et son menton était relevé. Elle avait un visage un peu coloré – une couleur honnête – et ses yeux étaient grands et brillants. Ses bras étaient nus au-dessus de l'endroit où arrivent ses gants. Elle ne portait pas beaucoup de bagues, mais, Seigneur ! si elle les voulait, elle aurait pu en avoir un boisseau. Elle ne portait pas beaucoup de bijoux nulle part ; mais je veux vous dire que tout le monde dans cette pièce l'a regardée autant qu'ils ont osé.

Je l'ai regardée et son père aussi. Je ne sais pas, comment on pourrait dire que nous étions tous les deux fiers – ce n'est pas le bon mot pour dire cela. Nous avions tous les deux peur. Il ne semblait pas possible qu'elle soit la nôtre. Il ne semblait pas possible que nous, deux vieux vachers, l'ayons élevée de cette façon sur le pâturage et qu'elle ait changé si tôt. Elle devait l' avoir en elle – sa mère, je pense.

Il y avait une table pas très loin de la nôtre, juste en face de la première fenêtre, où se trouvaient un vieil homme, une vieille femme et un jeune homme. Ils nous ont bien vu . J'ai vu le jeune homme regarder Bonnie Bell deux ou trois fois, baissant toujours les yeux quand il voyait que je l'avais remarqué. C'était un beau jeune homme et bien habillé, je suppose, car tous les hommes étaient habillés de la même façon. Sa cravate était nouée de manière un peu sale et négligente, comme celle du vieux Wright, et il n'avait pas besoin de continuer à pousser sur sa chemise. Bonnie Bell l'a-t-elle remarqué ? Peut-être qu'elle l'a fait – on ne peut pas parler des femmes ; leurs yeux sont fixés comme ceux d'une antilope et ils peuvent voir derrière eux .

"C'est Old Man Wisner", nous dit doucement Henderson, le directeur de l'hôtel, se penchant et faisant semblant de réparer encore nos fleurs. "Mme Wisner et le jeune M. James Wisner sont avec lui. Vous savez, c'est l'un des hommes les plus riches ici à Chicago - emballage et banque, et tout ce genre de choses. Ils font partie de nos meilleures personnes. Ils vivent à Rangée de millionnaires."

"Oui, je sais", dit Bonnie Bell.

D'où je me trouvais, je pouvais voir les Wisner à l'autre table. Le vieil homme était grand, avec des moustaches grises et des cheveux gris, plutôt rêches. Il avait de grands sourcils et ses yeux étaient un peu louches, comme si son ventre n'allait pas bien. C'était un homme corpulent – vous avez déjà vu ce genre d'homme. Certains sont banquiers, d'autres emballeurs et certains brasseurs ; ils se ressemblent tous, peu importe ce qu'ils sont. Ils ne peuvent ni monter ni marcher.

Ce vieux parti, il ne semblait pas prêter beaucoup d'attention à sa femme, et je ne sais pas si je lui en veux. Elle a peut-être eu quelques regards une fois, mais pas récemment. Ils n'étaient pas contents.

Au bout d'un moment, les gens à cette table se sont levés et sont partis avant que nous ayons fini notre dîner, qui s'est bien passé au bout de quelques heures - il n'y avait rien au monde que nous n'ayons pas mangé. à manger sauf le jarret de jambon et les légumes verts. Sur ce, nous avons passé un bon moment.

Peu à peu, il devait être peut-être onze heures, et Bonnie Bell déclina ses longs gants blancs dont elle avait rentré les mains dans les poignets.

"Dois-je appeler votre voiture, M. Wright ?" ast le directeur, M. Henderson.

"Je ne sais pas", dit Old Man Wright. "Avons-nous une voiture, soeurette?"

« Oui, papa », dit-elle – elle disait surtout « papa » quand les gens étaient là ; n'oubliez pas que Old Man Smith a produit des filles avec une vraie classe. Elle ne parlait pas non plus comme son père et moi.

"Oui, papa", dit-elle maintenant. "J'allais vous faire une surprise à propos de notre voiture ; elle est disponible depuis une semaine. J'ai engagé un chauffeur et je lui ai dit d'être prêt pour nous maintenant." Vous voyez, toutes nos affaires étaient parties dans la nouvelle maison.

Nous avons tous les trois aidé Bonnie Bell à enfiler son manteau. Elle a ramassé son manchon et nous sommes tous sortis. Je ne pense pas qu'aucun homme ici qui avait des boutons en laiton ait oublié cette veille de Noël.

Le grand homme devant la porte, comme un tambour-major dans un orchestre, il nous connaissait assez bien maintenant ; il nous ouvre la porte et nous restons là, regardant dehors.

J'ai dit qu'il faisait froid à Chicago et qu'il faisait froid sur la côte cette nuit-là. Il neigeait – la neige tombait du lac en biais, comme un blizzard dans les plaines. On ne pouvait pratiquement pas voir de l'autre côté du chemin. Au-delà de l'auvent qui recouvrait le trottoir, nous pouvions voir notre nouvelle voiture – une longue voiture brillante avec des lumières à l'intérieur et des lampes partout, rouges, blanches et bleues, ou peut-être vertes. Il y avait quelques hommes sur le siège avant, dehors – je ne sais pas quand le gamin les avait embauchés. Ils étaient tous les deux enveloppés dans de gros pardessus en fourrure, dont ils avaient certainement besoin ce soir-là, puisqu'ils ne pouvaient pas monter dans la limousine électrique, comme nous.

Bonnie Bell traverse maintenant le trottoir, sous l'auvent, son manchon contre le visage, penchée contre la tempête. Elle lève les yeux, après avoir dit au revoir à M. Henderson, qui est sorti en courant avec nous en riant et en disant "Joyeux Noël!" - elle lève simplement les yeux vers l'homme assis sur le siège et dit: "À la maison, James !"

Je pense que l'homme devait être nouveau qu'elle avait embauché. Il regarde d'abord autour de lui, comme s'il essayait de lire notre marque. Puis tout d'un coup, il saute du siège, touche sa casquette et ouvre la porte.

Nous sommes tous montés et avons dit au revoir à l'hôtel où nous vivions depuis si longtemps. Le chauffore touche à nouveau son chapeau, ferme la porte et remonte sur son siège. Il a fait demi-tour avec cette longue voiture d'un seul mouvement dans la rue. La minute suivante, nous étions sur l'avenue, loin de l'hôtel, et en plein milieu de cette rangée de lumières longue de plusieurs kilomètres, là où se trouve le bullyvard, au bord du lac là-bas . Il la tourne vers le nord sur le bullyvard , sans un saut ni un pompon, et elle roule comme de la graisse. J'ai vu que Bonnie Bell était certainement une bonne juge en matière de voiture, comme elle l'était en matière de cheval ou autre.

"Ma fille", lui dit le vieux Wright après un moment - et il ne l'appelait pas habituellement ainsi - "tu es une merveille pour ton père ce soir ! Où l'as-tu eu ? Où l'as-tu appris ?"

Elle le regarde rapidement par-dessus son manchon, d'un air sérieux, et vient de poser sa main sur la sienne, dans son gant blanc.

Nous avons suivi l'avenue, le long d'une petite rue tortueuse, avons contourné un coin et avons traversé le pont ; et puis nous ressortons là où les lumières étaient à nouveau alignées en longue rangée, et nous pouvions entendre le rugissement du lac tout près de la route.

"Où nous emmènes-tu, gamin ?" dis-je au bout d'un moment, voyant que son père n'allait rien dire, de toute façon .

Elle a seulement souri.

"Attends, Curly, tu verras le nouveau ranch d'ici très longtemps."

Peu à peu, nous nous trouvions tout au bas de cette longue rangée de grandes maisons qui coûtent si cher, où vivent les meilleures personnes – Millionaire Row, comme on l'appelait alors.

Je savais où nous étions . Au bout d'un moment, nous arrivons directement à l'endroit où Bonnie Bell et moi étions montés à cheval et contemplions une nouvelle maison qui n'était pas terminée, mais qui ne faisait que commencer. C'était désormais chose faite – tout était terminé, de haut en bas, là où se trouvaient les fondations au printemps dernier ! Je pouvais voir où étaient tracées les promenades et quelques arbres avaient été plantés cet automne, de gros arbres, comme s'ils avaient toujours poussé là. Ici et là, il y avait des statues, des femmes pour la plupart, qui avaient l'air froides cette nuit-là.

Derrière, on voyait la ligne des bâtiments bas, comme les granges éloignées du ranch familial sur le Yellow Bull ; mais cette maison se trouvait juste à l'intérieur, là où le lac roulait et rugissait, et donnait directement sur cette avenue, où vivaient nos meilleurs gens. C'était en pierre, trois étages ou plus, peut-être, avec un endroit pour passer les chariots et un porche en pierre au-dessus de la porte d'entrée, ainsi qu'une promenade et des marches. Et tout était illuminé de haut en bas ; toutes les fenêtres étaient claires.

Nous n'avions pas froid, ni mouillé, ni fatigués, nous trois, mais nous ne nous sentions pas bien – pas l'un d'entre nous. Maintenant, quand nous nous sommes arrêtés là pour une raison quelconque et avons regardé toutes ces lumières rouges briller, j'ai en quelque sorte ressenti le souhait de pouvoir revoir une lumière briller dans un ranch, comme je l'avais si souvent fait sur le Yellow Bull. Je suis assis là, regardant cet endroit, tout illuminé pour quelqu'un, tout attendant quelqu'un ; et pendant un moment j'ai oublié où j'étais, j'ai même oublié que la voiture s'était arrêtée.

Je me retourne ; et il y avait Bonnie Bell qui remontait son manteau autour de son cou et fixait ses mains dans son manchon, et son père boutonnait son manteau. À ce moment-là aussi, j'ai vu le chauffore sauter du siège avant. Il s'approche de la porte, là où se trouvait l'allée qui menait à cette nouvelle grande maison, il ouvre la porte, touche son chapeau et reste là, attendant.

Avec leurs rires et leurs tiraillements, et le fait que je reste en retrait, nous avons en quelque sorte oublié que c'était la veille de Noël. Le vieil homme Wright y pensa tout d'un coup ; et il se retourne vers l'homme, qui se tenait toujours à la porte, s'occupant de Bonnie Bell et de nous comme si nous avions oublié quelque chose. Il met la main dans la poche de son gilet, en sort une pièce d'or de dix dollars et la met dans la main de notre nouveau chauffore .

"Et voilà, mon fils", dit-il. "Joyeux Noël ! Et j'espère que tu prendras bien soin de ma fille."

Le nouveau chauffore , debout là dans la neige — il était grand et vraiment beau garçon —, touche sa casquette.

"Merci, monsieur", dit-il.

J'ai vu la voiture s'éloigner. Il n'a pas tourné dans notre ruelle, mais a continué jusqu'à la porte suivante, car notre route n'était pas encore tout à fait terminée. Une minute plus tard, Bonnie Bell m'a fait franchir la porte du couloir et nous embrassait tous les deux, juste devant un homme à l'air triste et vêtu comme les nôtres.

Nous sommes restés juste une minute près de la grande porte, et avant que nous la fermions, elle a regardé une fois de plus dans la nuit, avec les lumières qui brillaient à travers la neige et les arbres paraissant blancs et minces dans la congère.

"Appelez le chauffore et demandez-lui de prendre un verre", dit Old Man Wright. "C'était une balade froide."

Mais à ce moment- là , il était parti ; alors nous nous retournons tous pour lutter avec cet homme triste, qui avait évidemment l'intention de le mélanger avec nous.

V - Nous et le Home Ranch

Lorsque nous avons tous les trois franchi la porte de cette grande nouvelle maison, Old Man Wright, Bonnie Bell et moi, nous sommes restés là pendant environ une minute ; et au début , j'ai cru que nous nous étions trompés de place, d'autant plus que cet homme triste avait l'air de le penser aussi.

Tout était éclairé à l'intérieur et on pouvait voir au loin dans le hall : des petits tapis de toutes sortes de couleurs posés tout autour, des tableaux sur le mur et un feu au loin, quelque part dans une cheminée. Je n'ai jamais vu un hôtel mieux meublé.

Le vieil homme Wright était comme un homme qui aurait gagné un éléphant avec un billet de loterie. Bonnie Bell le regarde et me regarde comme si elle avait raté quelque chose. Dans l'ensemble, je pense que nous étions les trois personnes les plus seules , les plus effrayées et les plus malheureuses de toute cette grande ville – c'était aussi la veille de Noël !

Il y avait beaucoup d'autres personnes alignées au bout du couloir, derrière cet homme triste. Il nous localisa enfin et commença à aider le vieux Wright à enlever son pardessus – et moi aussi ; mais je ne le laisserais pas. Je n'étais pas malade ou rien. Nous sommes donc restés là un petit moment, habillés et sommes venus dans notre nouveau ranch.

"Ça fera l'affaire, William", dit Bonnie Bell à l'homme triste.

"Père", dit-elle, et elle le conduit vers la rangée de gens dans le hall, "voici tous les nôtres que j'ai engagés. Voici Mary, notre cuisinière, et Sarah, la première servante. Annette va être ma servante."

nous en a présenté une douzaine , je pense. J'en savais à peine assez pour ne pas serrer la main. Certains d' entre eux se touchèrent le front et les filles s'agitèrent. Ils ne parlèrent pas et ne se serrèrent pas la main.

À présent, la femme de chambre de Bonnie Bell avait son manteau sur le bras et ils commençaient tous les deux à monter les escaliers.

"Je reviens dans une minute, papa", dit-elle. "William va t'emmener, toi et Curly, dans votre chambre."

L'homme triste s'en va dans le couloir, nous suivant, et nous arrivons à un endroit en plein centre de la maison - et il nous a laissés là. Nous nous sommes arrêtés en franchissant la porte.

Qu'est-ce que tu sais? Bonnie Bell avait aménagé cette pièce exactement comme la grande pièce de l'ancien ranch ! Toutes nos vieilles affaires étaient là – je n'ai jamais su comment elle les avait obtenues. Il y avait la vieille table, avec les pipes et les papiers dessus, et du tabac éparpillé tout autour, et des bouteilles sur l'étagère, et une bride ou quelque chose du genre — exactement au même endroit tout au long. Elle a même fait apporter les pierres de la vieille cheminée, dont une entaillée, là où Hank Henderson a tiré une fois sur le cuisinier.

"Regarde ici, Curly", dit Old Man Wright après un moment.

Il me conduit dans un coin de la pièce, à côté de la cheminée. Bon sang, s'il n'y avait pas nos deux vieilles selles, toutes lisses et brillantes ! Le vieil homme Wright se tient là, dans son manteau à pointes , et il passe sa main sur ce vieil étrier une fois ou deux ; et pendant un petit moment, il ne peut rien dire du tout, moi non plus.

" Ce n'est pas une fille, Curly ? " dit-il au bout d'un moment.

"C'est l'as, colonel", dis-je.

« Rien n'a été oublié », dit-il pensif en se promenant dans les lieux, les mains dans les poches.

Peu à peu, il arriva devant une demi-bouteille de whisky de maïs — la même qui se trouvait sur la table du Circle Arrow. Il le ramasse, se sert un verre, pensif, et me le tend.

"Toutes les petites choses!" dit-il. " Rien n'a été laissé de côté ! C'est le même endroit. Que Dieu bénisse cette fille, de toute façon ! Je ne pense pas que j'aurais pu le supporter du tout si elle n'avait pas aménagé cette chambre pour toi et moi. J'allais juste le faire. débandade."

"Eh bien, Colonel", dis-je, "je vous regarde ! Je vois que nous avons un endroit où nous pouvons entrer et déboucler. Cela rend les choses beaucoup plus faciles. Je n'étais pas content du tout avant maintenant."

"Elle a tout fait elle-même", dit son père en posant son verre et en regardant à nouveau la pièce. "Je lui donne carte blanche. L'architecte avait marqué cet endroit 'Den', je pense. Hein ! Je n'appelle pas ça une tanière, je l'appelle ma maison, sweet home. S'il n'y avait pas cette pièce", dit lui, "ce serait un sacré Noël, n'est-ce pas, Curly ? Mais peu importe ; nous allons entrer par effraction dans cette ville, ou trouver d'horribles bonnes raisons pour cela."

« Pensez-vous que nous pouvons le faire, Colonel ? dis-je.

"Rive, nous pouvons!" dit-il. "Nous devons le faire ! Elle ne le veut pas ?"

« Par exemple, dis-je, comment s'appellent nos voisins d'à côté, à votre avis ?

"C'est là que vit le vieux Wisner", dit-il en souriant. "Ce sont les gens qui se sont assis à la table que Henderson nous a montré ce soir. Il est le plus gros abattoir de Chicago, président ou quelque chose comme ça dans toutes les banques et tout le reste - il n'y a pas de meilleures personnes que les Wisner . " Et n'habitons-nous pas juste à côté d' eux ? Pouvez-vous faire mieux ? C'est pourquoi le terrain coûte si cher.

" Wisner ne voulait pas que nous achetions cet endroit ; il voulait l'acheter lui-même , mais à bas prix. C'était lui ou moi, et je l'ai eu. Pourtant, quand je veux être le voisin d'un homme , je vais être un voisin, que cela lui plaise ou non.

"Tu penses qu'ils nous apprécieront ?" dis-je.

"Ils doivent le faire", dit-il.

Nous étions debout, nos lunettes à la main, regardant par la porte du couloir où tout était brillant et brillant ; et juste à ce moment-là, nous avons entendu Bonnie Bell descendre les escaliers et crier :

" Oo-hoo , papa !"

Nous lui levons nos verres lorsqu'elle franchit la porte. Elle avait enlevé les vêtements qu'elle portait à l'hôtel et avait enfilé quelque chose de léger et ample, en soie, mieux adapté à la maison. La maison aussi était toute chaude, et dans notre cheminée, la vieille enfumée, quelques bûches brûlaient joyeusement.

C'était une nouvelle sorte de Noël pour nous, mais nous l'avons vécu avec modération. Le lendemain matin, nous nous sommes tous comportés autant que possible comme des enfants, ce qui est tout ce qu'il y a à Noël. Mes chaussettes étaient pleines de bonbons, et Old Man Wright avait un ours en peluche dans ses… en tout cas, à mi-chemin. Puis Bonnie Bell lui a donné une nouvelle montre en or avec des cloches dedans, et moi quelques épingles pour ma cravate. Je n'ai jamais réussi à les intégrer correctement.

Au bout d'un moment, nous descendons prendre le petit-déjeuner. Nous étions dans une grande pièce qui faisait face aux Wisner et également au lac. Je pense qu'on pouvait voir à quarante milles de haut en bas de l'endroit où nous avons mangé. Il faisait chaud dans la pièce, même s'il n'y avait pas beaucoup de feu, et nous nous sentions tous à l'aise.

Vous pouviez voir par nos fenêtres directement sur le terrain des Wisner ; nous pouvions voir dans leur maison de la même manière qu'ils pouvaient voir dans la nôtre. Il y avait une garrigue en retrait vers le lac, la même que la nôtre, à peu près sur la même ligne, et au-delà on apercevait un hangar à bateaux. Ils avaient des arbres dans leur jardin comme le nôtre, mais le nôtre était presque aussi grand, bien que juste planté. On pouvait voir où étaient disposés nos parterres de fleurs et les rangées de petits arbres verts serrés les uns contre les autres. Au-delà des Wisner , on pouvait voir toute une rangée d'autres maisons, toutes grandes et belles comme la leur et la nôtre.

Ce matin-là, tout le pays était couvert de neige. Le vent soufflait toujours et le lac devenait très agité ; on pouvait en entendre le bruit à travers les fenêtres. Il faisait très froid dehors et il faisait froid. Vous pouvez mourir de froid, respectablement, dans le Wyoming, mais à Chicago, vous continuez à geler et vous ne mourez pas de froid, mais j'aimerais bien que vous le fassiez, vous avez si froid.

Eh bien, comme je l'ai dit, il faisait chaud dans la grande pièce où nous étions . Bonnie Bell avait quelques canaris jaunes capables de s'installer et de chanter, ce qui, selon Old Man Wright, était presque plus que ce qu'il pouvait faire lui-même . Le petit-déjeuner arrive petit à petit – on ne pouvait pas dire quelle quantité il y en aurait ; mais ça s'est bien passé, même si ça n'a pas commencé très fort. Petit à petit, on s'est tourné vers le jambon et l'aigs , ce qui nous a permis de nous sentir mieux. Je n'ai jamais goûté de meilleur café ; c'était mieux que tout ce que nous avions sur le Yellow Bull. Les nôtres étaient principalement constitués d'extraits, en paquets d'une livre – des haricots, je pense, peut-être.

"Comment trouves-tu notre nouvelle maison, papa ?" dit-elle.

"Ils ne peuvent pas battre ça, Bonnie Bell", dit-il.

"Papa, cher vieux papa !" dit-elle. "Je suis tellement contente que ça te plaise. J'ai tout fait pour toi."

"Comment veux-tu dire?" dit-il.

"Eh bien, bien sûr, tu sais quel sacrifice cela a été pour moi de venir ici et de quitter cet ancien endroit ! Mais j'ai vu que tu le voulais. Si je pensais que ce n'était pas bien , je crois que cela me briserait le cœur."

"Je le sais", dit-il. "Je sais quel sacrifice vous avez fait lorsque vous êtes venu ici pour moi. Si quelque chose ne se passait pas bien pour vous à cause de ce sacrifice, cela me briserait le cœur. " Bouton, bouton ", dit-il, " qui a le sacrifice ? Si vous me laissez le soin , je dirais que c'était Curly, et pas aucun de nous. Oubliez ça, ma sœur, et faites une autre guerre .

"Comment trouves-tu cet endroit, Curly ?" me dit-elle.

"Je n'ai jamais rien vu de pareil", dis-je. "Mais apparemment, vous avez payé trop cher. Je parie que vous avez payé deux ou trois mille dollars pour cette terre - vous vous êtes trompé en disant plus de deux cent mille; et il n'y en a pas . " Il y en a assez pour enfiler une vache. Vous auriez pu acheter plusieurs parcelles de terrain réel pour le même prix ; et combien de vaches cette maison a coûté là-bas, personne ne peut le deviner.

À ce moment-là, j'ai entendu du bruit dans la rue. Quatre ou cinq personnes – des Néerlandais peut-être – jouaient dans un groupe devant les Wisner .

Un homme est sorti et les a chassés. Ils se sont alors postés devant chez nous et ont continué à jouer. On dirait qu'on ne peut pas manger à Chicago sans que quelqu'un joue de la musique.

"Tiens, donne- leur de l'argent, William", dit Old Man Wright. "C'est Noel."

Ils jouèrent encore à cette époque, et depuis, tous les matins. Je les ai toujours détestés et je pense que tout le monde était d'accord là-dedans, mais il ne semblait pas y avoir aucun moyen de les chasser .

"Eh bien", dit le vieil homme Wright lorsque nous avons terminé notre petit-déjeuner, "qu'allons-nous faire aujourd'hui, ma sœur ?" dit-il. "C'est bien de suivre la neige, mais il n'y en a pas rien à suivre. Il n'est pas nécessaire de voir comment le foin tient ou de se demander si les vaches peuvent percer la glace pour accéder à l'eau. Il n'y a pas de chevaux dans les granges. Nous n'avons rien à faire, même pas nourrir les chiens. »

Bonnie Bell lisait le journal que William, le triste homme, avait déposé dans nos assiettes. Ses yeux sont devenus doux et humides .

"Je vais te dire ce que nous pouvons faire, papa", dit-elle. "Regardez cette liste de pauvres gens ici en ville qui n'ont pas eu Noël."

"Je t'ai, ma sœur", dit-il. "William, va dire au chauffeur de faire venir la grosse voiture ; et dis au cuisinier de prendre plusieurs paniers pleins de bouffe, nous allons faire une petite fête."

Eh bien, peu à peu, le chauffeur a amené la voiture devant et nous sommes sortis ; et William et les autres la chargèrent de paniers. Le chauffore avait l'air plutôt pâle et tremblant. Il semblait avoir quelque chose en tête.

"J'espère que vous m'excuserez, monsieur", dit-il en touchant son chapeau au vieil homme Wright. « Je ne voulais pas être en retard ; mais, voyez-vous, c'était la veille de Noël… »

"Eh bien, ça va", lui dit Old Man Wright. "N'en parle pas, de toute façon, Noël doit avoir lieu une fois par an."

"Je ne laisserai pas cela se reproduire", dit le chauffore en touchant à nouveau son chapeau.

"Quoi ? Noël ?" dit-il. "Vous n'y pouvez rien."

L'homme le regardait d'une manière plutôt drôle. Je savais alors qu'il avait fait la fête la nuit précédente, et j'étais vraiment heureux qu'il n'ait pas commencé à célébrer avant de nous reconduire à la maison, car il était encore saccadé.

Noël est une période où les gens devraient être heureux. Nous n'étions pas contents ce jour-là. Je n'avais jamais vu auparavant ce que c'était que d'être vraiment pauvre. Ici, dans cette ville où il y a tant d'argent, il semblait que des centaines et des milliers de personnes n'avaient pas vu un bon repas de toute leur vie. On ne pouvait pas supporter de les voir – du moins, moi non. Nous avons passé notre journée ainsi – notre premier Noël en ville – à essayer de nourrir tous les affamés ; et nous ne pouvions pas. C'était le Noël le plus triste que j'aie jamais eu de toute ma vie.

Ce soir-là, le vieux Wright et moi ne nous sommes pas arrêtés pour enfiler nos vêtements habituels pour manger, comme Bonnie Bell nous l'avait dit, et nous nous sommes tous assis dans sa salle à manger pour le dîner, nous sentant plutôt pensifs et pensant au nombre de personnes. je n'aurais pas droit à un tel dîner ce soir-là. Quant à nous, nous en avions beaucoup ; et, croyez-moi, il y avait quelque chose qui comblait un besoin de longue date du vieil homme Wright et de moi. Qu'en penses-tu? Eh bien, jarret de jambon et légumes verts !

"Ma sœur", dit son père, "tu es certainement attentionnée."

Nous pouvions voir par nos fenêtres celles des Wisner – il semblait qu'ils avaient oublié de baisser leurs stores, comme nous. Il ne semblait y avoir personne à la maison, seulement un jeune homme. Il est entré tout seul , tout habillé, et trois hommes l'attendaient à table. Finalement, j'attire l'attention sur cela, et Bonnie Bell tourne la tête et regarde.

« William, dit-elle, fermez les stores et soyez plus prudent après cela.

VI - Nous et eux, de meilleures choses

Eh bien, les choses ont basculé en cours de route et nous avons réussi à passer l'hiver d'une manière ou d'une autre , même si de temps en temps j'ai attrapé froid à force d'être si enfermé. Il n'y avait nulle part où aller et rien à faire à part lire les journaux et souhaiter ta mort.

Le vieil homme Wright n'en pouvait plus ; alors il va en ville et lui loue un beau et grand bureau dans un grand immeuble, avec de longues tables avec des verres dessus et de grandes chaises, un peu comme dans une banque. Il n'a mis aucune pancarte commerciale sur la porte, juste son nom : JW Wright.

Je suis assez paresseux pour n'importe qui, comme n'importe quel cow-puncher : je ne crois pas au travail uniquement par endroits ; mais parfois j'étais tellement fatigué de ne rien faire à la maison que je demandais au chauffeur de m'emmener au bureau du vieux Wright, où je me sentais plus chez moi. Personne ne vient nous voir une seule fois, pas en trois mois. Nous n'avions pas de voisins et nous avons commencé à comprendre que c'était la vérité. Je ne comprenais pas, car nous ne nous étions jamais laissé prendre à rien.

« Colonel, dis-je un matin, pensez-vous qu'ils nous reprochent notre passé de toute façon ? dis-je. "Nous dépensons énormément d'argent, mais qu'est-ce qu'on obtient en échange ? Personne n'est venu dans notre nouvelle maison. Quant à moi, je sais que je ne gagne pas de salaire."

"Ne t'inquiète pas pour ça, Curly", dit-il. "Tu as plein de nourriture et un endroit où dormir, n'est-ce pas ? C'est moi qui devrais m'inquiéter, car je ne trouve presque rien à faire ici à part gagner un peu d'argent."

« Personne ne jouera aux cartes ou rien ? Il n'y a pas de sport dans cette ville ? dis-je.

"Le poker ici n'est qu'un simple nom." Il secoue la tête. "Si vous en mettez cent avant le tirage au sort , vous êtes coupable d'homicide involontaire. Mais il existe d'autres moyens de gagner de l'argent."

"Comment se déroulent les paiements différés sur le Circle Arrow ?" dis-je.

"Pour l'instant, on est entré, avec l'intérêt et tout", dit-il. "J'aurais aimé que ce ne soit pas le cas. La première chose que je sais, c'est que je serai aussi riche que le vieil homme Wisner ici. Je vois qu'il veut se présenter comme conseiller municipal dans ce quartier. Maintenant, je me demande quel est son jeu là-bas - ce n'est pas le cas. " Il n'est pas logique qu'il veuille devenir conseiller municipal maintenant, à moins qu'il n'y ait quelque chose en dessous. On pourrait penser qu'il essaie de diriger la ville et le monde entier aussi, n'est-ce pas ?

"Je n'aime pas cette tenue", dis-je. "Ils ne sont pas amicaux. Si un homme n'a pas de voisinage avec vous, c'est suffisant, il vole quelque part et ne veut pas être surveillé."

"C'est certainement le cas", dit-il. "Pourtant, j'ai été assez occupé pendant un moment."

"La première chose que tu sais," lui dis -je, "tu vas perdre ton rouleau, et alors où serons-nous ?" Mais il ne fait que rire de ça.

« Par exemple, » dit-il, « vous voyez toutes ces lumières électriques partout dans cette ville. J'ai commencé à étudier ces choses quand je suis arrivé ici. Il y a une sorte de petite chose à l'intérieur qu'elles brûlent — du carbone, comme ils l'appellent. J'ai vu que tout le monde gardait les yeux rivés sur la lumière et ne remarquait pas le carbone. Mais il leur fallait quand même avoir du carbone. J'ai investi un peu dans une entreprise qui fabriquait ces choses - pas beaucoup, seulement une centaine de milliers. Depuis lors, Eh bien, ils se sont rendus et m'ont donné quatre-vingts pour cent d'actions pour rien, et ont augmenté le dividende en espèces jusqu'à ce que je gagne vingt pour cent sur tout ce que j'ai investi et sur ce que je n'ai pas investi également. m'ennuie .

où nous étions propriétaires de la grosse voiture, elle a cassé quelques pneus, environ cinquante dollars chacun. J'ai commencé à comprendre combien de voitures ils utilisaient . Dans cette ville, le long de l'avenue et dans toutes les autres rues, chacun d'entre eux a quatre pneus et chacun d'entre eux est susceptible d'éclater à tout moment. Je pense que les pneus coûtent de quinze à soixante dollars pièce et que quelqu'un dépense beaucoup d'argent pour eux. Ensuite, je suis allé acheter une bonne entreprise qui fabrique ces choses, il y a quelques mois - pas beaucoup, seulement quelques centaines de milliers d'euros. Mais à quoi ça sert ? Il s'assoit et bâille, l'air fatigué.

"Je n'y peux rien. Je ne trouve aucun jeu dans ce pays qui soit assez difficile à jouer pour être intéressant. Ce que ces gens en caoutchouc ont fait, c'est de me faire cadeau de tout un tas d'autres titres. jour et augmenter les dividendes. Je ne peux acheter aucune entreprise du tout, semble-t-il, " moins toutes les vingt minutes environ, ils se lèvent et déclarent un autre dividende. Je n'aime pas ça. J'aimerais pouvoir en trouver Un vrai jeu à taille humaine auquel jouer, parce que je suis comme toi : je me sens seul.

Pourtant, il avait l'air pensif.

"Certains jeux auxquels nous pouvons jouer", dit-il. "Là encore, on dirait qu'il y en a d'autres que nous ne pouvons pas. Maintenant à propos de l'enfant——"

"Elle est tout le temps occupée", lui dis-je. "Elle lit et peint. Le dimanche, elle va à l'église, tandis que vous et moi ne mettons qu'un collier qui fait mal. En semaine, elle descend aux galeries de photos et au bibliothèque. Elle achète des livres. Elle a ses propres voitures, les grandes . " La voiture et le coupé électrique que vous lui avez offert pour son anniversaire la semaine dernière, ce n'est rien au monde qu'elle n'ait pas . Elle est complètement heureuse. "

"Sauf que ce n'est pas le cas !"

"Tu veux dire que nous ne connaissons personne — personne ne vient nous rendre visite ?" Il hoche la tête. "Eh bien, pourquoi n'allons-nous pas faire appel aux Wisner qui habitent à côté de chez nous ?" dis-je.

"Nous ne pouvons pas faire cela ; la règle du jeu est que les gens vivant dans un endroit doivent d'abord faire le premier appel."

"C'est une règle idiote", dis-je.

Mais Bonnie Bell connaît toutes ces règles et elle ne va pas faire de pause — Old Man Smith lui a appris quelques choses — ou peut-être qu'elle l'a appris instinctivement de sa mère. Sa mère était une Janney du Maryland. je le savais presque. Et pourtant, elle m'a dit... Oh, merde, Curly !"

"Eh bien, qu'est-ce qu'elle a dit ?"

" Elle dit qu'elle a rencontré la vieille dame Wisner un matin sur le trottoir et qu'elle allait lui parler ; ils descendaient tous les deux vers leurs voitures, qui se tenaient côte à côte dans la rue. La vieille dame, elle Elle relève le nez, comme il y en avait, et elle détourne le regard. Cela a beaucoup blessé ma fille. Vous savez qu'elle n'a pas une pensée méchante dans son cœur pour personne ni rien sur terre. Elle n'a jamais été fauché pour n'avoir peur de rien ou n'attendre que du bien de personne - toi et moi lui avons appris ça, n'est-ce pas, Curly ? Et ce vieux chat ne voulait pas regarder ma copine ! Eh bien, Curly, c'est ce que je veux dire quand je disons qu'il y a des jeux qui semblent difficiles à jouer. De toute façon, une femme ne subit-elle pas le pire à tous les niveaux du jeu ?

"Eh bien," dis-je, " n'y a-t -il aucun moyen pour nous de rentrer là-dedans de manière aussi confortable ?"

"Je ne vois pas comment", dit-il en secouant la tête.

"Pourquoi ne pouvons-nous pas tuer leur chien ?" dis-je. "Quelque chose d'amical, juste pour faire avancer les choses."

"Ce n'est pas bon", dit-il. "Nous l'avons essayé. Bonnie Bell a déjà tué deux de leurs chiens avec son nouveau coupé électrique. Vous voyez, elle a dû sortir et l'essayer elle-même, car elle dit qu'elle peut monter tout ce qui a des poils, même si ce n'est que quelques poils." Les cheveux bouclés dans les coussins. Tout d'abord, vous savez, le chien Wisner – avec son nez carlin et sa queue bien enroulée – sort sur la route, agissant comme s'il possédait toute la rue, comme le font ses parents. puis lui et le nouveau électrique de Bonnie Bell mélangent le tout. Le chien a eu le pire.

"Regarde ici, Curly", dit-il après un moment, et il sort un morceau de papier carré de sa poche. "Voici ce que nous avons obtenu en échange, avant que Bonnie Bell ait le temps de s'excuser. La vieille dame a écrit, pour une fois :

Mme David Abraham Wisner demande que ses voisins fassent preuve d'une plus grande prudence dans la conduite de leurs véhicules, car l'animal perdu à cause de la négligence criminelle d'une de ces personnes était d'une grande valeur.

" Ce n'est pas l'enfer ? " dit-il. "Joyeux, n'est- ce pas ? Aucun nom n'a été signé, rien ! Mais vous pouvez voir à partir de là ce qu'ils ressentaient. C'était il y a trois jours. Ils ont eu un nouveau chien. Eh bien, ce matin, Bonnie Bell a tué celui-là !

"Le problème avec ces chiens , c'est qu'ils ont été habitués à penser que tout ce bout de la rue leur appartient. Ils ne semblent pas du tout reconnaître que nous sommes quelqu'un. C'est une chose horrible et cela a mis Bonnie Bell dans un tort. Elle " Je ne savais pas quoi faire. Elle était tellement en colère qu'elle ne voulait pas écrire. Alors elle fait venir Jimmie - je veux dire James, notre chauffore - il est devenu presque sobre ces derniers temps, cela fait environ trois mois depuis Noël, et il connaît un " Beaucoup de choses sur les chiens. Alors elle leur achète un nouveau chien - un gros chien que vous pouvez voir facilement, un colley; et Jimmie dit qu'il l'a payé cinquante dollars. "

"Un dollar et demi vaut plus que n'importe quel chien", dis-je, "surtout un chien qui a quelque chose à voir avec quelqu'un comme cette femme Wisner."

"Un dollar et demi !" dit- il. "Cent cinquante, c'est ce que ça a coûté ; c'était un superbe chien, un jeune colley d'environ un an. Eh bien, Bonnie Bell, elle l'envoie par James, notre chauffore, avec ses compliments. Leur majordome le prend en charge . Je Je ne sais pas si ça va coller ou pas. C'est une sorte de rameau d'olivier. Vous voyez, Bonnie Bell ne peut pas écrire à de telles personnes, mais elle est désolée d'avoir tué leurs chiens et elle veut se rattraper d'une manière ou d'une autre. Je pense que c'était la bonne voie. On dirait qu'elle pouvait se débrouiller seule, et pourtant, comme si elle était prête à les rencontrer à mi-chemin.

"Eh bien, c'est tout ce que nous pouvons faire", dit-il. "Laissons les choses telles qu'elles sont sur le tableau. De toute façon, je n'aime pas du tout le vieux Wisner."

"Eh bien," dis-je, "s'il se présente aux élections d'échevin, pourquoi ne vous présentez-vous pas aux élections de she'f ou quelque chose comme ça, juste pour rester occupé ?"

"J'étudie ma paroisse", dit-il. "Je ne connais pas encore beaucoup de gens du saloon. Il faut être assez avancé pour devenir shérif dans un endroit comme celui-ci. Mais maintenant, un échevin pourrait être plus facile, si vous vous y prenez bien. Quoi qu'il en soit, la façon dont ils ont agi, j'ai l'impression que je cuivrerais n'importe quel jeu auquel Old Man Wisner jouait. J'ai un peu l'impression dans mes os que lui et moi allons nous serrer les coudes, Curly. Je n'aime pas la façon dont il actes ; et, je vous le dis, quand je veux qu'un voisin soit amical avec moi , il doit être amical un jour. "

Le vieux Wright se lève maintenant et se promène, un peu en souriant.

"Mais, dans l'ensemble, je trouverai peut-être quelque chose pour m'occuper ici en ville. Par exemple, Old Man Wisner est de retour d'une sorte de vol, à terre comme vous êtes né, dans l'extension électrique de Lake Shore qui est en cours. là-dedans - le journal dit qu'il l'a vendu, ou plutôt les intérêts l'ont vendu. Pourquoi ? Il n'a jamais rien fait directement de sa vie - ce n'est pas ainsi qu'il fait des affaires ; d'ailleurs, ce n'est pas ainsi que les affaires sont. ça se fait en ville , nulle part ... Cela se fait toujours par une porte latérale, pas par une porte d'entrée, comme nous l'avons fait sur le Yellow Bull — directement, même par Stephen.

"Je suppose qu'il a commencé cette histoire pour rendre ces actions bon marché. Eh bien, l'autre jour, j'en ai acheté un peu, très bon marché en plus - pas beaucoup, seulement quelques centaines de milliers de dollars. Maintenant, je suppose que si jamais les cours augmentent, pour Old Man Wisner, cela va augmenter pour moi. Je pourrais en acheter un peu plus. Je ne sais pas, car cela vaut quelque chose - peut-être pas ; mais cela me plairait certainement si je pouvais trouver une sorte de jeu parallèle. ici où je ne pourrais pas gagner d'argent. Je m'ennuie, Curly, dit-il ; "C'est ça qui m'arrive."

Mais il revenait encore et encore vers le véritable centre de notre venue en ville : Bonnie Bell. Lui et moi aurions pu passer un bon moment, mais nous savions parfaitement qu'elle ne passait pas un bon moment.

"Curly", dit-il, fronçant les sourcils et sa mâchoire travaillant un peu, "elle n'a pas d'amie dans toute cette foutue ville."

"Écoutez-vous!" lui dis-je. "De quoi tu parles ? Elle nous tient, n'est-ce pas ?
Nous sommes ses amis. Nous l'avons élevée. Nous allons prendre soin d'elle.
N'est- ce pas suffisant ?"

"Non, Curly", me dit-il; "nous ne sommes pas assez."

VII - Ce que leur employé a fait

"Eh bien", dit le vieux Wright à Bonnie Bell un jour vers quatre heures, alors que nous prenions une tasse de thé, que William insistait pour que nous buvions à ce moment-là, "qu'est-ce que les gens là-bas ont dit à propos du chien que vous avez envoyé ' em ?"

"Ils n'ont pas dit un mot", déclare Bonnie Bell. "Mais ils ont gardé le chien. Je ne pense pas beaucoup à cette tenue, si tu me demandes, papa", dit-elle.

"Ni moi non plus", dit-il. "C'était dommage que vous ayez écrasé leur chien, ou tant de leurs chiens, mais ensuite vous avez fait ce que vous pouviez, en leur envoyant un autre chien aussi gros que tous ceux que vous avez tués. Un colley est très intelligent. J'espère que celui-ci continuera. sur le trottoir et ne pas passer sous les roues. Votre chien de Boston me fait toujours deviner.

Eh bien, nous avons discuté pendant un moment, nous la plaisantions tous les deux à propos de son contrat de chien, jusqu'à ce qu'elle se lève et s'éloigne de la petite table où elle est assise et se place devant la fenêtre, regardant dehors, sa tasse de thé dans les bras. main. Tout à coup, elle dit :

"Bon dieu!"

"Qu'est-ce qui ne va pas?" dit son père, et nous lui crions tous dessus. Mais elle est hors de la pièce et se présente à la porte avant que nous puissions l'arrêter, toute avec son bonnet et sa casquette à carreaux vichy, comme elle l'est alors ; car elle s'occupait du ménage - bien que William la regarde triste de ne pas être plus habillée.

Nous sommes allés à la fenêtre et avons regardé dehors. Tout à coup, nous avons entendu des aboiements atroces là-bas et nous avons vu ce qui s'était passé. Leur nouveau chien était venu dans notre jardin pour regarder autour de nous, et le chien de Boston de Bonnie Bell, Peanut - qui montait principalement dans sa voiture avec elle - avait sauté sur ce chien en visite ici, et ils s'en sortaient sincèrement, juste devant nous . cour.

Eh bien, monsieur, c'était l'un des plus jolis combats que vous ayez jamais vu. Un colley n'est pas en reste, et si ce chien n'avait pas été si jeune, il aurait pu lécher suffisamment de Peanut, d'accord. Mais, voyez-vous, Peanut prenait soin de ses propres parents, selon ce qu'il pensait, et c'était une intrusion de la part du chien Wisner.

Tout ce qui a en lui un petit taureau, comme Peanut, n'a aucun sens de se battre ; alors Peanut l'a mélangé copieusement avec le colley, et ils ont roulé partout dans la cour jusqu'à ce qu'on puisse à peine distinguer lequel était lequel. Finalement, Peanut s'est bien attaché la jambe, et le colley hurle au meurtre sanglant et se dirige vers la maison et sa mère à travers la clôture, Peanut s'accrochant.

"'Eh bien, dit-il, notre chien est plutôt un combattant de tranchées.'"

Il semble que leur porte d'entrée était ouverte ; et le colley qu'il avait préparé pour cela, criant à chaque saut, et Peanut après lui. Il le poursuit jusqu'aux marches et pénètre dans la maison, et c'est tout ce que nous avons pu voir pendant un moment, à l'exception de Bonnie Bell debout avec sa casquette et son ouverture , regardant à travers. Ensuite, à travers la fenêtre, nous pouvions voir des gens courir ici et là, comme si les chiens étaient entrés au milieu de la maison et continuaient à mélanger.

Au bout de trois ou quatre minutes, leur majordome sort, tenant Peanut par le col, et le dépose sur le perron. Mais Peanut , c'est un joueur, et il n'a tiré aucune satisfaction de cette bagarre ; alors il retourne en arrière et gratte la majeure partie de la peinture sur leur porte d'entrée, et aboie et hurle, essayant de rentrer pour terminer son travail.

Bonnie Bell , elle reste là à pleurer parce qu'elle a tellement honte, et elle appelle et siffle Peanut. Quand il arrive enfin, il le fait en regardant par-dessus son épaule et en grognant, et en défiant cet autre chien de sortir et de lui faire tomber une puce sur l'épaule.

Quand Bonnie Bell est revenue, portant Peanut, heureux, par la peau lâche de son cou, elle était plus inquiète que je ne l'ai jamais vue pour quoi que ce soit.

"Maintenant, nous l'avons fait!" dit-elle. "Notre chien a couru directement dans leur maison et a poursuivi leur chien. Il y avait des invités là aussi - regardez les voitures qui se tenaient là-bas. Ils organisaient une sorte de fête - un pont, genre assez. Oh, qu'allons-nous faire !"

« Viens ici, Peanut », dit le vieil homme Wright ; ce que Peanut saute alors sur ses genoux. « Ayez quelque chose sur la maison », dit-il ; "et si ce chien vient ici, mange-le !"

Peanut comprend parfaitement cela, il se dirige vers la fenêtre, essaie de sortir et aboie jusqu'à ce que vous puissiez l'entendre un bloc.

"C'est un chien, ma sœur", dit son père. « De toute façon, on dirait que certains membres de notre famille ont fait irruption dans la société polie pour une fois. Viens ici, mon chiot ! Et il tapote la tête de Peanut et rit comme s'il allait en mourir. Mais pas Bonnie Bell !

Il y eut ensuite un silence terrible entre les deux grandes maisons. Nous n'avons rien jugé bon de dire et ils n'ont pas prêté attention à nous. Leur employé – qui travaillait dans le jardin, parfois en salopette et en pull – se promène parfois dans la cour avec leur colley, mais il prend très soin de rester de son côté de la clôture.

Le printemps commençait à arriver – un temps plutôt maussade de temps en temps ; mais l'herbe devenait verte, et certaines des fleurs de Bonnie Bell qu'elle avait plantées commençaient à apparaître à travers le sol, et de temps en temps, elle sortait, vêtue de vieux vêtements pour la plupart, avec peut-être une casquette et un chapeau . s'ouvre et s'agite avec ses fleurs. Elle ne regarderait jamais la maison Wisner.

Leur employé qui prenait soin de leur chien était celui qui prenait soin de leurs fleurs, tout comme elle l'avait fait des nôtres. Un matin, on dirait que, sans se remarquer, ils travaillaient un peu près de la clôture, non loin l'un de l'autre, et tout à coup il se lève et la voit.

"Bonjour!" dit-il, ce que Bonnie Bell ne pouvait pas empêcher.

Elle lève les yeux et le voit debout, son chapeau à la main, assez respectueux ; et comme il n'était que l'un de leurs employés, elle ne se sentant pas du tout amicale envers quiconque sur terre qui soit à moitié décent avec elle, elle dit :

"Bonjour ! Je vois que tu répares aussi tes fleurs."

"Oui", dit-il; "Ces crocus vont bientôt sortir. De quelle couleur est la vôtre ?"

« De toutes sortes », dit-elle ; "et j'espère qu'ils s'en sortiront tous bien."

"Je serais heureux de pouvoir vous être utile", dit-il.

"Eh bien, c'est gentil de votre part", dit-elle ; " Toi, étant jardinier, tu en sais plus sur ces choses que moi. " À ce moment-là, ce chien colley arrive là où il se tient.

"Oh bon sang!" dit Bonnie Bell. "Ne laissez pas ce chien venir dans notre jardin, quoi que vous fassiez."

Tout à coup, il éclata de rire.

"Je vais m'occuper de lui", dit-il. "Je n'en prendrais pas mille pour ce chien. Ils ne voulaient pas le garder, mais j'ai dit qu'ils devraient le faire. C'était une belle bagarre qu'ils ont eue dans la maison", dit-il en riant de nouveau.

Bonnie Bell, elle est devenue rouge et dit-elle :

"Je suis terriblement désolée. Notre chien est une terreur à combattre. Nous ne pouvons en aucun cas l'en empêcher. J'espère que vous vous excuserez auprès de votre peuple", dit-elle - "du moins, s'ils le voulaient". Je ne prends pas mal de notre part de le mentionner. Je ne sais pas.

"Oh, non, je suppose que tout ira bien", dit-il. "Je suis avec eux depuis si longtemps, tu vois, je peux en quelque sorte me libérer de ça. Si tu te sens mal à ce sujet , je leur le dirai ; mais ce n'était pas de ta faute."

« Ce serait comme votre groupe, » dit-elle, « de ne pas laisser entendre que nous leur avons dit que j'étais désolé. Je ne devrais peut-être pas le dire, mais... »

"Eh bien," dit l'homme de main, assez franchement, "c'est exactement ce que je ressens. Je dis souvent au vieil homme, moi-même, qu'il n'est pas tellement - il est venu de l'Iowa une fois alors qu'il n'y est pas allé. Il a un centime à son actif, et pourtant il en met plus que quiconque dans la rue. »

« As-tu déjà osé lui dire ça ? dit Bonnie Bell.

"Je l'ai certainement fait, et plus d'une fois. Je n'ai pas peur de dire quoi que ce soit à l'un ou l' autre ", dit-il. "Ils n'osent pas me dire grand-chose. J'en sais trop sur eux . Mais dites-le maintenant, sur ce combat", dit-il. "Je veux te dire que ce nouveau chien que nous avons est une vraie pêche. Donnez-lui environ un an et il mangera votre chiot."

"Il n'a jamais vu le jour où il pourrait le faire et il ne le fera jamais !" dit Bonnie Bell. "Si tu ressens cela———"

"Eh bien", dit-il, "notre chien est plutôt un combattant de tranchées. Il s'est mis sous les tables où ces vieilles poules jouaient au bridge et il a tenu bon jusqu'à ce que votre chiot le flanque."

"As-tu vu le combat ?" dit Bonnie Bell.

" Bien sûr que je l'ai fait ! J'étais juste là. "

"Oui?" dit-elle. "Dans de tels vêtements ?"

"Tout comme moi. Je passais par hasard devant la pièce où ils organisaient leur fête et à ce moment-là, les chiens sont entrés. Croyez-moi, c'était plus amusant qu'il n'y en a eu dans notre maison depuis de nombreuses années. Bien sûr c'était quelque chose d'informel."

"Eh bien", dit Bonnie Bell, "je vois que tu dois être dans la famille depuis longtemps sinon tu ne ressentirais pas ce que tu ressens."

« Une vingtaine d'années », dit-il en se redressant. "J'ai été fait prisonnier dans ma prime jeunesse et je suis depuis lors en servitude, sans aucun espoir de m'en sortir", dit-il. "Mais il faut bien gagner sa vie d'une manière ou d'une autre et je n'avais que mon travail à vendre. Vous voyez, je m'y connais en fleurs, et je peux maintenant conduire une voiture ou conduire un bateau."

"Nous avons acheté un de ces petits bateaux", déclare Bonnie Bell. "Un jour, je vais la sortir et apprendre à la diriger moi-même."

"Il faut faire attention à ce lac", dit-il. "Cela devient parfois très difficile. Pourtant, c'est très amusant."

Vous pouvez voir qu'ils lui rendaient visite à droite et à gauche – juste elle et l'homme à gages ! Mais comme elle se sentait si seule tout le temps, il semblait qu'elle allait devoir parler à quelqu'un, et cet homme semblait plutôt amical, même s'il n'était qu'un ouvrier. Bonnie Bell n'a jamais été coincée du tout. Peut-être qu'il pensait qu'elle était une de nos servantes.

« Jardiner, c'est bien », dit-il enfin en s'approchant de la clôture ; "Mais, pour moi, je préfère être un vacher que tout ce que je connais. Je préfère monter un cheval de vache plutôt que de conduire n'importe quelle voiture sur terre. Cette vie ici m'énerve."

"N'est-ce pas ?" lui dit-elle. "Parfois, je ressens cela moi-même."

"Ce que l'on aime dans une ville est plus que ce que je peux imaginer. Si j'avais de l'argent, j'achèterais un ranch", dit-il, "et je vivrais ensuite heureux pour toujours."

N'était-ce pas drôle qu'il veuille faire exactement ce que nous avions arrêté de faire et que nous allions vivre à ses côtés de cette façon ? Pourtant, bien sûr, ce n'était qu'un homme à gages – aucun d' entre eux n'est content. Je ne le suis pas toujours, moi-même.

Bonnie Bell a pensé que cela devenait trop personnel et elle s'est dirigée vers la maison - elle m'en a beaucoup parlé par la suite - mais il s'est approché de la clôture et a semblé un peu désolé de la voir partir ; et dit-il :

"Attends une minute. Je te parlais de mon ranch. J'en aurai un un jour . Tu crois que je vivrais ici toute ma vie avec le vieux monsieur et la vieille dame, et rien d'autre à faire que bricoler des fleurs et des voitures ? Je ne suis pas si insignifiant.

"Je dois y aller", dit-elle alors.

Alors elle l'a quitté. Il faillit escalader la clôture pour l'empêcher de partir, et la dernière chose qu'elle l'entendit dire fut :

"J'espère pouvoir t'aider à propos des fleurs." Elle a commencé à penser qu'il était plutôt frais. Elle m'a dit ce qu'il a dit.

Son père a vu ça par la fenêtre et il l'a appelée quand elle est entrée.

"Je ne pense pas que je parlerais beaucoup avec ces gens si j'étais à votre place", dit-il.

"Pourquoi, papa," dit-elle, "tu ne veux pas que je sois coincé comme eux, n'est-ce pas ?"

Puis elle lui a raconté comment Peanut avait pourchassé leur chien là-bas et avait interrompu leur bridge party. Ils durent tous les deux en rire.

"Leur jardinier, James, m'a dit que le vieux Wisner n'était pas grand-chose, ni la vieille dame non plus", dit Bonnie Bell au bout d'un moment. "C'est exactement ce que je pensais."

"Je ne sais pas, car il devrait parler ainsi des gens pour lesquels il travaille", dit son père. « Je ferais plutôt attention à tout homme qui frappait son patron, n'est-ce pas, Curly ?

"Eh bien, tout était de ma faute, papa", dit-elle. "Il m'a dit bonjour ; puis je lui ai posé des questions à propos des fleurs et il m'a proposé de m'aider avec les crocus."

"N'acceptez aucune aide de la part de Wisner", dit son père. "Tu m'entends?"

Alors que le printemps arrivait et que le temps devenait plus agréable, Bonnie Bell était plus heureuse, car elle pouvait sortir davantage. Maintenant, elle s'est mise à diriger ce nouveau bateau à moteur que nous avions. C'était un sifflement. Il ne lui a pas fallu longtemps pour apprendre à le faire fonctionner. Presque tout le monde à Millionaire Row avait des hangars à bateaux sur le lac et la plupart avaient des bateaux à essence – on pouvait les entendre cracher là-bas le soir, presque tous les jours ensoleillés.

Son père n'aimait pas beaucoup qu'elle sorte sur le lac ; étant originaire du Wyoming, il avait peur de l'eau, surtout en grande quantité. Il dit à Bonnie Bell de faire attention et, si elle doit sortir sur le lac, de n'y aller que lorsque tout est lisse.

D'une certaine manière, il n'y avait pas lieu d'avoir peur pour cette fille, car elle savait nager comme un canard : Old Man Smith leur avait appris cela à tous . Presque tous les matins, elle sortait en maillot de bain le long de notre allée, traversait notre garrigue et traversait le quai, et plongeait dans cette eau où elle faisait plus de quarante pieds de profondeur et était aussi froide que la glace. Elle n'avait pas peur. Elle revenait mouillée et riante, et disait qu'elle aimait ça. Je n'aurais pas fait ça pour une ferme. Je ne crois pas qu'il faille aller dans l'eau à moins de devoir passer à gué.

Je déteste tout ce qui fonctionne à l'essence, parce que c'est un truc à terre qui, tôt ou tard, vous tombera dessus quelque part . Un bon cheval de vache est la seule chose sûre avec laquelle on peut aller partout, et tout le monde le sait. Bonnie Bell m'a cajolé une fois dans son bateau, mais pas plus d'une fois. Le lac n'était pas si agité non plus ; mais le bateau montait et descendait jusqu'à ce que je ne me sente plus bien et que je ne voulais plus y aller. Mais Bonnie Bell avait tellement de après-midi qu'elle restait dehors des heures d'affilée, déchirant et chargeant de haut en bas, l'eau s'échappant de l'avant du bateau. La plupart du temps, elle roulait en maillot de bain et ses cheveux coiffés sous sa casquette. De toute façon, il y avait une sorte de côté sauvage en elle et elle prenait toujours des risques.

Un soir, vers quatre ou cinq heures, après une chaude journée d'été, elle se trouvait là-bas, à environ un quart de mille du rivage, toute seule. Il y avait pas mal de vent, et les vagues roulaient assez haut, se brisant en blanc sur le dessus aussi, et faisant un tel bruit que j'étais complètement inquiet. Son père était loin de la maison ; alors je suis descendu sur le quai et je suis resté là à essayer de lui crier dessus pour qu'elle m'entende, mais je n'ai pas pu lui faire entendre. J'agitais aussi des objets, mais elle ne semblait pas les voir.

Elle était une sorte de casse-cou pour monter ou conduire quoi que ce soit, et je pense qu'elle appréciait peut-être ce clapotis dans l'eau, même si je m'attendais à chaque minute de voir le bateau se renverser. J'entendais le moteur du bateau tourner vite - sput - sput - sput -tt ! Je ne pouvais qu'espérer que tout se passerait bien. Tous les moteurs à gaz sont un péché.

Elle avait été la seule à se trouver sur le lac à ce moment-là, c'était si difficile ; mais à peu près maintenant, vers la ville, à environ un demi-mile de là, j'ai vu un autre bateau arriver, s'élever au-dessus des vagues, puis disparaître hors de vue dans le creux pendant un bon moment. Il se dirigeait directement vers chez nous. Le type à l'intérieur courait un peu de côté vers les vagues et j'aurais préféré que ce soit lui dans le bateau plutôt que moi.

Bonnie Bell était un peu plus loin, se dirigeant vers les vagues et appréciant le balancement, semblait-il. Peu à peu, je la vis regarder vers le sud ; et puis son moteur s'est mis à cracher un peu plus vite, et j'ai vu son bateau s'éloigner et se diriger dans cette direction.

J'ai alors regardé l'autre bateau. Je ne l'ai pas vu pendant un moment, mais finalement il s'est élevé au-dessus d'une grosse vague. Ce n'était plus comme avant, mais plus noir. J'ai vu l'eau briller sur les planches. Ensuite, j'ai compris ce qui s'était passé : le bateau s'était retourné.

C'était comme si Bonnie Bell se rendait sur place pour voir si elle pouvait aider. Je lui ai crié dessus, mais elle ne pouvait pas entendre et je ne pense pas qu'elle se serait arrêtée de toute façon.

Ces petits bateaux vont très vite et il semblait que *Bonnie Bell* – car c'était le nom de son bateau, son père lui avait donné ce nom – ne semblait pas frapper les vagues, seulement dans les hauteurs. En peu de temps, elle était là où le bouleversement s'était produit. Je l'ai vue ralentir et se lancer, puis se lever et faire tourner une corde. Puis elle tendit la main et revint en arrière.

« Eh bien, de toute façon, me dis-je, elle a sauvé un cadavre, me dis-je.

J'ai appris par la suite qu'il n'était pas mort et que lorsque Bonnie Bell l'attrapait par le col , elle lui disait de rester immobile, sinon elle le tremperait sur la tête avec la gaffe.

"Nous y arriverons dans une minute", lui dit-elle. Bien sûr , je ne le savais pas à l'époque.

On dirait qu'elle n'a pas essayé de le hisser d'aplomb, les vagues étant si hautes ; et elle faisait tourner le moteur d'une main et le tenait de l'autre, le traînant d'un côté du bateau et prenant une gorgée d'eau de temps en temps. Ce n'était pas très loin de notre quai et bientôt ils accostent.

"Attrape-le, Curly!" dit-elle ; alors je l'ai attrapé quand elle est entrée et je l'ai tiré vers le haut.

Il était entièrement mouillé et, au début , il semblait à moitié fou. J'ai vu qui il était à ce moment-là : c'était l'homme de main des Wisner.

"Pourquoi ne m'as-tu pas laissé tranquille?" dit-il. "Je l'aurais récupérée très bientôt. Tu aurais pu y aller aussi."

"Quoi?" dit-elle, méprisante. "De toute façon, tu vas bien, et tu n'as aucun coup de pied à venir."

Elle se leva dans ses vêtements de bain, mouillée au possible, et une partie de ses cheveux pendait sous son bonnet, et il la regarda avec un air humble. Et il dit : "Je vous remercie beaucoup. Pardonnez-moi pour ce que j'ai dit." Puis il baissa les yeux sur ses vêtements et vit qu'ils étaient mouillés, et il éclata de rire. « Tout aux bonbons ! » dit-il. "Ma vie sauvée pour mon pays !" dit-il.

"Cela n'avait aucun sens d'y aller", dit Bonnie Bell en le grondant. "Vous avez rendu votre mélange trop riche et vous avez obstrué votre moteur. Vous ne pouvez pas les suralimenter deux temps de cette façon et vous en sortir."

"Ce n'était pas du tout le problème", dit-il. "Je me suis coincé le pied dans le fil d'allumage et je l'ai cassé. Bien sûr, elle ne pouvait pas courir à ce moment-là, mais j'aurais pu nager d'où j'étais et le bateau aurait dérivé."

"Vous auriez pu nager bien et mouillé", dit-elle, toujours méprisante, "et vous auriez été mis en pièces contre la digue; c'est ce qui vous serait arrivé. Certaines personnes," dit-elle, "ne sont pas bonnes. " De toute façon, je ne suis pas apte à sortir seul.

Et, ce disant, elle nous quitte tous les deux, mouillés comme elle l'était dans ses vêtements de bain, et court à travers le hangar à bateaux et monte les marches. Il s'occupait d'elle, sobre.

"Je ne le sais pas !" dit-il en se tournant vers moi. "Sans elle, j'aurais passé toute la journée avec moi. Mais je pensais certainement qu'elle en aurait fini."

"C'est une bonne chose que Bonnie Bell puisse diriger ce bateau", dis-je.

"Bonnie Bell ?" dit-il. "Est-ce que c'est son nom ? Par Jupiter ! Eh bien maintenant, par Jupiter ! Et quel est ton nom ?" dit-il.

"Wilson", dis-je. "Ils m'appellent Curly pour faire court."

"Bouclé?" dit-il. "Ça ressemble un peu au nom d'un cow-boy, n'est-ce pas ?"

"Je n'ai encore jamais vu de camp de vaches où il n'y avait pas un cow-puncher du nom de Curly", dis-je.

"Cowpuncher ! Vous n'en avez jamais été un vous-même, n'est-ce pas ?" dit-il.

"Je n'ai jamais été autre chose", dis-je.

Puis il lui tendit la main.

"Secouer!" dit-il. "Certaines personnes obtiennent ce que d'autres souhaitent. N'est- ce pas la vérité ?"

"Que veux-tu dire?" Je l' interroge .

"Eh bien", dit-il, "j'ai toujours voulu être cowboy, mais je n'ai jamais eu l'occasion d'aller dans un ranch."

"C'est toi le jardinier, n'est- ce pas ?" dis-je, et il acquiesce.

"C'est tout ce que je peux faire. Pourtant, j'aurai peut-être une chance de faire mieux un jour."

C'était un très bel homme, rasé de près, les cheveux bien coupés et la moustache très courte. Il regarde ses vêtements maintenant, mais il ne semble pas s'en soucier – il agit comme s'il en avait beaucoup plus ; et il a ri. Il était mouillé, mais il ne frissonnait pas. Il a failli se noyer mais il n'avait pas peur. Je l'aimais plutôt même s'il n'était qu'un salarié comme moi. Il semblait plutôt robuste.

"Tu sais comment elle m'a eu ?" il m'a attaqué maintenant. "Elle m'a jeté la boucle d'une corde, et si je ne l'avais pas eu dans ma main , je pense qu'elle m'aurait étouffé à mort."

"C'est une bonne cordiste", dis-je, "et elle sait monter aussi bien qu'elle sait faire de la corde."

"Pourrais-tu me montrer comment faire de la corde ?" dit-il. "Voudriez-vous?"

" Shore , je vous montrerai un jour si nous en avons l'occasion ", dis-je. " Je vais regarder autour de nous dans notre chambre de ranch, là-bas dans la maison, et voir si je peux trouver une corde. "

"As-tu une pièce là-dedans comme dans un ranch ?" dit-il.

« Exactement comme notre ancien ranch », dis-je. « C'est la pièce principale de l'ancien ranch Circle Arrow.

« Pourrait-elle, maintenant… est-ce qu'elle aiderait à apprendre à un camarade comment attacher une personne qui se noie ? dit-il. "C'est ce qu'elle a fait. C'est une boucheuse, n'est-ce pas ?"

"Elle l' est," dis-je. "Cependant, ses propres parents se réservent pour la plupart le droit de dire cela."

"Je vous demande pardon", dit-il, et il redevint rouge. "Je sais où est ma place."

"Continuez simplement à savoir où est votre place et où elle appartient, fils",
dis-je, "ce sont deux propositions différentes. J'espère, mon brave homme",
lui dis-je, "que vous comprenez que je suis le contremaître de le ranch."

« Ça ne bat pas le monde », me dit-il au bout d'un moment – nous restons là
à parler, bien qu'il soit mouillé comme un rat – « comment ça se passe ?
Parfois, il semble que nous ne pouvons pas nous en empêcher, et nous tous
se retrouvent aux mauvais endroits en essayant d'entrer dans les bons.
Maintenant, j'aimerais remercier cette dame ; mais je ne peux pas. Elle est
merveilleusement belle, n'est-ce pas, votre maîtresse ? Je dis maintenant,
Curly, tu remercies elle pour moi, n'est-ce pas ?

Je me sentais plutôt sauvage envers quiconque venant du côté Wisner de la
clôture, mais d'une manière ou d'une autre, ce type était si honnête, et il
voulait évidemment être si carré, que je ne pouvais guère me sentir autrement
qu'amical avec lui.

"Vous êtes avec vos parents depuis un bon moment, n'est-ce pas ?" dis-je au
bout d'un moment.

"Oh, oui; je suppose que je suis plutôt utile dans le projet d'une certaine
manière, sinon ils m'attacheraient une canette."

"Dans Millionaire Row, d'après moi," lui dis-je, "les Wisners sont les rois des
abeilles ?"

Il hoche la tête.

"J'ai bien peur que ce soit à peu près la vérité. Du moins, c'est comme ça
qu'ils pensent que c'est le vieil homme et la vieille dame. Les gens qui ne
s'alignent pas sur leurs habitudes se retrouvent gelés."

"Est-ce ainsi?" dis-je en ayant tout de suite chaud sous le col. "Eh bien,
laissez-moi vous dire quelque chose : quand il s'agit de jouer à n'importe quel
type de gel, en ce qui concerne Old Man Wright, croyez-moi, il y a deux côtés
à ce jeu. Vous voyez ?"

Je l'ai regardé droit dans les yeux et j'ai continué :

"Personne n'a jamais vu Old Man Wright s'affaiblir dans ce qu'il avait
commencé. Quant à l'argent, il ne peut pas gagner moins d'un million par
mois ici même dans cette ville où il vit actuellement. Il est du genre à gagner.
"

"Je te crois", dit-il. " Étiez-vous en train de dire que vos parents étaient
propriétaires du Circle Arrow Ranch dans le Wyoming ? "

"Euh-huh ; et j'aurais aimé que nous le fassions maintenant."

"C'est drôle", dit-il. « Et vous l'avez vendu à un syndicat ?

"Euh-huh, bon sang !"

« Et Old Man Wisner était l'un des partenaires silencieux et l'un des plus grands propriétaires de ce syndicat : la colonisation et l'irrigation. Il n'y a rien contre lequel il ne s'oppose, il y a de l'argent, et c'est lui qui gagne la plupart du temps », dit-il. .

"Eh bien, qu'est-ce que tu en sais !" dis-je. "Nous emménageons ici et vivons juste à côté de chez lui - c'est la chose la plus drôle que j'aie jamais entendue. Ils étaient dans des camps opposés dans ce jeu, n'est-ce pas, ces deux gars ? Eh bien, le vieil homme Wisner a eu Le pire, c'est tout. Vous ne pouvez rien élever sur cette terre, à part des vaches, et il le découvrira. Nous avons reçu une partie de nos paiements différés, assez, mais cela ne me surprendrait pas si nous obtenions toute cette terre il y a un jour, et j'espère que nous le ferons.

Il plisse la bouche et pose ses doigts dessus.

"Par jupiter!" dit-il. "Par Jupiter ! Voudriez-vous me donner un travail de cow-punching, Curly ?" dit-il.

"Non, à moins que vous sachiez mieux la corde à l'époque qu'aujourd'hui", dis-je. "Et si vous ne savez pas mieux monter à cheval qu'un bateau, je ne pense pas que vous puissiez gagner votre planche."

Il l'a bien pris et s'est contenté de rire.

J'ai traversé le hangar à bateaux et la garrigue et j'ai gravi les marches arrière jusqu'au petit portique, sorte de contre-porte qui se trouve au-dessus de la porte arrière de notre maison et qui donne sur le lac. Si vous me croyez, il y avait Bonnie Bell debout, toute en maillot de bain ! Elle n'était pas encore entrée.

« Est-il parti, Curly ? dit-elle.

"Il vient de partir ", dis-je. "Que fais-tu ici, tout mouillé ? Pourquoi n'es-tu pas entré tout de suite ?"

« Est-ce qu'il va bien, Curly ? dit-elle en enroulant en quelque sorte ses cheveux de son cou et dans son bonnet en caoutchouc.

"Oui", dis-je; "Il n'a fait de mal à personne."

"De quoi parlais-tu si longtemps ?" dit-elle.

«Beaucoup de choses, toi par exemple», lui dis-je .

"Qu'a t'il dit?" elle s'en prend à moi.

"Eh bien, rien de grand-chose ; seulement à quel point il était désolé que vous lui ayez sauvé la vie."

"Desolé pourquoi?"

"Eh bien, un homme se sent vraiment méchant qu'une femme lui sauve la vie."

"Est-ce qu'il a dit ça?" me dit-elle. Maintenant, quand Bonnie Bell sourit, elle a une sorte de fossette ici et là. Elle souriait en quelque sorte maintenant. "Qu'est-ce qui vous a retenu là-bas si longtemps ? Vous deux parliez comme deux vieilles femmes."

"Eh bien," dis-je, "je promettais juste de lui montrer comment faire de la corde ; il dit qu'il veut apprendre."

"Quand vas-tu lui montrer, Curly ?"

"Oh, un matin, comme assez, là-bas sur le quai. Il dit qu'il se faufilera hors de chez lui, pour que personne ne le voie. Je ne pense pas que ton père s'en souciera que je montre à un jeune homme comment corde - J'aimerais de toute façon sentir à nouveau une corde dans ma main. Je pense que d'ici peu il portera un large chapeau et chantera 'O, ne m'enterre pas dans la prairie solitaire ! ' "

"Curly", dit-elle.

"Quoi?"

"Avez-vous trouvé ma corde avec celles de la grande salle ? J'oublie si je l'ai apportée."

"Petit," dis-je, "s'il doit y avoir une instruction aux hommes engagés sur l'orgue à corde, l'orgue à bouche, la guimbarde, ou quoi que ce soit de ce genre, c'est moi qui la donne. Je suis deuxième dans ce ranch . Maintenant vous montez à l'étage.

Elle avait maintenant tous ses cheveux repoussés sous sa casquette, aussi mouillés soient-ils, et elle restait là à les réparer. Elle était encore en maillot de bain et terriblement mouillée, mais elle ne semblait pas avoir froid. Elle avait l'air plutôt rose et plutôt heureuse ; Je ne sais pas pourquoi. Seigneur, c'était une jolie fille ! Il n'y en a jamais eu de plus beau que Bonnie Bell Wright.

"Enfant, tu m'as entendu!" dis-je. "Montez maintenant et enfilez vos vêtements. Et vous ne sortez plus dans ce bateau !"

VIII - Comment le vieil homme Wright faisait des affaires

À mesure que le temps commençait à se réchauffer et que nous sortions davantage, il faisait plus gai chez nous. Bonnie Bell s'est réjouie un peu. Elle en chantait quelques-uns. Il semblait qu'elle allait s'habituer à vivre en ville – pas moi ; jamais!

Mais le vieux Wright ne semblait pas s'inquiéter pour personne. Il était du genre à le laisser n'importe où et il serait occupé à quelque chose. S'il était posé sur un banc de sable au bord d'un ruisseau , il cherchait des bâtons ; et, d'abord, vous savez, il construisait une maison avec eux – il fabriquait toujours les choses d'une manière ou d'une autre. Je n'ai jamais vu un homme pouvoir évaluer mieux que lui un morceau de pays pour ce qu'il perdrait .

"Curly", me dit-il un jour alors que j'étais dans son nouveau bureau et qu'il parlait de gagner de l'argent, "il y a différentes manières de devenir riche", dit-il, "mais un seul système. pense qu'ils doivent avoir - c'est une chose pour les gens riches ; ou bien obtenir quelque chose que tout le monde doit avoir, qu'il le veuille ou non - c'est une chose pour les pauvres. Et quand vous êtes dans le jeu, vous achetez quand les choses sont basses et vendez quand ils sont élevés. Presque tous les hommes que vous connaissez jouent le jeu dans l'autre sens. C'est pourquoi il y a tant de pauvres », dit-il. "Pourtant, le jeu est facile à battre quand on sait comment, si gagner de l'argent est tout ce qui vous importe.

"Par exemple", dit-il, "quand j'ai acheté ce tas d'actions à Lake Electric il y a quelque temps, c'était à un moment où personne n'en voulait ou ne laissait entendre qu'il en voulait. Depuis lors, le riz avoisine les quinze ou vingt points et il va aller plus haut. Quand j'ai vendu le Circle Arrow, c'était quand les gens le voulaient vraiment. Entre vous et moi, ces gens l'ont payé plus que ce qu'il valait. Je pourrais l'acheter un jour quand ils n'en voudront pas, non. plus."

« Pensez-vous que vous le ferez un jour, Colonel ? dis-je, tout à fait heureux d'y penser.

"Si j'étais seul au monde, avec toi seul, je le ferais tout de suite ", dit-il, "peu importe ce qu'il en coûte. Avec Bonnie Bell dans le jeu aussi, je ne sais pas ce que je ferai ni ce que je ferai. quand je le ferai.

"Je n'ai pas beaucoup de difficultés ici", poursuivit-il au bout d'un moment. "Par exemple, il y a quelques semaines à peine, je lisais dans les journaux cette guerre en Europe, ce qui est une honte et une chose horrible ; et j'espère qu'elle n'arrivera pas ici, même si si elle se produit, vous et moi y serons, " dit-il. "Eh bien, j'ai vu comment ils fabriquent autant de poudre et la vendent

– de la poudre sans fumée. Pour cela, ils doivent utiliser énormément d'acide picrique."

"Quel genre d'acide ?" dis-je. "Des cornichons?"

"Je ne sais pas", dit-il. "Je ne le saurais pas si c'était sur une assiette - seulement je sais qu'ils doivent en faire de la poudre sans fumée. Alors j'ai acheté tout ce que j'ai pu trouver ici ou là - pas grand-chose ; seulement deux ou trois cent mille. valeur en dollars.

"Eh bien," dit-il en étendant les jambes et en bâillant, "c'est la même vieille histoire, Curly. Je n'ai pas pu m'en empêcher et je n'avais pas l'intention de le faire de la moindre manière au monde ; mais maintenant, cette photo ici L'acide - quoi qu'il en soit - vaut deux ou trois fois ce qu'il valait il y a peu de temps. J'ai nettoyé - oh, peut-être deux ou trois cent mille dollars là-dessus. Il n'y en a pas assez dans ces choses pour me tenir très occupé. " Je n'ai pas envie de gagner de l'argent de toute façon , parce que c'est si facile. S'il existait un vrai jeu d'hommes maintenant, cela ne me dérangerait pas de m'y mêler. "

"Les vaches sont quelque chose que les gens doivent avoir, qu'ils soient riches ou pauvres", lui dis-je.

" Shore ; et c'est aussi un bon jeu. Si vous regardez autour de vous, vous constaterez qu'il y a certaines choses que tout le monde doit utiliser d'une manière ou d'une autre, quelque part : le bois, le cuivre, le pétrole, le fer ; des choses comme ça. Vous ne pouvez pas construire maisons et y vivre à moins que vous n'ayez certaines de ces choses. Tout le monde doit les acheter en gros ou au détail. J'aime les acheter un peu plus loin même qu'en gros - quand il s'agit de ce que vous appelez des ressources brutes .

"Si vous prenez des objets confectionnés en paquets, vous pouvez aussi les vendre, petit à petit, mais lentement. Certaines personnes aiment faire du commerce de cette façon ; il leur faut avoir des images, des objets, juste devant eux pour croire que leur argent est en sécurité. " C'est un peu lent pour moi et pour vous, Curly. J'aime prendre les marchandises avant qu'elles ne soient emballées et en acheter beaucoup, quelque chose que les gens doivent avoir. "

" C'est là que votre jeu est faible, Colonel, " dis-je. " Par exemple, vous faites du commerce avec des vaches sur sabot. Ce n'est pas respectable . Quand vous découpez des vaches et des porcs en accompagnements, jambons et saucisses, c'est alors que vous obtenez " Respectable. N'en avez-vous pas suffisamment de preuves ? Regardez ces Wisner , par exemple. "

Il renifle et n'est pas content.

"Eh bien, c'est la vérité", dis-je. "Regardez-nous ! Nous ne sommes personne ici. Le vieux Wisner est le roi des abeilles de cette rangée de maisons. Nous ne sommes pas un-deux-dix dans cette course."

"Hein ! C'est vrai ? Je cours librement, sous l'effet d'une traction ; et tu ne peux pas donner de coups de pied. Mais ensuite, c'est nous qui nous amusons, pas Bonnie Bell."

"Je ne m'amuse pas qui vaille la peine de parler de moi-même", dis-je. "Mais elle se porte assez bien - elle est d'une santé dégoûtante - plus saine en termes de vent et de membres que quiconque dans cette ville. Et elle est aussi occupée; elle a trouvé un nouveau genre. de voiture qu'elle dit qu'elle doit avoir. Elle dit que les Wisner en ont acheté une un peu plus brillante que la sienne.

"Eh bien, elle peut avoir ce qu'elle veut. Nous nous en sortons plutôt bien, semble-t-il. La semaine dernière, je me suis lancé dans une petite spéculation sur ce qui pourrait peut-être payer pour cette nouvelle voiture."

"Qu'est-ce qu'il y a cette fois, Colonel ?" Je l' interroge .

" Eh bien, cela a quelque chose à voir avec cette guerre ici. Chaque fois qu'il y a une guerre , quelqu'un gagne de l'argent et tout le monde en perd. Maintenant vous voyez qu'ils utilisent énormément de pointes pointues là-bas - des balles emballées dans des paquets prêts à être envoyés. " Il faut un certain type de tour pour les faire tourner , et il n'y a qu'un seul type de tour dans ce pays qui le fait plus vite que n'importe quel autre ; et les gens qui fabriquent des aiguis n'en ont jamais assez. Eh bien, J'ai acheté le contrôle de ce tour là- bas. En regardant autour de moi, il n'y a pas longtemps, j'ai trouvé une petite usine de poêles dans les dunes, je l'ai achetée, j'y ai installé quelques tours et j'ai créé une petite entreprise.

« En plus, je contrôle les tours qui sont utilisés dans toutes les autres usines où ils fabriquent des aiguisoirs . Il ne faut pas se demander si nous allons bientôt gagner un peu d'argent – assez pour acheter une voiture – environ cinq cent mille dollars. Je dois avoir du Sharpnel, je suppose que nous pourrions aussi bien les fabriquer et les rendre bons .

"Eh bien, colonel," dis-je, "j'espère que vous trouverez assez de choses à faire pour qu'un de ces jours vous puissiez être tout à fait à l'aise."

"Moi aussi", dit-il, et il sort à nouveau les jambes, les mains dans les poches. "Mais parfois, j'en perds presque courage. Les choses me semblent très tristes, car je ne trouve aucun jeu intéressant à jouer."

"Et cette histoire de candidature aux postes d'échevin ?" dis-je.

"Je regarde ça", dit-il. "Je connais un bon nombre de gars du côté ouest de notre paroisse. Mes taches de rousseur m'aident dans cette partie de la paroisse. Ils ne peuvent pas regarder des taches de rousseur comme les miennes et m'appeler autrement que comme un honnête homme. Notre paroisse est en deux parties, et un peu porte des chaussettes en soie et une bonne partie ne le font pas. Wisner, il est fort avec ceux qui le font. Il n'est peut-être pas si fort avec ceux qui gagnent huit dollars par semaine. Peut-être qu'aucun d' entre eux travaille pour Wisner, mais beaucoup d'autres personnes qui travaillent pour huit dollars par semaine travaillent pour lui. »

"Il gagne beaucoup d'argent à terre ", dis-je. "J'imagine qu'il a plus d'argent que n'importe qui en ville."

"Je suis prêt à empiler un peu d'argent dans ce match d'échevin contre lui si je pense que cela pourrait m'amuser. Je ne fais que marquer le pas ici, tel qu'il est."

"Faire quoi?" Je l' interroge .

"Gagner de l'argent et attendre."

"Pourquoi?" dis-je sans comprendre.

"Pour un homme", dit-il.

"Quel homme?" Je l' interroge , ne comprenant toujours pas.

"C'est ce que je ne sais pas. Pour un homme, cela rendra Bonnie Bell heureuse. Mais tous les jeunes hommes d'une ville parlent de la même manière, se ressemblent et s'habillent de la même manière. Je n'en ai pas vu plus d'un ou deux qui valaient le coup . putain, pas celui que je pensais être assez bon pour ma fille. Et pourtant, il va de soi que quelque chose va arriver; et cela pourrait arriver à tout moment. Cela me met mal à l'aise.

Je ne voyais pas pourquoi davantage de gens ne venaient pas dans notre maison, comme ils le faisaient autrefois sur le Circle Arrow ; et j'ai dit ça.

"Il est facile de comprendre pourquoi ils ne le font pas", dit Old Man Wright, et il brise le plateau en verre de sa table avec son poing. "Il est évident de comprendre pourquoi. C'est eux qui ont bloqué notre jeu. Ils nous ont mis en colère dès le début, c'est quoi ! Nous nous sommes trompés au début avec eux ; nous ne les avons pas suivis et ils ont toujours attendu. il."

"Cela nous met dans une situation assez difficile", dis-je.

"Ce ne serait pas difficile pour toi ou moi, Curly", dit-il. "Il n'y a pas de jeu sur terre auquel ce vieil hypocrite peut jouer et auquel je ne puisse le battre; je ne le crains pas plus que je ne l'aime. Mais quand je vois à quel point c'était facile pour lui et ses parents pour rendre ma fille malheureuse... Ce n'est pas à cause de moi, Curly", dit-il, et il passe la main sur le bureau et fait tomber tous les papiers et tout le reste par terre. "Elle est tout ce que j'ai", dit-il. "J'aimais sa mère et je l'aime. Tout ce qui va à l'encontre de son bonheur est contre moi jusqu'au bout. Et," dit-il, "je vais m'opposer à ce jeu de ville jusqu'à ce qu'un jour je fasse sauter la banque ! "

Je l'ai laissé assis là, regardant en quelque sorte ses pieds, les mains dans les poches et les jambes tendues. Il n'était pas content du tout, même si tout le temps il réclamait un match qu'il ne pouvait pas battre.

IX - Nous et leur clôture

Nous sommes partis pendant un bon moment de l'été et il ne s'est pas passé grand-chose entre nous et nos voisins. Peut-être que de temps en temps, notre chien Peanut arrivait dans leur jardin et grattait leurs pensées. Peanut aimait toujours s'allonger dans la terre fraîche, et il semblait savoir instinctivement quel était notre lit de pensées et lequel était le leur . Leur employé n'a ri que lorsque je l' ai vu et s'est excusé.

Il venait de temps en temps, leur employé le faisait, et me retrouvait sur le quai à l'arrière du hangar à bateaux, où je lui donnais des cours de cordage. Je lui ai montré quelques choses : comment lâcher prise quand il a mis sa corde droite et se donner beaucoup de double dos du hondoo . Nous avions l'habitude d'attacher les poteaux de retenue où nous attachions les bateaux. Parfois, nous nous entraînions pendant environ une heure et il commençait à bien s'entendre. Nous avons visité ainsi plusieurs jours, habituellement le matin.

"Est-ce que la dame ne descend plus jamais aux bateaux ?" dit-il une fois.

"Non", dis-je. "Son père a peur qu'elle se noie ."

« Est-ce qu'elle parle parfois de sauver la vie de quelqu'un ? il ast .

"Non", dis-je ; "Elle est habituée à de telles choses. De toute façon, elle ne se soucie pas de sauver la vie d'un travailleur", dis-je. "Ce n'est rien pour elle."

« N'est -ce pas drôle, dit-il, comment ça se passe parfois ? Au début, vous savez, je pensais que c'était une de vos femmes de chambre.

"Tu as fait quoi ?" dis-je.

"Eh bien, je ne le nie pas. Quand je l'ai vue pour la première fois dans la cour, la fois où elle a poursuivi ce chien, j'ai pensé que c'était une des servantes - vous voyez, elle portait une casquette et un chapeau . ouverture . Je ne savais pas du tout. La vieille dame le pense encore.

"Elle est très gentille, même avec les classes inférieures", dis-je. "Elle donne même de l'argent aux gens qui jouent de la musique devant notre maison tous les matins. J'aimerais qu'ils ne le fassent pas."

"J'aurais aimé qu'elle ne fasse pas ça", dit-il. "Nous passons des moments terribles avec ce groupe. Le vieil homme a dit que s'il devenait un jour échevin , il obtiendrait une ordonnance en les abolissant de la rue. Ils jouent quelque chose de féroce !" dit-il.

« Est-ce qu'il va se présenter comme conseiller municipal ? dis-je. "J'ai vu quelque chose dans les journaux à ce sujet."

"Eh bien, oui; je crois qu'il le fera - je l'ai entendu dire qu'il le ferait."

"S'il le fait", dis-je, "je pense que l'enfer va surgir dans cette salle."

"Pourquoi?" dit-il.

"Eh bien, mon patron pense qu'il pourrait lui-même se présenter comme conseiller municipal - il est naturalisé ici maintenant. Il était she'f à Cody chaque fois qu'il le voulait. Quand il veut quelque chose, on dirait qu'il ne peut s'empêcher de l'obtenir. . C'est une manière qu'il a."

Il a l'air plutôt pensif à cela.

"Eh bien, maintenant", dit-il, "eh bien maintenant, qu'est-ce que tu en sais ! Comme tu dis, Curly, ce n'est pas l'enfer ?"

Il jurait si facilement et si naturellement que je l'aimais bien, et la façon dont il s'est mis au cordage me faisait penser au meilleur de tous les pieds tendres que j'ai jamais vu.

"Pourquoi empilent-ils ces pierres le long de la cour, Jimmie ?" Je l' ai interrogé au bout d'un moment.

Vous voyez, il y avait plusieurs wagons remplis de briques et des trucs qui y avaient été déposés ce matin-là.

"Je ne sais pas", dit-il. « Quelque chose que le vieil homme a commandé, je pense. Il est absent en ce moment. Ils ne me parlent pas toujours de choses autant que je le pense.

"Je me suis souvent demandé qu'ils ne t'avaient pas viré", dis-je.

"Ils ne le peuvent pas", dit-il. "Je t'ai dit que j'en avais trop sur eux . Ils n'osent pas du tout me virer. Je les défie !" dit-il.

"Eh bien, tu ferais mieux d'être un peu prudent", dis-je. "J'ai déjà vu des gens ressentir cela à propos de leur patron, et bien souvent, ils en ont eu la possibilité. Tu ferais mieux de ne pas te faire virer avant d'en savoir un peu plus sur faire du cordage et de l'équitation."

"Faire taire!" dit-il. "Je crois avoir entendu quelqu'un dans notre hangar à bateaux. Au revoir ! Je reviendrai demain matin."

Il descendit le quai jusqu'à leur hangar à bateaux. Je m'assis non loin de la porte, fumant et regardant le lac. J'ai entendu quelqu'un là-dedans commencer à parler. C'était lui et la vieille dame Wisner — je l'avais déjà entendue de temps en temps. Je ne pourrais pas m'empêcher de les entendre si je l'avais voulu, et je le voulais.

"James", dit-elle, "où étais-tu ? Je t'ai cherché partout."

"Eh bien, nulle part de spécial", dit-il avec insouciance . "J'étais juste sur le quai en train de faire quelques cascades au cordage avec Curly."

"Je suppose que vous voulez dire cette brute rousse aux pieds de pigeon qui traîne chez les Wright", dit-elle.

Dis, quand elle a dit que je mangeais à moitié , car j'étais fou. Je suis peut-être ce qu'elle a dit, mais je ne permets à personne d'autre de le dire. Mais ce n'était pas un homme de toute façon ; donc j'ai dû le supporter. J'ai lu quelque part dans un livre qu'il n'est pas correct d'écouter quand les gens ne savent pas que vous les entendez ; mais cela ne me convenait plus, surtout quand les gens parlaient de moi, de mes cheveux et de mes jambes . Alors je me suis assis et j'ai écouté encore.

"Eh bien", dit Jimmie, "je n'ai jamais remarqué cela du tout. Mais c'est un bon éclaireur et je l'aime bien", dit-il.

De toute façon, cela m'a permis de me sentir un peu plus à l'aise.

"Eh bien, peu importe ce que tu faisais là-bas", dit-elle vicieuse. « Vous ne devez plus rien avoir à faire avec de telles choses. Pourquoi ne pouvez-vous pas vous occuper de vos propres affaires ? »

"Je vais juste le faire", dit-il. "Tu n'es pas J'ai obtenu mon consentement pour gâcher mes parterres de fleurs. Qu'est-ce que toutes ces pierres et ces briques font dans la cour ? » Dis, c'était un homme impertinent !

" Puisque tu m'as trahi , je vais te le dire. C'est une clôture que nous allons construire. "

"Une clôture?" dit-il. "Nous avons désormais une clôture en parfaite état."

"Oh, n'est-ce pas ? Eh bien, ce n'est pas assez haut pour empêcher nos gens de se mélanger à eux, n'est-ce pas." Je me suis encore demandé ce qu'était Can-nye. "Je ne te laisserai pas parler avec leurs servantes."

"Est-ce ainsi?" dit-il. "Je n'avais pas remarqué grand-chose de cela ces derniers temps", dit-il. "J'aurais aimé que ce soit le cas."

"James!" dit-elle, tellement en colère qu'elle pouvait à peine parler. "James!" Et tout ce qu'elle pouvait faire, c'était rire dans sa gorge et dire : « James !

"Eh bien", me dis-je, "c'est ici qu'on lui attache la canette, d'accord. Il n'est pas logique qu'elle autorise ce genre de discours."

Eh bien, maintenant, ils parlaient de cette clôture. En deux ou trois jours, il était assez facile de voir ce que les Wisner allaient faire : ils allaient supprimer la loi sur les troupeaux et installer des clôtures dans leur propre territoire.

Ce n'était pas du tout une clôture. C'était un mur qu'ils ont construit jour après jour – un mur normal ! Très vite, elle atteignit la hauteur de la fenêtre du deuxième étage, et elle continua. Il leur a fallu des semaines pour le terminer. Une fois terminé, le trottoir était propre jusqu'à leur hangar à bateaux. De notre côté, au sol, on ne voyait pas seulement le haut de leur maison, et de leur côté on ne voyait pas seulement le haut de la nôtre.

Quoi qu'il en soit, le mur s'est élevé et nous ne l'avons pas arrêté, parce que nous ne pouvions pas. C'était comme si nous vivions dans deux mondes différents, avec ce mur entre nous, et c'était ainsi qu'ils le pensaient. Rien ne pouvait passer d'un côté à l'autre. C'était l'offre la plus froide que j'aie jamais vue entre un groupe de personnes et un autre. Et pourquoi? Je n'arrivais pas à comprendre pourquoi.

Bonnie Bell était immobile et silencieuse. Old Man Wright, il est resté pensif pendant un bon moment. Il comprit que c'était une insulte, mais il ne savait pas quoi faire. Enfin , il se rend un jour chez Bonnie Bell et lui dit :

"Ma sœur, il fait un peu chaud en été. Ça te dirait d'aller à White Sulphur ou ailleurs pendant quelques mois ?" dit-il. "Tu as l'air un peu pâle depuis quelques semaines", dit-il, "et je n'aime pas le voir."

Elle se retourne et le regarde droit dans les yeux pendant une minute, et lui montre la fenêtre.

"Avec cette chose qui se passe ?" dit-elle. "Je vais les voir en premier!" dit-elle.

C'était la première fois que j'entendais Bonnie Bell jurer. Je l'aimais bien pour le dire, tout comme son père.

"C'est un jeu difficile auquel nous devons jouer, ma sœur", dit-il ; "mais nous y jouerons."

Elle hoche la tête, et nous en restons là.

Cette clôture a détruit la rue, en ce qui concerne notre côté. Ceux qui vivaient au nord pouvaient observer le lac sur une bonne distance , mais sur plus d'un quart de mile en direction du parc, personne ne pouvait voir du tout cette partie de la rue. Les journaux en ont parlé et des plaintes ont également été publiées. Old Man Wright, il a seulement en quelque sorte ri. Les journaux se sont moqués des Wisner pour avoir construit cette clôture – traitant en quelque sorte tout cela comme une blague.

À ce moment-là, la campagne pour le poste d'échevin est devenue plus chargée. Old Man Wright a imprimé une page entière dans tous les journaux, avec une photo de lui et disant que JW Wright était candidat au poste d'échevin de ce quartier. Juste en face, sa publicité pleine page mesurait environ six ou huit pouces, avec une photo plus petite du vieil homme Wisner ; et il a dit que M. David Abraham Wisner avait supplié de soumettre son nom comme candidat aux souffrances pour le poste d'échevin de ce quartier. Au début , je ne savais pas ce qu'étaient les souffrances , mais je savais ce qu'après mon patron : c'était les votes, et il était susceptible de les obtenir .

À partir de ce moment-là, le patron fut plus occupé qu'auparavant. Il a fait davantage connaissance du côté ouest de notre paroisse. Parfois, il ne rentrait qu'à minuit, mais il rentrait toujours par ses propres moyens. Dans son bureau, j'ai vu toutes sortes de gens. Il semblait prendre naturellement cette affaire d'échevin.

Quoi qu'il en soit, c'était un homme difficile à affronter dans n'importe quel type de jeu. Il avait tout le temps sa propre idée, peut-être à propos de cette clôture dans Millionaire Row. Un jour, il a fait un petit pas au bord du lac en direction de la tête du parc, où il y avait un terrain vacant en dessous de nous. Il mesurait les choses. Deux ou trois semaines après, il m'a dit qu'il avait acheté ce terrain, tout le chantier, jusqu'au bout du parc. Je ne sais pas combien il a payé, mais ça a dû coûter beaucoup d'argent.

"Vous voyez", dit-il, "tous ces gens là-haut au nord de chez nous, sur la rangée, ils n'ont pas seulement un petit bout de terrain pour leurs maisons. Moi, je vais avoir un endroit avec un demi-mile ou donc de terrain. Bonnie Bell doit avoir un endroit pour elle seule pour élever des crocus et d'autres fleurs, " dit-il, " et pour élever son chien de Boston.

Les temps étaient durs à cette époque et beaucoup d'hommes étaient sans travail. Old Man Wright en a fait travailler beaucoup sur sa nouvelle addition à Bonnie Bell, comme il l'appelait. Il l'a déterré, lissé, aménagé, planté d'arbres et engazonné. Et puis, tout au bout, il érige simplement un haut mur comme celui des Wisner , mais « loin de là ». Ensuite, nous avons creusé le long du mur Wisner.

Les gens se demandaient pourquoi cela avait été fait et qui l'avait fait. Et plus tard , des gens plus loin dans l'allée ont admis qu'il s'agissait d'une sorte de nouveau jardin à l'italienne et certains d'entre eux ont également commencé à ériger des murs. C'est devenu à la mode. L'aspect entier de cette partie de la ville a été changé. Mais, même s'ils disposaient de petits terrains dans lesquels un chat ne pouvait pas entrer, nous avions suffisamment de terrain pour démarrer une ferme de foin si nous le voulions.

"Je peux me le permettre", déclare Old Man Wright.

Et au moment où les améliorations avaient commencé, les agents immobiliers sont venus le harceler pour qu'il prenne au moins trois fois plus d'argent qu'il en donnait pour cela.

"Je le vendrai peut-être un jour", dit-il, "mais pas maintenant", dit-il. "J'aime ça. Ma fille aime élever des crocus, et ce qu'elle aime, elle l'obtient. Nous allons élever beaucoup de crocus, de tulipes et de roses trémières", dit-il.

Ce ne serait pas juste de dire que Bonnie Bell n'avait pas d'amis. Un jour, un certain nombre de filles de l'extérieur de la ville sont arrivées — des filles qu'elle avait connues chez Smith ; et ils ont eu toute une visite. Ils ont démoli la maison et pendant environ une semaine, Bonnie Bell a été très heureuse ; mais peu à peu ils repartirent. Ensuite, personne ne vient chez nous, comme nous le souhaitions.

Un homme est venu nous rendre visite : c'était Henderson, de notre ancien hôtel. Nous avions l'habitude d'y aller manger de temps en temps, et chaque fois que nous le faisions, il venait se tenir là. Il ne pouvait pas détourner les yeux de Bonnie Bell. Je pense qu'il avait environ quarante ans.

Or, un jour, il est venu chez nous dans l'après-midi tout habillé, avec une fleur blanche dans son manteau, un chapeau haut de forme et des chaussures brillantes, et il a demandé le vieil homme Wright ; et William le conduisit dans le salon du fond. J'étais assis dans notre chambre du ranch, donc je pouvais entendre ce qui se passait — je ne pouvais pas vraiment m'en empêcher. J'ai entendu ce que M. Henderson a dit ; donc je savais ce qui l'avait amené là tout habillé.

« M. Wright, dit-il, je ne perdrai pas de temps. J'ai l'habitude de faire des affaires de manière directe. Alors aujourd'hui, je descends… je descends, c'est-à-dire que je viens aujourd'hui… » dit-il.

"Eh bien, pour un homme direct, vous prenez du temps pour dire ce que vous voulez dire", explique Old Man Wright ; "Mais peut-être que je peux le deviner si tu ne peux pas le dire. C'est de ma copine dont tu viens parler ?"

Je ne l'ai pas entendu dire quoi que ce soit, mais je suppose qu'il a dû hocher la tête.

"Tu veux m'interroger ?" dit le vieil homme Wright. "Pourquoi ne lui as-tu pas asséné ?"

"J'ai pensé qu'il valait mieux voir si vous me considéreriez comme un prétendant, monsieur", dit-il. "Cela semblait plus juste."

"Je ne sais pas, en tant que parent, devrait considérer un homme qui le ferait en premier", dit le vieil homme Wright pensif ; "mais d'une certaine manière, vous êtes un homme bon, honnête et prospère."

« Ma profession, mon entreprise, être aubergiste n'est pas exactement la forme d'entreprise la plus élevée — »

"Bon sang ! Cela n'a rien à voir avec ça", dit Old Man Wright. "J'imagine que ma fille pourrait épouser n'importe quel type d'homme s'il était le bon genre. Mais maintenant, réfléchissons à cela, M. Henderson", dit-il, "parce que je vous aime bien. Vous êtes un peu plus âgé qu'elle."

"Oui", dit-il; "Assez vieux pour connaître une femme splendide comme Miss Wright quand je la vois. Dans mon entreprise, j'ai vu beaucoup de choses qui ne le sont pas ."

"C'est bien", dit Old Man Wright. "J'aime vous entendre dire cela. Je ne vous en veux pas de ressentir ce que vous ressentez. Et je me sens gentil avec vous aussi, monsieur. Vous êtes le premier homme à avoir jamais dit un mot gentil à moi et à ma copine dans cette ville. Vous êtes presque le dernier, en ce qui concerne cela. Vous êtes aussi bons que nous et nous sommes aussi bons que vous, si l'on en arrive à cela. Mais maintenant, voyons un peu plus loin. L'homme qui se marie ma fille, l'épouse - il n'y aura pas de divorce. Il peut y avoir des funérailles s'il y a des problèmes, mais il n'y aura pas de divorce pour Bonnie Bell. C'est la mort qui va la séparer d'elle et d'elle. mari. Tu vois, je dois faire attention à elle, n'est-ce pas ?

"Oui, et tu devrais l'être. Je n'ai jamais ressenti mes années comme un handicap."

"Ils ne le sont pas en affaires", dit Old Man Wright. "Mais maintenant, regardez ici : à mesure que vous vivez ensemble, elle sera encore jeune alors que vous serez assez vieux. Enlevez dix ou quinze ans de vous et dix ou quinze mille cocktails, et je dirais 'Que Dieu vous bénisse'. toi!' Mais les années et les cocktails sont là en permanence. Vous êtes plutôt mou autour du ventre, M. Henderson, je suis désolé de le dire. Ne faites-vous pas du tout une erreur en voulant épouser ma copine, monsieur ?

Je ne pense pas qu'il était heureux ; pourtant, il était certainement partant.

"M. Wright", dit-il enfin, "c'est pourquoi je viens vers vous en premier ! J'étais conscient de ces dix millions de cocktails - c'est plus près de dix millions que de dix mille, je pense, dans mon entreprise. Il m'a semblé plus juste de "Je vais vous parler d'abord. Je ne suis pas susceptible de l'oublier de si tôt - je ne suis pas du tout susceptible de regarder une femme. Je pense que je ne veux pas me marier si je ne peux pas l'épouser. Peut-être que ce n'est pas le cas . " Ce n'est pas juste pour un homme à mon époque et à mon mode de vie de penser à épouser une fille comme elle. Je pense que j'ai été égoïste. Je pense que peut-être tu m'as redressé. "

"D'où viens-tu?" dit le vieil homme Wright.

"Le Sud", dit-il.

"Je le sais ; mais dans quel état ?"

"Kentucky", dit-il. "Je vis ici depuis de nombreuses années."

"Vous êtes un gentleman, M. Henderson", dit Old Man Wright. "J'aurais aimé que les choses ne soient pas comme elles sont. Mais maintenant, au niveau, penses-tu que nous ferions mieux de dire quoi que ce soit à Bonnie Bell à ce sujet ici ?"

Henderson a dû y réfléchir pendant un bon moment. Puis je l'ai entendu faire un pas ou deux. Peut-être qu'il a ramassé son chapeau. Peut-être que sa canne a heurté une chaise. Peut-être qu'ils se sont serré la main.

"Je ne veux rien faire qui ne soit pas le mieux pour elle", dit-il enfin. "Je pense que je ne suis peut -être pas un homme assez bien pour l'épouser. Je pense que vous avez peut-être raison, monsieur", dit-il.

Old Man Wright, il ne parle plus pendant un petit moment. Je les ai entendus se diriger vers la porte.

"Non", dit-il enfin. "M. Henderson, je ne pense pas que nous dirons quoi que ce soit à ce sujet à Bonnie Bell après tout. Au revoir, monsieur. J'aimerais pouvoir vous demander de venir ici souvent."

"Au revoir", dit-il.

Je l' ai vu descendre l'allée au bout d'un moment. Il a oublié sa voiture qui l'attendait sur le trottoir et a marché un demi-pâté de maisons avant de reprendre conscience. Bien entendu, il ne pouvait plus venir nous voir par la suite.

Quant à moi, je n'avais pas non plus d'amis. Jimmie, l'homme à gages, était à peu près le seul ami auquel je tenais beaucoup, et maintenant il était parti — viré, je suppose. Les temps sont devenus encore plus solitaires que jamais.

Un jour, Bonnie Bell est entrée dans la pièce où j'étais assis, elle s'est assise dans le salon, a mis son menton dans sa main et a regardé par la fenêtre. Je lui ai demandé ce qui se passait.

"Eh bien", dit-elle, "je me posais juste des questions sur les graines pour les grands parterres de fleurs que nous avons créés", dit-elle. "J'aurai envie de les planter au printemps prochain, au moins. Si j'avais un homme expérimenté qui s'y connaît en fleurs maintenant—"

"Pourquoi n'irais-tu pas au parc", dis-je, "et parler à certains de ces jardiniers hollandais qui cultivent les parterres de fleurs là-bas ? Ils sauront tout sur ces choses", dis-je.

"Curly", dit-elle, "tu n'es qu'un cow-puncher, n'est-ce pas ?"

"C'est tout", dis-je.

"Eh bien, cela explique que vous n'ayez aucun sens", dit-elle.

X - Nous sommes échevin

Vraiment, cette clôture a dû faire autant de mal aux Wisner qu'à n'importe qui d'autre. Comme nous avions beaucoup de terrain, notre maison n'était pas construite aussi près de la ligne que la leur. La clôture a dû leur couper plus de lumière que nous. En plus, quand on le regardait depuis la rue, à moins d'habiter là-bas et de le savoir , on aurait pensé que c'était nous qui avions construit cette clôture pour les contrarier et non pas eux pour nous contrarier.

Cet automne-là, Old Man Wright se présentait avec ce qu'ils appelaient le ticket indépendant ; il y a eu trois fêtes et la ville a été entièrement détruite. Bien sûr, tout le monde sait qu'il ne devrait y avoir que deux partis : les Républicains et les Démocrates. Moi qui viens du Texas, je ne vois pas pourquoi quelqu'un devrait être autre chose qu'un démocrate ; mais Old Man Wright avait une manière de repérer les choses.

Eh bien, ils ont organisé les élections en novembre. Je savais peut-être comment cela allait se passer. Ils n'ont pas encore fini de compter tous les votes Wright dans notre quartier. Vers six heures et demie, ils avaient eu suffisamment de temps pour compter toutes les souffrances que le vieux Wisner avait infligées dans la partie des bas de soie de cette salle.

Vers trois heures et demie de l'après-midi, les journaux publièrent des bulletins annonçant que le quartier avait été « concédé à Wright ». Je devrais dire que c'était concédé ! Quoi qu'il en soit, je l'ai concédé dès que j'ai su qu'il voulait se présenter.

Eh bien, monsieur, c'était plus comme au bon vieux temps que ce que nous avions vu depuis que nous avions emménagé là-bas - comme l'époque où nous étions sher'f au pays du Taureau Jaune. Le vieil homme arrive en riant à l'heure du souper et par ses propres moyens, et dit :

"Bonnie Bell, ton père va bientôt figurer en bonne place dans les conseils nationaux, car il sera conseiller municipal dans l'un des quartiers les plus importants de cette ville. Je serai peut-être maire un jour; et quand tu seras maire vous devriez vous réjouir et penser à être président - si vous êtes un humoriste. En plus, votre père a faim. S'il vous plaît, apportez à Curly et à moi tous les jarrets de jambon et les légumes verts qu'il y a dans la maison .

"Et en plus," dit-il quand Bonnie Bell sortait, "ouvrez grand la porte d'entrée ce soir. Enlevez la serrure et cachez William là où ils ne pourront pas qu'aucun de mes amis excités ne le trouve. Ils seront ici ce soir, un groupe d'entre eux, pour en quelque sorte célébrer notre glorieuse victoire. Il peut y avoir plusieurs groupes ici - je l'espère et j'en ai confiance. J'aime la musique et j'aime les groupes. Chaque fois que je suis élu sher'f ou tout ce que je veux que le groupe joue – tous les groupes dont il s'agit . "

Eh bien, c'était une nuit ! J'étais content pour une fois que nous soyons venus à Chicago, car il y a plus de groupes dans une ville de cette taille qu'il n'y en a à Cody.

Old Man Wright, il était plus naturel que je ne l'avais jamais vu depuis longtemps. Je ne sais pas si c'était tout à fait juste comme il l'a fait, car il n'est pas interdit à Christian de s'en prendre à un homme quand il est à terre. Mais ce qu'il a fait, c'est d'avoir ce groupe hollandais de cinq morceaux qui jouait devant notre maison tous les matins : ils arrivent en premier. Il les place au bord de la route, juste devant la maison du vieux Wisner, et il leur dit de jouer tout ce qu'ils savaient, puis de tout rejouer, et de continuer à jouer. Nous étions en train de dîner, profitant de leur musique autant que nous le pouvions, lorsque le chef du groupe entre ; et dit-il :

" *Mein Herr, wir péché schon ausgeblasen* . "

"Est-ce ainsi?" dit le vieil homme Wright. "Eh bien, bois un verre, sors et recommence."

À peu près maintenant, le reste des bandes arrivait, six ou huit environ, et derrière eux se trouvaient les joyeux villageois. Ils remplissaient toute la rue devant nos pas et devant les Wisner , et de haut en bas de la rangée ; et certains d' entre eux ont marché sur les nouveaux parterres de tulipes de Bonnie Bell dans la cour au sud de chez nous.

"À ceux qui ont reçu", dit le vieil homme Wright, l'air paisible. "En fait, presque tous les groupes de cette partie de la ville seront là d'ici peu. Ce vieux Dave Wisner, il ne semble pas avoir de groupe, alors je vais le soigner - il n'a pas l'air joyeux, avec ses stores baissés . Rassemblez nos groupes, Curly, dit-il, et alignez-en quelques-uns devant sa maison, de l'autre côté de la rue. Prenez-en quelques- uns et placez- les sur notre " " _ _ _ _ _ "Je les ai occupés - jouez tout ce qu'ils ont, puis répétez doucement, et s'ils sont fatigués, nourrissez- les et donnez- leur à boire. Et dites à Johnson, le capitaine du commissariat, quand il arrivera vers huit heures, d'entrer avec lui. ses amis, toute la bande – la porte est ouverte et il n'y a aucune condition sur elle, et aucune condition sur le nouvel échevin. »

Le vieux Wisner devait profiter de sa vie ce soir-là pendant que nous fêtions notre nomination comme échevin. Bonnie Bell, elle n'approuvait pas cela, mais elle savait que lorsque son père était d'une certaine humeur, elle ferait mieux de le laisser tranquille et de le laisser faire ce qu'il voulait – rien ne pouvait l'arrêter.

Au bout d'un moment, Johnson, le capitaine de circonscription qui avait dirigé cette élection, est venu discuter avec le nouvel échevin, lui et bien d'autres encore. Il y avait beaucoup de Suédois dans sa salle, et beaucoup de ces gens avaient les yeux bleus et les cheveux jaunes, et certains d'entre eux avaient de longues moustaches. Dans l'ensemble, ils transportaient assez bien leur liqueur, et ils en avaient beaucoup. Le vieux Wright avait les manches de sa chemise – retroussées pour laisser apparaître ses taches de rousseur – et il avait deux ou trois caisses d'alcool rouge, et pas un bouchon dans la pièce !

"En ce qui concerne la fermeture dominicale", dit-il, "ce n'est pas encore dimanche".

Ils ont apporté quelque chose au nouvel échevin et ont demandé un discours.

les avons léchés comme je l'avais dit, mais plus. Je ne demande à aucun d'entre vous de me montrer comment gagner plus d'argent, car j'en ai assez. Nous avons mené ce combat. sur l'Ordonnance sur Lake Electric. L'intention de l'autre gang était de retenir tous ceux qui ont leur propre maison. Chacun d'entre vous doit utiliser la lumière électrique. Il est normal que vous deviez payer un prix équitable, mais rien de plus. . Laissez-moi vous dire que c'est tout ce que vous allez payer. J'ai racheté cette entreprise, et moi et mes banquiers pouvons la gérer. Laissez-moi vous dire que les prix seront corrects : ne vous inquiétez pas pour cela, aucun Pour une fois, vous obtiendrez un accord ici ; ou si vous ne l'obtenez pas, alors élisez un autre homme la prochaine fois.

"Hourra pour notre nouvel échevin!" dit Johnson en se levant alors d'un bond.

Ils sautent tous aussi. Ils avaient leurs verres à la main – il y avait beaucoup d'hommes dans notre salle du ranch, des hommes plutôt grands avec des moustaches jaunes, un bon nombre.

À ce moment-là, Bonnie Bell descend les escaliers de devant. Elle était toute habillée de soie, avec une robe décolletée et de nombreux bijoux. Vous n'auriez pas cru que c'était son père debout dans la pièce, en manches de chemise.

"Messieurs", dit Old Man Wright, "voici ma fille."

Ce que ces hommes ont fait, ce n'est pas du tout les comparer. Ils faisaient la queue et chacun d'entre eux levait son verre comme si elle était une vraie reine ; et ils lui donnent trois acclamations. Bonnie Bell, elle leur fait une révérence.

Vous voyez, ces gens ont vu que, même si nous avions le prix, la classe et pouvions jouer à certains jeux, nous n'étions que des gens. Ils avaient toujours l'impression qu'ils n'étaient que des gens. Quand vous pouvez jouer à ce jeu carré et au niveau, comme le faisait Old Man Wright, ils ne peuvent pas vous battre en politique.

Ces gens sont finalement partis, même notre petit groupe hollandais, même s'ils ont durement abandonné. La maison des Wisner était sombre, tandis que la nôtre était entièrement éclairée – tout ce qu'elle contenait, y compris moi, Curly. Les journaux rapportaient que le nouvel échevin tenait la maison ouverte jusqu'à une heure tardive. Il y avait du vrai là-dedans : la porte était restée ouverte toute la nuit.

Au petit-déjeuner, le vieil homme Wright avait faim, même s'il n'était pas couché. Il resta assis, les mains dans les poches, et regarda le mur de briques de Wisner ; et il me dit :

" Ici, je vais changer de salle. Je ne suis dans la poche de personne. Je n'ai pas encore fini. Ce n'est que le début. Mais où est le gamin, Curly ? "

Je suis allé la trouver. William était toujours caché quelque part – les événements de la nuit l'avaient beaucoup affligé. Elle est entrée et s'est assise près de son père.

"Eh bien, ma sœur", dit-il, "tu vois que ton père achète quelques-unes des meilleures choses après lesquelles nous venons à Chicago."

"Papa", dit-elle en s'éloignant un peu de lui et en le regardant en face, "dis-moi quelque chose."

"Qu'est-ce qu'il y a, chérie ?"

"La vérité maintenant – la vérité."

"Oui chéri."

"Avez-vous vendu le Circle Arrow et êtes-vous venu en ville à cause de moi ?"

Il n'a pas parlé au début.

"Oui, je l'ai fait, chérie", dit-il enfin. " J'ai dit que je vous dirais la vérité. C'est pourquoi nous avons vendu le vieux ranch – pour que vous puissiez venir ici. Je voulais que vous alliez aussi haut que n'importe quelle Américaine pouvait aller. Nous vous avons éduqué pour cela – nous vous avons amené je suis prêt, Curly et moi."

"Nous n'avons pas gagné, n'est-ce pas, papa ?" dit-elle, lentement. "Comment ça se passe, papa ?"

"Gawd sait", dit-il. « Dis- moi, ma sœur, si nous partions d'ici et allions dans une autre ville, est-ce que tu irais mieux ? Et à Kansas City ? »

"Non", dit-elle. "Nos pieds ne vont pas dans cette direction. Je n'arrêterai pas, papa."

"Tu vas d'abord briser ton cœur, et celui de ton père ?"

"Oui, si nécessaire."

« Tout cela pour pénétrer dans ces sépulcres ?

"Non", dit-elle; " Il y a beaucoup de choses qui valent plus que cela. Ces maisons en brique et en pierre sont les tranchées. Elles peuvent être difficiles à prendre. Mais derrière elles se trouve le pays, et c'est le pays qui vaut la peine. Vous l'avez trouvé ... de l'autre côté de la salle. Pour moi, cela ne vous dérange pas si je ne l'ai pas encore trouvé.

« Tu n'es pas heureuse, ma sœur ? » dit-il.

"Non", dit-elle doucement; "Je ne suis pas."

Il lui tapote le dos.

"Sortez", dit-il. "Faites quelque chose, travaillez à quelque chose ! Regardez vers le haut et vers l'extérieur, et ne regardez pas vers l'intérieur", dit-il. "Ce n'est pas comme ça. Pensez à ce qu'il y a dans les champs au-delà."

« La vie, papa », dit-elle lentement ; et il me semblait qu'elle était triste. "Vie!"

"Vie?" dit-il. "Ma sœur, que veux-tu dire ? Dis-le à ton vieux père, n'est-ce pas ?"

Elle lui a alors dit. Elle posa ses cheveux sur son cou.

" Oh, " dit-elle, " tout va bien pour vous deux, vous avez quelque chose à faire, vous pouvez travailler et vous battre ; mais que puis-je faire ? Qu'ai-je à faire dans le monde entier ? Et vous avez essayé c'est si dur de me rendre heureuse !"

"Et tu n'es pas content ?" dit son père.

"Papa!" dit-elle. "Papa!" Et elle continuait à pleurer dans son cou.

ce n'est pas l'enfer ? Je suis parti.

XI - Nous et le gel

De plus en plus de gens ont commencé à parler de nous et de notre maison depuis que nous sommes échevins. Bien sûr, de plus en plus de gens ont commencé à venir nous rendre visite ; mais pas un de Millionaire Row, bien que, si je puis dire, nous avions maintenant le plus bel endroit de toute la rangée de maisons.

C'était l'une des idées de Bonnie Bell de créer un de ces jardins en contrebas, ce qui, selon elle, était toujours réalisé en Italie.

«Je vais vous le dire », dit- elle; "Nous allons construire notre jardin en contrebas juste contre le mur du vieil homme Wisner. Comment cela ferait-il de planter quelques vignes de lierre pour courir le long du mur, papa ?" elle a assommé son père.

"Eh bien, très bien", dit-il; "mais faites bien attention à ne pas planter de branches d'olivier."

Bonnie Bell et moi avons donc été occupés pendant un bon moment à faire des plans pour ce jardin en contrebas. Nous lisions tous les livres que nous pouvions trouver ; Pourtant, elle n'était pas contente.

« J'ai besoin d'un jardinier habile pour cela », dit-elle ; "Ces Hollandais du parc ne valent rien du tout. Je me demande où est passé le jardinier des Wisner ."

"Ce type n'était pas tellement", dis-je à Bonnie Bell.

"Qu'est-ce qui te fait dire ça, Curly ?" dit-elle.

"Eh bien, je l'ai entendu parler un matin et je n'ai pas aimé ça. D'ailleurs, je n'ai pas aimé non plus la façon dont il parlait de toi. Je lui ai dit qu'on ne pouvait rien avoir à faire avec les classes inférieures... et encore moins maintenant, quand nous sommes échevin, nous ne pouvions pas faire ça. Il a été licencié et il aurait dû l' être.

"Comment as-tu appris tout cela, Curly ?" dit-elle.

"Je l'ai entendu au hangar à bateaux parler à la vieille dame Wisner. Je pense que nous sommes très bien loin de tout ce groupe - même si je dirai qu'il apprenait bien à faire de la corde, et que j'aurais pu en faire un ouvrier de vache . lui si j'avais eu le temps.

« Qu'a-t-elle dit, Curly ? elle m'a alors demandé : "Est-ce qu'elle a vraiment parlé de nous ?"

"Oui, c'est vrai. Elle pensait que tu étais une employée. Et elle dit que nous étions can-nye, et qu'il ne devait pas se mêler à nous. Can-nye… qu'est-ce que can-nye, Bonnie ?" dis-je.

Elle est devenue rouge au visage et était en colère contre quelque chose.

"Peux-tu, hein !" dit-elle. "Pouvez-vous ! Alors c'est ce qu'elle pense que nous sommes."

"Eh bien, c'était avant que nous soyons échevin", dis-je. "Peut-être qu'ils pensent différemment maintenant, quoi qu'il en soit. Qu'est-ce que c'est, d'ailleurs ?"

"Cela signifie quelque chose de commun, de vulgaire et de bas, Curly", dit-elle.

"Ce n'était donc pas un bouquet, n'est-ce pas ?" dis-je. "Eh bien, je ne le pensais pas à l'époque, même si je n'ai jamais entendu cela à personne de ma vie. J'ai cependant fait comprendre à cet homme de main qu'il n'avait aucune chance de s'introduire par effraction dans notre maison. ".

« Est-ce qu'il voulait venir, Curly ? elle a ast .

"C'est fou ! Il voulait jeter un coup d'oeil dans notre chambre du ranch. Je t'ai dit qu'il avait envie de devenir cow-puncher."

"Eh bien, pourquoi ne l'as-tu pas amené s'il essayait d'apprendre des choses que tu pourrais lui apprendre ?"

"Quoi ! Je l'amène à notre place ? Je ne pense pas ! Maintenant, regarde, gamin," dis-je, "tu ne sais pas à moitié à quel point tu es beau."

"Je ne le suis pas", dit-elle. "J'ai une tache de rousseur juste sur mon nez. Elle ne s'enlève pas non plus."

"Eh bien, peut-être une tache de rousseur ou deux", dis-je ; "Mais cela ne tue pas complètement votre apparence. Laissez-moi vous dire, quand il s'agit de gens ordinaires comme lui qui prononcent votre nom en public, eh bien, ça ne marche pas !" dis-je. « D'ailleurs, autre chose » — j'ai continué à lui parler tout à fait. "Regardez l'argent que vous gagnerez un jour ! Il doit me montrer abondamment de quel droit il avait le droit de dire que vous étiez merveilleusement belle. Vous l'êtes, gamin, mais qu'est-ce que cela lui faisait ?"

« Il est parti depuis quatre mois et huit jours », dit-elle pensive.

« Comment savez-vous qu'il l'a fait ? Tenez-vous un calendrier sur des gens comme lui ?

"Non, je pensais juste", dit-elle, "que s'il était là , je pourrais lui poser des questions sur mon jardin en contrebas."

"Ce serait bien, n'est-ce pas ?" dis-je. "Mais alors, à bien y penser, il n'était pas lui-même favorable à cette clôture . Il avait raison et s'exprimait librement ; je dirai cela pour lui."

"Il n'aimait pas cette idée de clôture ?"

" Bien sûr que non. Il savait que ce n'était pas bien."

"Eh bien," dit-elle, "je vais y planter du lierre. S'il passe par-dessus le mur et pend sur le côté, je n'essaierai pas de l'arrêter."

Maintenant, pourquoi elle a dit cela, je n'ai jamais pu le comprendre du tout. Je suppose que les femmes sont plus pacifiques que les hommes.

Les gens du quartier où nous vivons ont admis que leur nouvel échevin était sur la place. Je pense que ça doit être à cause de ces taches de rousseur. Il n'y a aucun moyen de battre un homme en politique qui a des taches de rousseur et qui peut transporter son alcool. Ainsi, peu à peu, tous les journaux parurent et commencèrent à dire que peut-être M. John William Wright serait candidat au poste de trésorier aux prochaines élections. C'est à peu près le niveau le plus élevé que l'on puisse atteindre en politique municipale. Les trésoriers gagnent bien plus que leur salaire habituel dans n'importe quelle grande ville. Cela ne semble pas non plus déranger les gens.

Les temps passés sur le stand n'étaient plus aussi bons qu'ils auraient pu l'être. Ces hauts bancs le long des montagnes n'ont jamais été faits pour l'agriculture. Les nouveaux colons qui étaient arrivés sous nos anciens brevets, par l'intermédiaire de cette société de colonisation et d'amélioration Yellow Bull, avaient du mal à avancer parce qu'ils croyaient tout ce qu'ils voyaient dans les journaux. Ils avaient admis qu'ils allaient vers la Terre Promise. C'était... mais ce n'était rien d'autre qu'une promesse.

C'était vraiment la faute du vieux Wisner. Cependant, après son parcours habituel dans les lignes secondaires, il n'a jamais montré sa main, il était lui-même profondément impliqué dans cette entreprise . C'était lui maintenant qui devait maintenir le cap. Les colons se sont sentis en colère et certains d'entre eux ont démissionné, et la plupart d'entre eux n'ont pas payé leur deuxième ou troisième paiement. Bien sûr, cela ne faisait aucune différence, en ce qui nous concernait, car la Yellow Bull Colonization and Improvement Company devait tout de même nous faire ses paiements différés. Mais lorsque l'argent de l'entreprise s'est épuisé, et qu'ils ont peut-être dû évaluer les actionnaires, certains d'entre eux ont eu vraiment peur.

"Eh bien, colonel", dis-je, "je pense que nous récupérerons notre ranch un de ces jours, n'est-ce pas ? J'aimerais bien que nous le fassions."

"Moi aussi, Curly, mais j'ai bien peur que non", dit-il.

"Pourquoi pas?" Je l' interroge .

"Eh bien, c'est Old Man Wisner, c'est la raison", dit-il. "Vous voyez, c'est avec son argent qu'ils travaillent maintenant", dit-il. "Leur nouveau fossé leur a coûté plus de quatre fois ce que l'ingénieur avait annoncé - un fossé coûte toujours. Ils ont gaspillé l'eau, comme le font toujours les Grangers, et ils se battent entre eux. Ces gens d'État doivent apprendre comment recommencer à cultiver quand ils vont dans ce genre de pays. Quant à ces petits actionnaires, je pense que vous pourriez les racheter à bon marché; mais, bon marché ou pas, le vieil homme Wisner est dans plus qu'il ne l'aurait jamais cru. être", dit-il.

" Tu ne vas pas laisser le vieil homme s'en tirer avec aucun de ces paiements différés ? " dis-je en souriant.

"Je suis bien sûr Curly", dit-il solennellement. « Vu ce qu'il a fait pour nous, j'ai juste envie d'avoir une chance de lui faire une gentillesse ! dit-il.

J'ai commencé à croire qu'avant que ce jeu ne soit terminé, il y aurait de la fourrure qui volerait entre les deux vieux , ce qui n'était ni l'un ni l'autre facile à arrêter.

XII - Nous et un ami accidentel

Bonnie Bell, elle était occupée, après ses petites habitudes, à réparer son jardin ou à aménager ses parterres de fleurs, ou à lire ou à étudier des images. Elle conduisait beaucoup son coupé électrique, se déplaçant.

Un jour, elle se promenait dans le parc en contrebas de notre maison lorsqu'elle a vu une fille passer à cheval, avec quelques autres et un ou deux jeunes hommes, à cheval, rebondissant sur des bosses, se relevant à chaque saut comme si la selle lui faisait mal. em . L'une des filles montait un cheval méchant, mais elle allait plutôt bien et ne semblait pas s'en soucier. Mais ce cheval, il a eu peur d' une automobile qui se défoulait, et, tout d'un coup, vous savez, le cheval qui le précédait est monté et la jeune fille est tombée.

Il n'y avait pas parmi eux de très bons cavaliers, et ce cheval, étant mauvais acteur, faisait peur aux autres. Ils s'enfuirent tous, ne semblant pas savoir que cette fille était tombée. Elle s'est allumée sur la tête.

Bonnie Bell a vu tout cela se produire, et elle sort de sa voiture au grand pas et court vers l'endroit où se trouve la fille et la récupère. Elle et un policier l'ont emmenée dans le coupé de Bonnie Bell. Elle ne savait encore rien, ayant reçu des coups sur la tête.

Maintenant, cette fille était elle-même jolie comme un tableau, avec des cheveux clairs, des yeux bleus et une sorte de grande bouche. Elle souriait même si elle ne savait rien. Elle souriait toujours. Elle était habillée comme si elle avait beaucoup d'argent ; et elle était prête à monter à cheval : des bottes et une sorte de pantalon.

Bonnie Bell n'a pas pu la ramener et elle décide de la ramener chez nous. La première chose que je sais, c'est qu'elle était là dehors, en train de crier pour moi.

"Viens ici vite, Curly!" dit-elle. "Viens m'aider à la porter jusqu'à la maison."

Alors je l'ai aidée. La fille avait toujours sa couette à la main et elle était plutôt blanche.

"Qui est-elle, Bonnie Bell ?" dis-je ; et elle dit qu'elle ne savait pas et me dit d'aller chercher un médecin.

Mais pendant que je faisais téléphoner à William – je ne pouvais pas beaucoup m'en servir moi-même – la jeune fille revient à elle, d'accord ; et elle s'installe et se frotte la tête.

"Oh, qu'est-ce que tu en sais !" dit-elle. "Il m'a fait descendre. Je vous remercie beaucoup. Par où est-il allé ?" elle a ast .

"Il se dirigeait vers la grange du manège", dit Bonnie Bell, "la dernière fois que je l'ai vu. Vos amis allaient tous dans le même sens. Alors j'ai pensé que la meilleure chose que je pouvais faire était de vous amener ici jusqu'à ce que vous vous sentiez bien . mieux."

Je ne pense pas que la fille ait été gravement blessée, étant donné qu'elle était jeune ; et ces filles, c'est dur.

"Eh bien," dit-elle, "c'était certainement gentil de votre part. Et comment puis-je vous remercier ?" Elle embrassa alors Bonnie Bell pour lui porter chance. "Tu es gentil", dit-elle, "et je t'aime bien."

Bonnie Bell, si vous me croyez, était plutôt timide et effrayée, car cela faisait si longtemps qu'aucune femme ne lui avait dit un mot gentil. Au début, elle ne savait pas vraiment quoi dire, jusqu'à ce que la fille l'embrasse à nouveau.

"Je m'appelle Katherine Kimberly", dit-elle. "Nous vivons juste au-dessus du parc. Où est-ce ?"

"C'est aussi juste au-dessus du parc", dit Bonnie Bell, "sur le boulevard. C'est la maison de M. John William Wright", dit-elle, "et je m'appelle Miss Wright. Puis-je vous servir du thé ?" Alors elle appelle William.

Quand William apporte le thé, ils s'installent tous les deux et commencent à parler de manière très sociable. Cette fille de Kimberly, elle se frottait la tête de temps en temps, mais elle n'était pas trop blessée car elle avait autant de cheveux avec lesquels tomber sur sa tête. Le thé l'a bien guérie.

"J'ai frappé mon coco d'un coup !" dit-elle. "Eh bien ! J'y allais. Je ne monterai plus jamais cette vieille girafe aux longues pattes ; ce n'est qu'un chien après tout, je n'ai pas peur, mais je ne l'aime pas", dit-elle. "Est-ce que tu roules ?"

"Voudriez-vous venir voir mes chevaux ?" dit Bonnie Bell. "Si vous aimez les chevaux———"

"Est-ce que je les aime ? J'en suis fou ! Peux-tu monter à cheval ?"

"Oh, certains", dit Bonnie Bell. "Curly dit que je peux."

"Bouclé?" Et elle me regarde.

"C'est notre contremaître", explique Bonnie Bell. "Parlez-lui si vous voulez en savoir plus sur l'équitation, c'est un cavalier."

"Je l'étais autrefois, madame", dis-je, "mais plus maintenant. Je ne monterais pas sur un méchant cheval maintenant pour mille dollars. J'ai peur des chevaux, madame; mais elle ne le fait pas . "-c'est-à-dire Bonnie Bell. "Elle pense toujours qu'elle peut monter n'importe lequel d' entre eux ."

"Oui", dit Bonnie Bell; "et, en ce qui concerne cela, si je pouvais te faire venir avec moi , je monterais toujours à cheval et non en voiture ou en bateau."

"Bateau?" dit Miss Kimberly. "Oh, bien sûr que tu les as aussi ."

"Descendez", dit Bonnie Bell, "et vous et moi pourrons regarder mes chevaux, mon bateau et tout. Après cela, je vous ramènerai à la maison."

"Oh, je peux y aller ?" dit cette fille Katherine. "Tu vois, je suppose que je dois rentrer à la maison avant qu'ils le disent à maman ."

Eh bien, à peine était-elle sortie sur notre porche qu'elle savait en une minute où elle se trouvait. C'est là qu'elle a montré qu'elle était née et qu'elle était aussi une bonne fille. Elle n'a jamais rien dit au-delà de ce premier regard : elle a vu qu'elle avait été amenée dans notre maison, can-nyes. C'était la maison avec le mur, où personne des Row n'allait jamais.

"Comme c'est beau !" dit-elle. " Savez-vous que vous avez le plus bel endroit de toute cette rue ? C'est de bon goût. J'aime ce petit jardin en contrebas, c'est un chéri ! Et voyez comment le lierre pousse sur le mur ! Et là-bas, il y a le hangar à bateaux. Puis-je voir vos affaires ? "

Ce qu'elle a dit en dernier n'était pas du bluff. C'était juste la fille en elle qui parlait à une autre fille. J'ai vu Bonnie Bell lui lancer un autre regard, comme si elle était elle-même libre et amicale à tous égards ; mais elle n'y était pas habituée ces derniers temps. Alors elle regarde Katherine Kimberly de très près pendant environ une demi-seconde, jusqu'à ce qu'elle voit qu'elle était sur la place.

Puis cette fille de Kimberly met son bras autour de Bonnie Bell. C'est ainsi qu'ils descendirent tous les deux au hangar à bateaux, les bras l'un autour de l'autre. Quand ils revinrent, au bout d'une dizaine de minutes, ils parlaient si vite qu'aucun d'eux ne pouvait entendre ce que l'autre disait.

"Oh mon Dieu!" dit Katherine après un moment. "Je dois rentrer à la maison. Ce n'est pas loin, tu sais."

"Oui, je sais", dit Bonnie Bell, silencieusement.

"Et tu as dit que tu me ramènerais à la maison dans ta voiture ?"

"Et tu veux que je le fasse ?" dit Bonnie Bell, plutôt drôle.

"J'aimerais que tu le fasses — si tu le veux. Bien sûr que je pourrais marcher."

« Est-ce que tu as mal à la tête maintenant ? comme Bonnie Bell.

La jeune fille la regarda droit dans les yeux. Puis j'ai su qu'elle était sur la place.

"Non, ce n'est pas le cas ", dit-elle ; "Mais j'aimerais bien que tu me ramènes à la maison dans ta voiture", dit-elle. "Je veux que tu entres et que tu rencontres ma maman . Nous voulons descendre ici si tu nous le permets, nous tous. Nous laisseras-tu ? Nous laisseras-tu, Bonnie ?" dit-elle.

N'est- ce pas drôle à quel point tout peut arriver tranquillement et facilement ? J'imagine qu'il s'est passé bien plus de choses pour Bonnie Bell au cours de la dernière heure environ qu'au cours d'une année entière auparavant - et tout cela par accident, comme la plupart des bonnes choses nous arrivent. Aucune femme de ce quartier n'avait jamais fait appel à Bonnie Bell et il ne semblait pas qu'elle le ferait un jour. Nous n'étions pas sur la carte — même moi, qui n'ai aucun cerveau, je le savais .

Et pourtant, je pourrais dire que si Bonnie Bell Wright passait devant ce pâté de maisons avec Katherine Kimberly dans sa voiture, et qu'ils descendaient chez les Kimberly et entraient - et si les Kimberly venaient aussi chez nous - eh bien, alors j'ai su que nous étions sur la carte. Je ne pense pas que Bonnie Bell s'en souciait. Ce qu'il y avait dans son cœur était surtout la joie de rencontrer une petite amie avec qui elle pouvait parler librement.

Bien sûr, vivant là-bas depuis si longtemps, je ne pouvais m'empêcher de connaître certaines choses le long du Row. Je savais qu'il y avait une sorte de bagarre là-bas pour savoir qui était la reine de Millionaire Row, ce qui revenait à être la reine de la société de cette ville de Chicago. Soit c'était Mme Henry D. Kimberly, soit c'était Mme David Abraham Wisner. Les Kimberly vendaient du cuir en gros, tandis que les Wisner vendaient du bœuf et du porc en gros, et ce genre de choses. Presque tout le monde dans le Row, me semblait-il, avait quelque chose à voir avec une vache, sous une forme ou une autre, sauf nous — qui, en ce qui concerne les vaches sur sabots, pouvait être considéré comme étant au bas de l' histoire . Mais ce n'est pas respectable, comme je te l'ai dit. Les saucisses, les peaux ou le cuir sont meilleurs, surtout s'ils sont vendus en gros.

Bonnie Bell était silencieuse. Elle saisit le col de cette fille Katherine et regarde la petite épingle qu'elle portait dessus.

"En quelle année étais-tu ?" dit-elle.

"En juin dernier", dit Katherine.

Puis j'ai vu qu'ils étaient tous deux élèves de ce même Old Man Smith, où Bonnie Bell était allée à l'école. Ils portaient des sortes d'épingles pour se connaître, comme des maçons. N'ayant rien de mieux à faire, ils s'embrassèrent à nouveau.

Au moment où Bonnie Bell se rendait chez les Kimberly , les gens avaient trouvé le cheval de Katherine, mais pas elle ; alors sa mère avait une peur bleue, c'est assez naturel. Lorsqu'elle vit arriver sa fille, disparue depuis longtemps, avec Bonnie Bell, toutes deux capables de marcher et de parler, elle fut très heureuse et tomba sur le cou d'elles deux, en pleurant certaines.

"Et qui est cette jeune dame", dit-elle, en parlant de Bonnie Bell, "qui a eu la gentillesse de vous ramener chez votre mère ?"

Et elle sourit à Bonnie Bell, étant la deuxième femme à faire ça à Chicago en deux ans. Vous voyez, si une fille est belle, les femmes la détestent généralement ; les hommes ne le font pas, c'est pourquoi.

"Voici notre voisine, Miss Wright, maman ", dit Katherine. "Ils habitent juste en dessous de nous."

Elle est alors devenue rouge au visage, car tout le monde dans la rue était au courant pour nous et pour la haute clôture ; pourtant personne ne nous connaissait personnellement. Mais la mère de Katherine était différente de la plupart de ces autres personnes. De plus, il suffisait de jeter un coup d'œil à Bonnie Bell pour constater qu'elle n'était pas une personne ordinaire.

"Elle a quitté Smith l'année avant mon arrivée, maman ", dit Katherine, "et elle est dans ma sororité ; et elle est ici depuis qu'ils ont construit leur belle maison ; et c'est une chérie et je l'aime." Katherine avait une façon de parler d'un seul coup, comme un sprinter courant une centaine de mètres à plat. "Je veux que tu l'aimes aussi", dit-elle à sa mère.

Et puis la vieille dame Kimberly a pris Bonnie Bell dans ses bras et l'a embrassée encore ; et le gamin, comme ça, a failli déborder à ce moment-là.

"Entrez et prenez une tasse de thé", dit-elle.

Ils entrèrent donc dans la maison et l' homme triste des Kimberly , qui s'appelait aussi William, leur apporta du thé. Ils n'en avaient pas besoin, car ils en étaient déjà pleins ; mais les femmes peuvent contenir beaucoup de thé. Alors qu'ils buvaient ça et qu'ils parlaient tous les trois en même temps, Katherine raconte à sa mère comment elle s'est fait éjecter de son cheval, et comment Bonnie Bell lui a sauvé la vie, l'a ramenée chez elle et a pris soin d'elle, et maintenant je l'ai ramenée.

" Maman , leur logement est charmant", dit-elle. "Ils ont toutes sortes de belles choses et nous allons appeler dès que Bonnie Bell nous le permettra."

"Oui, en effet", dit sa mère, qui allait soutenir n'importe quelle pièce de sa fille.

"Bonnie Bell", dit-elle, "c'est un nom étrange et très joli."

Bonnie Bell en a ri.

"C'est celui que mon père m'a offert", dit-elle. "Mon vrai nom est Mary Isabel. Mon père m'a toujours appelé Bonnie Bell ; tout comme Curly."

"Bouclé?" dit la vieille dame, ne sachant pas qui c'était : moi.

"Oh, Curly est un chéri", dit alors Katherine. "C'est un cow-boy, ou l'était quand il était plus jeune, mais il n'est plus jeune maintenant. Et il peut monter n'importe quelle sorte de cheval pour vivre, et faire des cordes - je pense qu'il doit être le gardien d'écurie."

" En effet , ce n'est pas le cas ", dit Bonnie Bell. " C'est notre contremaître."

Ils ne savaient pas ce que c'était, étant des citadins ; alors elle leur a dit. Eux Kimberlys ne voyait pas pourquoi ils m'emmenaient en ville alors qu'ils n'avaient pas de vaches. Je pense qu'ils ont dû beaucoup parler de moi et du vieil homme Wright – vous voyez, Bonnie Bell m'en a parlé comme si c'était arrivé. Elle m'a dit ce que portait la mère de Katherine, à quoi ressemblait leur William, et quel genre de photos il y avait sur les murs. Les femmes peuvent voir plus qu'un homme et s'en souviennent mieux.

Eh bien, monsieur, il ne s'est pas écoulé plus d'une semaine avant que la vieille dame Kimberly ne se rende chez nous dans sa voiture ; et elle est venue elle-même dans l'allée et n'a envoyé aucune de ces petites cartes qui disent : "Tag, c'est toi."

Elle est entrée dans notre salon, et notre William est sorti chercher Bonnie Bell pour elle, et ils devaient tous les deux avoir une visite régulière, parce que la mère de Katherine a insisté pour voir notre chambre au ranch, ce qui lui a beaucoup plu. Elle a dit qu'elle allait certainement faire venir son mari, parce qu'il en serait fou.

"Dis-moi ", dit -elle, "quand pouvons-nous venir ?"

"Eh bien", dit Bonnie Bell, "dans un vrai ranch, il n'y a pas un moment du jour ou de la nuit où vous ne pouvez pas venir et être le bienvenu. Tout le monde est le bienvenu dans un ranch, vous savez."

La vieille dame Kimberly, elle semblait plutôt réfléchie à ce sujet ; mais elle n'a rien dit sur le démarrage lent. Elle dit :

"Si vous nous laissiez venir, nous serions tous très heureux de venir nous asseoir dans votre chambre de ranch - c'est nouveau pour nous et nous l'aimons. Je sais que mon mari l'aimerait beaucoup. Quant à Katherine, je n'aime pas ça. Je ne pense pas que je pourrai l'éloigner après ça.

Eh bien, cet après-midi-là, tard, Katherine rappelle au téléphone – environ la huitième fois déjà ce jour-là – et elle pourrait bien que son père, sa mère et elle viennent ce soir-là pour voir notre chambre au ranch. Bien sûr, Bonnie Bell leur a dit de venir.

"Eh bien, qu'est-ce que tu sais, Curly ?" me dit-elle. "Ce n'est pas d'après Hoyle. Mme Kimberly aurait dû attendre que je lui rappelle, et que peut-être l'un ou l'autre d'entre nous ait invité l'autre à une réception, ou à un dîner ou quelque chose comme ça."

"Qu'est-ce qu'une réception ?" dis-je.

"Quelque chose que nous n'avons jamais eu encore, Curly", dit-elle. "C'est un endroit où les gens ne sont pas heureux, mais il y en a beaucoup . Peut-être que ce soir est le moment le plus proche où nous en soyons arrivés."

Eh bien, ils sont tous venus ce soir-là, tous les trois — deux fois en une journée, ce qui se passait plutôt bien ; et, comme assez, quelque chose qu'ils n'avaient jamais fait auparavant de toute leur vie.

" Non, tu ne le fais pas!" dit Mme Kimberly quand Bonnie Bell allait les emmener au salon. « Nous allons directement dans la salle du ranch et nous y asseyons tous — n'est-ce pas, s'il vous plaît ? »

Alors ils sont entrés et le vieil homme Kimberly s'est promené et a regardé partout ; et il était comme un enfant.

« Bon Dieu, Wright ! » dit-il. "Je ne pensais pas qu'un échevin pouvait avoir autant de bon sens", dit-il. "C'est le vrai produit", dit-il, "vous pouvez vous asseoir sur une de ces chaises sans lui casser les jambes. Et voici du tabac à portée de main, et des allumettes partout. Maintenant, dans le club, tout ce que vous obtenez est un un endroit pour fumer, une grande chaise et une cheminée pour regarder. Une ville n'est-elle pas un vieil endroit froid, John Wright ? dit-il.

"Eh bien, vous voyez", dit peu à peu le vieil homme Wright, "vous voyez, les gens finissent par être très occupés avec une chose et une autre. Je sais qu'ils ont tous de bonnes intentions", dit-il, "mais ils sont tellement occupés dans dans une ville comme celle-ci, ils n'ont le temps de rien."

C'est à peu près tout ce qu'on a toujours dit sur le fait que nous étions voisins dans notre rue. Personne ne s'est excusé de ne pas avoir fait ceci ou cela. Nous sommes simplement arrivés comme nous l'avions toujours fait de cette façon.

"Eh bien, échevin", dit le vieil homme Kimberly après un moment, "vous savez certainement comment vivre. Je vais passer ici tous les jours ou deux, le soir, parce que je ne peux pas avoir un match au club sans appeler. un garçon, et ici, vous pouvez simplement tendre la main et en obtenir beaucoup. "

« Entrez aussi souvent que vous voudrez, voisin, » dit mon patron ; et il remplit sa propre pipe et passe la coupe fine.

Parfois, je pense qu'après tout, les gens se ressemblent beaucoup à l'intérieur et que ce qui fait le bien dans un endroit le sera dans un autre. Nous avons utilisé ces gens comme si nous étions tous sur le Yellow Bull ; et voilà que le vieux Kimberly se sentait mieux qu'il ne l'avait été depuis deux ans et ils étaient tous heureux de revenir chez nous. Tout cela s'est produit très vite — et à cause de ces deux filles.

"Eh bien", dit le père de Katherine au bout d'un moment, "si je devais choisir , je crois que je préférerais être un ranchman dans l'Ouest plutôt que n'importe quoi au monde. Dites-moi, qu'est-ce qui vous a poussé à vendre et à venir vivre dans l'Est ? Pourquoi avez-vous pu tu n'es pas content de l'endroit où tu étais ?

"Eh bien", dit mon patron, avec un sourire un peu tordu du bout de la bouche, "nous venons dans l'Est pour obtenir certaines des meilleures choses."

Ils regardèrent alors, tous les deux , les deux jeunes filles assises sur le canapé. Ils étaient tellement occupés à parler qu'ils ne savaient pas que quelqu'un les regardait . Quand nous étions tous silencieux, ils parlèrent tous les deux en même temps. « J'ai eu le mien chez Madeleine », disait Katherine ; et Bonnie Bell dit : "Nous faisons frire les nôtres dans du beurre." Le Seigneur seul sait de quoi ils parlaient ; mais cela ne faisait aucune différence.

Enfin bref, nous avons tous passé un très bon moment, assis là dans notre chambre du ranch, avec la cheminée enfumée, les vieilles tables et chaises, et le canapé recouvert d'une peau, où étaient assises les deux filles.

Peu à peu, ils se sont tous levés et ont dit qu'ils devaient rentrer chez eux. Le vieux Kimberly a tendu la main à mon patron, et ils se sont serré la main pendant un bon moment, sans dire grand-chose.

"Veux-tu venir un soir ?" il incarne Old Man Wright.

Et il dit :

"Rive!"

À ce moment-là, la mère de Katherine embrassait encore Bonnie Bell — elle ne semblait jamais se lasser d'embrasser Bonnie Bell. Puis les deux filles se dirigent vers la porte d'entrée, les bras autour de l'autre. Je les ai vus là, sous la lumière. Petit à petit, Katherine prend la main de Bonnie Bell et l'examine, et il n'y a pas de bague dessus.

"Es-tu déjà fiancée, Bonnie ?" elle a ast .

Bonnie Bell rougit en quelque sorte.

"Non", dit-elle. "Es-tu?"

"Non. Maman dit que je suis trop jeune", dit-elle ; "mais alors--"

"Oui", dit Bonnie Bell; "mais alors--"

Le vieux Wright se tourne vers moi après qu'ils soient tous partis.

"Eh bien, Curly", dit-il pensivement, "je pense que nous arrivons."

"Oui", dis-je; "mais alors--"

XIII - Eux et la loi sur les distances

Quand ils sont tous rentrés à la maison, nous sommes restés tous les trois un bon moment dans notre chambre du ranch, à regarder le feu. Ce n'était pas encore l'hiver, mais parfois nous allumions le feu dans la cheminée. Old Man Wright, il semblait penser à quelque chose, ou essayer de le faire. Enfin il dit :

"Ma sœur, va chercher le peigne fin et peigne la tête de ton père, n'est-ce pas, ma sœur ?" dit-il.

"Votre coiffeur ne peut-il pas faire ça pour vous ?" et elle.

"Il le fait, mais aucun barbier ne peut vraiment peigner la tête d' un échevin pour le calmer", dit-il, "pas comme son propre enfant. Maintenant, un échevin qui est bien apaisé pourrait être incité à faire presque n'importe quoi, et le peigner sur la tête, c'est comme se gratter. un cochon sur le dos avec un épi. Tu essaies, gamin, ça pourrait être une idée pour une nouvelle voiture ou quelque chose pour toi", dit-il.

Alors elle prend le peigne et commence à se peigner un peu la tête, et il continue à parler avec moi. De toute évidence, il avait quelque chose en tête ; c'était ainsi qu'il avait l'habitude de penser quand quelque chose de difficile survenait.

"Curly", me dit-il au bout d'un moment, "que diriez-vous si nous avions la chance d'acheter à nouveau au Circle Arrow Ranch ?"

"Je dirais que c'était la meilleure chose au monde", dis-je. "Ces Grangers n'ont aucune chance sur terre. Il faut un long cours pour apprendre à comprendre l'esprit d'une vache", dis-je.

"C'est ce qu'on appelle la sikéologie à Smith", explique Bonnie Bell.

"Eh bien," dis-je, "vous ne pouvez pas suivre de cours de sikéologie bovine en quatre ans; il en faut plus que cela sur le terrain, comme votre père et moi l'avons fait. Ils ne peuvent rien élever là-bas dans le Jaune. Des taureaux, mais des vaches, et ils ne savent pas comment les élever. Colonel, dis-je, est-ce que ce ne sont pas des paiements différés, d'accord ?

"Certains", dit-il. "Ils n'ont encore rien payé cette année et c'est largement en souffrance. On dirait qu'il pourrait y avoir des problèmes là-dedans, n'est-ce pas ?"

"Eh bien," dit Bonnie Bell, "où cela nous mène-t-il ? Regardez cet endroit ; regardez toutes nos dépenses." Elle a alors arrêté de se peigner.

"Ne t'inquiète pas pour ça", dit son père. "Nous avons gagné beaucoup d'argent autrement. Par exemple, j'ai reçu une offre en ce moment pour vendre tous nos terrains ici en contrebas vers le parc pour environ trois fois ce que nous avons payé pour cela. Le Deuxième Régiment de Calvaire veut mettre " _ _

"Quoi!" dit Bonnie Bell. "Cela ruinerait tout le Row. Que veux-tu dire par là ?"

"Hein!" dit son père. " C'est ce qu'ils disent tous. Le vieux Wisner était fou quand il a entendu quelque chose à ce sujet : il allait émettre une injonction. J'espère qu'il essaiera, car il ne peut pas. On dirait que la plupart des choses qu'il a faites. en essayant de nous, il ne pouvait pas s'en sortir.

"Eh bien, papa, je ne crois pas non plus que j'aimerais avoir cette caserne sur notre terrain. Supposons que nous y réfléchissions tous un peu."

"Très bien", dit-il. "Il y a peut-être d'autres façons de s'amuser avec Dave. Je viens de penser à celle-là. Oh, eh bien, j'ai acheté le terrain au nord d'eux et je pense y installer une maison de retraite", dit- il . "De l'autre côté de la rue, je pense ériger une statue de l'empereur Guillaume ; certains de mes électeurs viendraient là dimanche pour célébrer des offices religieux", dit-il.

« Avez-vous autre chose en tête, colonel ? Je l' interroge .

"Eh bien, je viens de saisir l'occasion de faire un peu de spéculation dans une société de cinéma", dit-il. "Je n'ai pas investi grand-chose — seulement deux, trois cent mille dollars; mais je ne savais pas que cela pourrait rapporter de l'argent au bout d'un moment. Aimeriez-vous être acteur dans notre compagnie, Curly?" dit-il. "Le pire que l'on puisse faire serait de gâcher un puncheur qui, de toute façon, n'a jamais été très bon."

"Non", dis-je; "ça ressemble trop au travail."

"Eh bien, on pourrait faire d'autres photos", dit-il avec un sourire content. "Par exemple, nous pourrions installer deux ou trois caméras juste en face de chez Old Man Wisner n'importe quel matin. Ensuite, quand Old Man Wisner sortirait, nous pourrions le prendre en photo et lui montrer à quoi il ressemble quand il grogne. Ou bien nous pourrions prendre une photo de la vieille dame montant dans sa voiture ou en sortant. Aucune des deux n'a une silhouette vraiment féminine maintenant.

"Eh bien, il y a plein de photos que nous pourrions prendre. Si vous n'aimiez pas beaucoup travailler à cheval ou quoi que ce soit dans les films", dit-il, "vous pourriez être pris en train de vous pencher un peu négligemment sur notre porte et de regarder par-dessus les Wisner " . clôture, par exemple, parler à leur employé... Ne me creuse plus la tête, gamin, dit-il. "Je ne suis pas à l'épreuve des bombes, comme tu le penses."

"Papa", dit Bonnie Bell, "je ne vais plus te peigner la tête."

"Pourquoi?" dit-il.

"Tu es un vieil homme méchant et vengeur", dit-elle. "Ce n'est pas bien pour nous de traiter nos voisins de la sorte ", dit-elle, "et je ne le permettrai pas".

"Je respecte mes lois", dit-il, calme. "Je dois donner à Wisner ce qu'il essaie de me donner. Vous connaissez la loi qui a été assez bonne pour nous. C'est la loi des distances."

"Ce n'est pas la gamme", dit-elle.

" N'est- ce pas ?" dit-il. "Cela ressemble un peu à une maison de ranch. Si vous passez également votre peigne sur mon dôme, vous découvrirez, sauf erreur grave, quelque chose qui ressemble à la tête d'un vacher. Touchez bien avec votre pouce, Bonnie. Bell", dit-il. "Voyez si vous pouvez trouver un point faible là-dedans, comme dans un melon. Voyez si vous pouvez trouver un endroit où j'ai l'impression que j'allais m'allonger et laisser n'importe quel fils de fusil au foie jaune essayer de monter. moi, et je ne m'en veux pas", dit-il. "Ils ont commencé cela et il faut que cela se termine - c'est la loi. Croyez-moi, d'une manière ou d'une autre, ce vieux visage blanc là-bas sera un jour un bon bœuf, et il viendra nourrir mon main."

Bonnie Bell, elle, arrête de se peigner, elle va s'asseoir dans le salon, et elle ne dit rien ; ni moi non plus. Nous connaissions tous les deux le vieil homme lorsqu'il s'en prenait à n'importe qui. C'était ce genre de she'f . Ce qui pourrait arriver maintenant ne me paraissait pas paisible.

"Serrure, crosse et barillet ?" se dit-il. "Lock, stock and Barrel, c'est comme ça que nous avons fait. Je n'aime pas la couleur de leurs cheveux et de leurs yeux. Lock, Stock and Barrel", dit-il, "ils doivent s'installer ! Je ne veux pas de camion avec Dave Wisner, ni sa vieille dame, ni leur bœuf, ni leur âne, ni leur serviteur, ni leur servante, ni l'étranger à l'intérieur de leurs portes - tout au nord de cette clôture nous est hostile et tout au sud leur est hostile. ".

"Leur servante et leur domestique, papa ?" dit Bonnie Bell.

"Tu m'entends!"

"Qu'est-ce que leur servante ou leur domestique a à voir avec ça, papa ?" et elle. Elle était maintenant assise sur le salon, le peigne fin à la main.

"Il ferait mieux de ne rien avoir à voir avec ça", a déclaré Old Man Wright. "Curly, vous êtes contremaître, veillez à ce qu'aucun d'eux ne franchisse la ligne."

« Très bien, colonel, » dis-je ; "Les ordres sont les ordres."

XIV - Comment leur employé revient

Il n'y avait qu'une seule chose qui empêchait cette armurerie de monter directement sur nos parterres de fleurs. Le côté faible du vieil homme Wright était qu'il ne pouvait s'empêcher de faire tout ce qu'une femme lui demandait de faire. Cette fille Katherine, un jour, elle descend chez nous, le papier à la main, et elle lui dit :

« Écoutez, colonel Wright, dit-elle, qu'est-ce qu'il y a dans le journal ! Est-ce vrai ?

"Si ce n'est pas vrai", dit-il, "ce sera peut-être d'ici peu."

"Eh bien, colonel Wright", dit-elle en le regardant avec les yeux grands ouverts - et quand elle vous regardait de ce côté-là , personne ne pouvait s'empêcher de l'aimer - "J'aimerais que vous ne fassiez pas ça, monsieur, s'il vous plaît!" dit-elle.

"Pourquoi pas?" dit-il.

"Eh bien", dit-elle, "parce que".

Il se retourne et lève les deux mains. Il n'en a plus jamais dit un mot par la suite. Mais au bout d'un moment, le régiment de cavalerie s'est rendu ailleurs , sur d'autres terres qu'il avait achetées, du moins il s'est avéré. Personne ne savait ce qui l'avait fait changer d'avis. C'était Katherine, la première petite amie que Bonnie Bell avait eue en ville.

Vous voyez, Katherine venait régulièrement chez nous maintenant ; elle et Bonnie Bell étaient très proches. Une fois, Katherine est arrivée très excitée.

"Mon frère Tom revient la semaine prochaine", dit-elle. " N'est- ce pas bien ? "

"Est-ce ainsi?" dit Bonnie Bell. "J'aimerais le voir."

"Tom va vivre avec nous", dit Katherine, "et être au bureau en ville, à moins qu'il ne se marie, ou quelque chose du genre. J'aurais aimé qu'il le fasse. Maintenant, j'aimerais qu'il se fiance. J'aimerais voir comment il agirait. Vous ne pouvez pas deviner ce que je voudrais!"

"Non", dit Bonnie Bell; "Je ne peux pas."

"Eh bien, il est terriblement beau", dit Katherine. "Mais il n'a pas beaucoup de bon sens. Il danse et sait jouer de la mandoline, et a fait un bon tour du monde. Il est doux, mais il fume trop. Parfois, le matin, il est fâché. Mais vous ne pouvez pas devinez ce que je voudrais ! »

"Non, je ne peux pas", dit Bonnie Bell.

Puis Katherine l'embrassa et lui prit les mains.

"Eh bien," dit-elle, "j'aimerais vraiment que Tom et toi puissiez vous entendre", dit-elle. "Je pense que ce serait charmant – parfaitement charmant ! Alors nous serions sœurs, n'est-ce pas ?" Bonnie Bell, elle a beaucoup rougi.

"Pourquoi, comment tu parles !" dit-elle. "Je n'ai encore jamais vu ton frère et il ne m'a jamais vu."

"Je lui ai dit que tu étais adorable", dit Katherine. "Je l'amènerai un jour."

"Je ne sais pas comment je pourrais le permettre après ce que vous avez dit", dit Bonnie Bell ; "Mais s'il est aussi gentil que toi, je lui sauterai à la gorge. Pourrais-tu me demander de faire autre chose que ça ?"

Ils riaient alors, se tenaient la main, mangeaient des bonbons, buvaient du thé et parlaient, tous deux la bouche pleine.

"Oh, regarde la nouvelle voiture des Wisner !" dit Katherine au bout d'un moment, et elle court vers la fenêtre.

Leur voiture venait juste d'arriver sur le trottoir au niveau de leur trottoir. D'où je me trouvais , je pouvais le voir. Leur chauffeur ouvrit la portière et la vieille dame Wisner sortit ; puis un jeune homme. Ils ont tous deux disparu hors de vue autour de la clôture – on ne pouvait pas voir leur cour depuis l'endroit où nous étions assis.

À cette époque, les filles en étaient devenues tellement parfois qu'elles parlaient des Wisner . Bonnie Bell dit maintenant :

"Pourquoi n'appelles-tu pas les Wisner plus ?"

"Oh, parce que", dit Katherine. "Nous sommes amicaux, bien sûr, car les familles vivent ici depuis si longtemps ; mais Mme Wisner et maman n'ont pas été très chaleureuses depuis le dernier bal de charité."

"Je n'en sais rien", dit Bonnie Bell.

"Oh, Seigneur ! Oui", dit Katherine. "Ils n'ont pas parlé pendant un moment. Tu sais, chérie, les Wisner sont parmi nos meilleurs gens. Mais maman est une Fille de la Révolution et une Dame Coloniale, et un Fils Patriote, ou quelque chose du genre en plus. Mme " Wisner, elle n'est qu'une fille et non une dame ; donc elle n'a pas un rang aussi élevé que maman . Certains ont dit qu'elle avait simulé ses ancêtres quand elle est arrivée aussi. Quoi qu'il en soit, quand elle a essayé pour les dames , ils l'ont jetée. Maman était régente ou quelque chose comme les Dames à l'époque aussi - non pas que je pense que maman ferait quelque chose qui ne soit pas juste. Mais la vieille dame Wisner l'a récupérée à ce moment-là, et elle est difficile à entretenir depuis. Nous n'essayons pas. "

"Eh bien," dit Bonnie Bell, "n'est-ce pas étrange ? Je pensais que tout le monde dans le Row était amical sauf... sauf..."

"Sauf les Wisner ?" rit Katherine. "Mais ne vous inquiétez pas. Il y a beaucoup de différences dans le Row. Ils ont leurs différends. Vous voyez, ils veulent tous être des leaders."

"Je sais", dit Bonnie Bell. "Dans tout train de meute, il devait toujours y avoir une vieille créature grise, avec la cloche."

"C'est ça !" dit Katherine. "Eh bien, tous ces dirigeants de nos meilleurs collaborateurs veulent porter la cloche et aller de l'avant. C'est ce que veut Mme Wisner - et peut-être maman , même si elle a une façon différente de faire les choses. Maman est une chérie ! Toi aussi. , Chérie ; et je souhaite à Tom et à toi———"

"Je me demandais juste qui était sorti de leur voiture à l'instant", dit Bonnie Bell. "Mais la clôture———"

« Le lierre n'est-il pas joli de votre côté de votre clôture ? » dit Katherine.

Bonnie Bell se tenait devant elle et regardait sa place.

« Écoute, Kitty Kimberly, tu es aussi gentille que possible et je t'aime, mais n'essaye pas de continuer à bluffer à propos de cette clôture. Ils l'ont construite pour nous garder… pour nous garder… »

"Eh bien, peut-être", dit Katherine. "Mais ils ne le peuvent pas."

"Ils l'ont construit pour nous montrer notre maison", dit Bonnie Bell, courageuse comme on aime. "Ils ne pensaient pas que… ils ne savaient pas…"

"C'était cruel", dit Katherine, le visage rouge maintenant, elle en était tellement en colère. "Je suis content que vous ayez mentionné cette clôture - je ne pouvais pas, mais tous mes gens disaient que c'était la chose la plus méchante jamais faite. C'était vulgaire ! C'était bas ! C'est ce que dit ma maman. Nous avons toujours été désolés pour vous , mais nous ne savions pas comment… Mais, chérie, je suis contente que tu aies planté du lierre dessus. Cela montre que tu pardonnes.

"Ce n'est pas le cas", déclare Bonnie Bell. "Nous en sommes loin, du moins mon père. Il est horrible quand on le contrarie. Il n'arrêtera pas, il n'arrêtera jamais !"

"Nous le savons tous", déclare Katherine. "Tout le monde dans la rangée le fait."

"Je ne sais pas ce que vous savez", dit Bonnie Bell. "Je ne sais pas à quel point les gens ont parlé de nous."

"Eh bien, je peux vous dire une chose", dit Katherine. "Nous avons entendu une partie de la conversation ; et je tiens à dire que ce n'est pas favorable aux Wisner . Il y en a d'autres en ville en plus d'eux. Dis-moi, chérie, n'es-tu pas complètement américaine ?"

"Oui", dit Bonnie Bell. "Je peux être une Fille de la Révolution et une Dame Coloniale, et un Fils Patriote, et tout le reste, en ce qui concerne les ancêtres."

"Pourrais-tu?" dit Katherine. "Alors je suppose que tu le feras!"

"Nous retournons souvent chez les Carroll , dans le Maryland", explique Bonnie Bell. "Vous voyez, ma mère a épousé mon père et est partie dans l'Ouest, et là-bas nous ne prêtions pas beaucoup d'attention à ce genre de choses. Je ne savais pas qu'ils s'en souciaient autant ici. Mais mon peuple était d'abord des colons et des bâtisseurs, et toujours dans l'armée et la marine. »

"Comme c'est parfait, chérie!" dit Katherine. "Nous allons commencer en tant que fille ; cela rendra la vieille dame Wisner folle, mais elle ne peut pas s'en empêcher - maman s'en chargera. Ensuite, nous ferons de vous une dame ensuite - cela aidera les choses. Et quand vous serez dans deux ou trois autres de ces entreprises coloniales , où les Wisner ne peuvent pas accéder — eh bien, alors je serai plus à l'aise, pour commencer.

"Je ne reproche pas à ton papa de se sentir sauvage envers les Wisner ", dit-elle après un moment. "Qui sont les Wisner , de toute façon ? Carrolls , hein ! Je suppose que c'est à peu près aussi bon que de venir de l'Iowa et de transporter votre dîner dans un seau pendant que vous commencez à vendre des boyaux de saucisses dans un panier. Je ne pense pas qu'un emballeur pas grand chose ... Nous sommes en cuir.

"Mais au revoir", dit-elle maintenant. "Je dois rentrer à la maison. Je dois dire à maman de commencer ces papiers. Très bientôt, j'amènerai Tom."

Il ne s'est pas passé grand-chose chez nous pendant un petit moment. Je n'ai vu personne des Wisner et je m'en fichais. Un peu par habitude, j'avais l'habitude de monter et descendre la clôture de temps en temps, juste pour la surveiller . Je fis cela un soir et retournai à pied vers notre garrigue , car il me sembla entendre une sorte de bruit par là. Ce n'était pas loin du bout du mur qui était proche du lac. Je me suis assis et j'ai attendu. Il me semblait que quelqu'un essayait de percer un trou dans le mur. Je pouvais l'entendre plink, plnk, comme si quelqu'un utilisait un ciseau ou un pied-de-biche, doux et facile, comme s'il ne voulait pas être entendu. J'ai attendu de voir ce qui allait se passer.

Peu à peu, je vis une brique tomber de notre côté du mur. Je l'ai simplement ramassé et je suis resté là, attendant de casser la tête de quiconque passerait après la brique s'il ne pouvait pas expliquer de quoi il s'agissait.

Le gars de l'autre côté a continué à travailler. Il a maintenant retiré des briques de son côté. Peu à peu, je pouvais voir la lumière à travers – il ne faisait pas encore complètement sombre dans la cour. Il a retiré les briques et a fait un petit trou près du sol.

"Bonjour!" dit-il doucement. "C'est toi, Curly ?" dit-il.

"Qui es-tu et que veux-tu ?" dis-je.

"Je suis l'homme de mer, Jimmie", dit-il. "Je suis revenu."

"Qu'est-ce que tu as!" dis-je. "Eh bien, je ne peux pas te parler. Qu'est-ce qui t'a fait revenir ? Où étais-tu ?"

"Dans l'Ouest", dit-il, "au Circle Arrow Ranch".

"Qu'est ce que c'est!" dis-je. "Que veux-tu dire ?"

" Exactement ce que j'ai dit. J'ai travaillé là-bas. J'ai découvert que je savais un peu faire de la corde et je ne tombais pas toujours de cheval. Vous voyez, le vieil homme possède beaucoup dans cette entreprise. "

"Pourquoi ne m'as-tu pas dit que tu allais là-bas ?" dis-je. "Et comment se fait-il que ces gens vous reprennent ?"

"Ils n'ont pas pu s'en empêcher", dit-il. "Je t'ai dit que j'en avais trop sur eux. Tu devrais voir comment les choses se passent là-bas ! Ils ont dû me reprendre."

"Eh bien, pourquoi fais-tu un trou dans notre clôture ?" dis-je. "Arrête ! Veux-tu t'enterrer dans un jardin en contrebas, au lieu de dans la seule prairie ? Laisse notre clôture tranquille."

"Ta clôture ? C'est notre clôture. Est-ce que je ne sais pas tout ? C'était vraiment dommage, Curly."

« Quelles affaires vous occupent ? » lui dis-je.

"Eh bien, je déteste voir la famille pour laquelle je travaille se ridiculiser à ce point . " Il était maintenant assis près du mur et regardait à travers. Il continua : « Si je remets les briques de mon côté et toi du tien, qui saura qu'il y a un trou ?

"Nous avons du lierre de notre côté", dis-je. "Il est vert et presque jusqu'au sommet du mur. Mais je ne sais pas maintenant pourquoi vous avez percé ce trou."

"Curly", dit-il, "je veux laisser passer Peanut, pour qu'il puisse se battre amicalement avec mon chien de temps en temps. Parfois, je retire quelques briques. Je pense que Peanut fera le reste . ".

« Peanut ne fera plus de visite », dis-je ; "et j'ai reçu l'ordre de ne pas laisser de camion avec qui que ce soit de votre côté de la barrière."

Il resta silencieux un bon moment, puis dit :

"Est-ce vrai, Curly ?" dit-il.

"C'est certainement le cas", lui ai-je répondu. "Quand une affaire commence, jusqu'à ce qu'elle soit réglée, vous ne pouvez pas arrêter le vieil homme Wright. Parfois, il paie les frais d'enterrement", dis-je, "mais quand quelqu'un se met en marche avec lui, je ne l'ai jamais vu montrer aucun signe de départ . Il ne peut pas, dis-je ; "Aucun d'entre eux, les Wright, ne le peut."

"Tu veux dire qu'ils sont comme ça, Curly ?"

"Tout leur troupeau , moi y compris", dis-je, "et les serviteurs à l'intérieur de notre porte, et notre bœuf, et notre mercenaire, et tous nos mercenaires."

"Même la servante à l'intérieur de vos portes ?" comme lui de moi.

"Rive!" dis-je. "Elle est spéciale et la pire de toutes."

"Mais vous ne prenez aucune part à cette guerre ?" dit-il.

"C'est exactement ce que je fais", lui dis-je. "C'est à ça que sert un contremaître. Tu ferais mieux de boucher ce trou et de rester de ton côté de la clôture."

Il resta silencieux un moment puis il dit :

"Je suis foutu si je le fais!"

"Au revoir, Jimmie", dis-je.

"Oh, merde !" dit-il. "Je te verrai de temps en temps."

Je n'ai fait que remettre les briques dans le trou de notre côté.

Maintenant, pour mes propres raisons, ne voulant pas agacer Old Man Wright, je ne lui ai rien dit à propos de ce trou dans la clôture. Je n'ai pas non plus parlé à Bonnie Bell du retour de l'homme engagé ; parce qu'elle se portait bien ces derniers jours, plus brillante et plus joyeuse qu'elle ne l'était auparavant. Bien sûr, c'était à cause de ce que Katherine lui avait dit à propos de son frère Tom. Bien sûr, toute fille aime entendre parler d'un jeune homme. Pour autant que chacun d'entre nous puisse le dire, Tom Kimberly va peut-être bien.

Bonnie Bell maintenant, tout d'un coup, elle a pris envie d'aller sur le lac avec son bateau, et elle insiste pour que notre chauffore , elle et moi, descendions et réparions le bateau. Nous n'avons pas aimé ça particulièrement, mais elle a dit qu'elle n'était pas allée sur le lac depuis si longtemps qu'elle voulait y retourner avant qu'il ne fasse trop froid.

Je ne connaissais rien aux bateaux, mais parfois je descendais au hangar à bateaux et regardais Bonnie Bell pendant qu'elle bricolait le moteur ou quelque chose du genre. Un jour, je suis descendu au hangar à bateaux vers le milieu de l'après-midi, m'attendant à la rencontrer sur le quai. Tout à coup, j'entends des voix, dont l'une est la sienne. Je m'arrêtai alors, me demandant qui avait bien pu monter sur notre quai.

Il n'y avait plus aucun moyen depuis le chantier des Wisner d'accéder à notre quai maintenant, car la porte de leur hangar à bateaux avait été clouée. Le mur descendait jusqu'à leur garrigue , et leur garrigue faisait face au hangar à bateaux, qui était plus bas. La seule façon pour quiconque d'accéder à notre quai depuis chez lui était de monter dans un bateau et de revenir depuis le lac. Alors ça aurait été facile.

J'ai dit que j'avais entendu la voix de Bonnie Bell. Elle parlait ; à qui elle parlait, je ne savais pas.

"C'est tout faux!" dit-elle. " Vous présumez trop. Bien sûr , je vous ai sorti du lac – je le ferais avec n'importe qui ; mais vos employeurs ne sont pas nos amis. Même s'ils l'étaient, vous n'avez aucun droit au monde de me parler. "

Puis j'ai entendu une autre voix. Je savais que c'était Jimmie, leur employé. Il a parlé et je l'ai entendu clairement.

"Je sais que je n'en ai pas eu", dit-il, "aucun au monde; mais je dois le faire."

"Il ne faut pas!" dit-elle. "S'en aller!"

"Je ne le ferai pas", dit-il. "Je n'y peux rien ! Je vous dis que je n'y peux rien."

Moi étant contremaître, j'ai tendu la main maintenant pour attraper une brique ou quelque chose comme ça. Je ne pouvais pas m'empêcher d'entendre ce qu'ils disaient.

Il avait reçu l'ordre de partir ; et pourtant, il parlait à Bonnie !

XV - Le commandement qui a été enfreint

Je me suis tenu près de la porte du hangar à bateaux et j'étais sur le point de sortir, mais ce que l'homme de mer disait à Bonnie Bell était si nerveux que j'ai dû m'arrêter. En plus, je voulais entendre ce qu'elle dirait pour lui montrer sa place.

« Dès la première minute où je t'ai vu, dit-il, je n'ai pas pu m'en empêcher. J'ai juré de te rencontrer un jour, et un jour... »

"Est-ce ainsi?" Je l'ai entendue dire, bas.

"C'est le seul moyen que j'ai", dit-il. " S'il y avait un meilleur, tu ne penses pas que je le prendrais ? Mais quelle chance avais-je ? Je devais trouver un chemin ; je ne serais pas un homme si je ne l'avais pas fait. "

Elle devait juste rester debout à le regarder. Je ne pouvais pas voir.

"Je devais trouver un moyen de vous le dire ", dit- il. "Quelle part ai-je eu dans cette stupide querelle ? Était-ce ma faute ? Je ne suis plus qu'un serviteur maintenant ; mais donnez-moi une chance de m'en sortir. Pourquoi, quand j'étais dans l'Ouest..."

« Étiez-vous dans l'Ouest ? dit-elle soudain.

"Oui ; dans la Vallée du Taureau Jaune, parmi les vachers, parmi les vrais gens. Vous êtes vous-même venu de cette vallée."

« Oui, nous l'avons fait », dit-elle ; "et nous ferions mieux de rester là."

"Tu ne pouvais pas rester là", dit-il. "Et en plus, si tu étais resté là-bas , je ne t'aurais jamais rencontré, ni toi, moi."

"En effet ! Était-ce toute ma fortune : rencontrer le serviteur de l'ennemi de mon père ?"

"Tout m'appartient ! Je ne suis pas votre ennemi. Mais supposons que j'aille voir votre père et que je lui dise : que ferait-il ?"

"Il vous tuerait peut-être", dit simplement Bonnie Bell ; "sinon Curly le ferait."

"Je ne blâme ni l'un ni l'autre", dit-il. "Je ne veux pas me faufiler. Je m'en vais encore———"

"Qu'est-ce qui t'a fait revenir ?" elle dit.

"Parce que j'avais mal au cœur. Parce que je pensais que je pourrais regarder de temps en temps et te voir. Mais quand je suis revenu, voici cette maudite clôture et je ne pouvais plus te voir. Je pensais que je le ferais . devenir fou. Peut-être que je l'ai fait; je ne sais pas.

"Avec ou sans clôture", dit Bonnie Bell, "comment nos cercles pourraient-ils se croiser, le vôtre et le mien ?"

« Cercles ! » dit-il. "Les cercles ! Qu'est-ce que les cercles ? J'ai entendu parler de cercles toute ma vie", dit-il. " J'en ai vu partout autour de moi. C'est de la pourriture ! C'est mon malheur d'en trouver une si loin au-dessus de moi. "

"Mon argent?" dit-elle, méprisante. "J'en ai beaucoup."

Il n'en dit pas un mot pendant un long moment.

"As-tu vraiment pensé ça de moi pendant une minute ?" dit-il enfin.

"Tu prends pour acquis que j'ai pensé à toi ?" dit-elle.

"Je n'aurais pas osé ", dit-il - et cela semblait être la vérité, à travers la porte. "Ne me classe pas comme ça !"

« Comment une fille peut-elle le savoir ? dit-elle. "Les hommes parlent comme ça aux filles———"

« Vous ont-ils parlé ? Qui était-ce ?

"Mes opportunités sociales", dit-elle lentement et amèrement, "semblent se limiter au jardinier de nos voisins."

"Ne le faites pas!" dit-il. "Oh, ne le fais pas ! Je ne veux pas te voir blessé, même par ta propre langue."

Je n'avais jamais entendu un homme faire ce genre de discours à une fille auparavant. C'était vraiment intéressant et j'étais content d'avoir écouté.

« Comment une fille peut-elle le savoir ? dit-elle, comme si elle se parlait à elle-même.

" Shorely , elle ne peut pas tout dire d'un coup ", répond-il. "Je ne vous demanderais jamais de faire plus qu'attendre. Je voudrais partir et rester à l'écart jusqu'à ce que je puisse entrer chez vous et être le bienvenu", dit-il. "Je ne te demanderais pas de décider d'une chose maintenant. Mais, quant à moi, j'ai tout décidé il y a longtemps."

Elle n'a rien dit.

" Quant à votre argent, " dit-il au bout d'un moment, " écoutez-moi. Regardez-moi, regardez bien . Regardez-moi dans les yeux. Ne suis-je pas honnête ? Dites-moi : si une vérité comme la mienne peut être confondue avec une tromperie, alors qu'est-ce qui se passe ? " Y a-t-il un homme sur terre ? »

Elle n'a pas répondu, et il continue comme s'il s'était approché – je ne sais pas mais ce qu'il a fait.

"Regarde-moi dans les yeux", dit-il. "Regarde-moi attentivement. Peut-être que ça m'aidera un peu, car à terre tu peux voir à quel point je——"

"Ne le faites pas!" dit-elle. "Ne le faites pas!"

Je ne crois pas du tout qu'elle l'ait regardé dans les yeux.

"Je ne te toucherais pas", dit-il. "Je ne toucherais pas ta main, je ne toucherais pas l'ourlet de ton vêtement. Ce ne serait pas bien. Ce n'est peut-être pas bien pour moi de penser à te revoir ; mais c'est bien pour cette fois."

Elle n'a pas répondu du tout. Il en arriva à ce qui semblait le troubler.

"Est-ce l'argent ?" dit-il encore. "A quoi sert l'argent si tu n'as rien d'autre ?"

« Pas grand-chose », dit-elle ; "pas beaucoup."

"Je ne l'ai pas convoité", dit-il. "C'est un autre commandement que j'ai enfreint. J'ai convoité ce qui appartenait à mon voisin. Je t'ai convoité - pas plus, tellement ! Si vous et moi avions une cabane sur le Taureau Jaune là-bas, et quarante acres pour commencer avec, dit-il, « là où le soleil brille tout le temps, où le vent est doux et où les montagnes s'élèvent autour de vous… »

"Ne le faites pas!" dit-elle encore. "Ne le faites pas ! S'il vous plaît, partez, je ne peux pas supporter ça."

Je ne pouvais pas le supporter non plus ; alors j'ai ouvert la porte.

XVI - Comment j'étais contremaître

Ils se sont séparés – ou plus loin – lorsque je suis sorti. Ils ne se tenaient pas la main, mais elle devait le regarder et lui la regarder.

"Miss Wright", dis-je doucement - c'est la première fois que je l'appelais Miss Wright de toute ma vie - "Miss Wright", dis-je, "montez à la maison."

"Curly", dit-elle, "oh, ne fais pas ça!"

Mais elle a vu que je n'avais pas d'arme.

« Traversez-y vite ! » lui dis-je.

"Vous avez entendu!" dit-il. « Vous avez entendu ce que je dis ? »

"Tout cela", dis-je. "C'était mon affaire de le faire. De toutes les choses basses qu'un homme ait jamais faites dans sa vie, c'est ce que vous avez fait maintenant. J'ai tout entendu."

"Arrêt!" dit-il. "Je ne supporterai pas ça une minute."

"Tu vas tenir bien plus longtemps que ça", dis-je. "Si tu montres à nouveau ce côté-ci de la barrière , je te tue !"

"Bouclé!" dit-il. "Eh bien, Curly !", comme s'il était surpris. "Est-ce que c'est comme ça ?"

"C'est comme ça", dis-je. "Ne doutez jamais que nous pouvons prendre soin de nos femmes . C'est de ma faute si cela est arrivé. J'aurais dû la surveiller se rapprocher . Je n'aurais jamais dû vous autoriser sur notre quai. , sans parler de me mêler à toi. Je pensais que tu étais plus un homme que ça", dis-je.

Quand j'ai dit cela, Bonnie Bell a sauté et a jeté ses bras autour de mon cou et s'est accrochée à deux mains.

"Curly", dit-elle, "arrête ! Je n'accepte pas ça. Arrête, dis-je !"

"Vous aurez ceci et bien plus encore", lui dis-je, "jusqu'à ce que cette affaire soit réglée. Laissez-moi seul avec lui. Votre père et moi n'avons-nous pas donné notre vie pour vous ? C'est un beau métier, vous "Vous essayez de faire ; de nous échanger contre un lâche aussi bas que celui-ci. Ils ont construit cette clôture, pas nous. L'enfer pourrait geler avant que votre père ou moi ne la franchissions ; mais ici vous parlez comme vous l'avez fait avec leur employé – qui s'est faufilé par ici pour vous rencontrer.

Il n'en rendit rien, même s'il ne pouvait pas parler tout de suite.

"Va lentement!" dit-il. "Curly, fais attention ! Je n'avais pas d'autre chance."

"Une autre chance ?" dis-je. "Pourquoi ? Faire l'amour avec une fille qui n'a pas beaucoup d'expérience, lui faire l'amour parce qu'elle a beaucoup d'argent ? J'ai vu une sorte de saleté se faire dans ma vie", dis-je. , "mais c'est le plus bas que j'aie jamais vu", dis-je.

"Et Bonnie Bell", dis-je - elle me tenait toujours autour du cou, me tenant les bras baissés et je ne voulais pas lui faire de mal - "comment vais-je le dire au vieil homme ? Tu sais que je dois venir "En finir avec lui. Toi, la fille que nous aimions tant, Bonnie Bell," dis-je, "nous n'aurions jamais pensé que tu te classerais au-dessous de ton propre niveau."

"Elle ne l'a pas fait!" dit-il tout d'un coup. "Ce n'était pas de sa faute. Elle ne m'a rien promis, et tu le sais. Elle n'est responsable de rien, et tu le sais aussi. Elle n'a pas dit un mot qu'elle ne pouvait pas dire auparavant. " Tout le monde. Que veux-tu de plus ? C'est une trop bonne fille pour en subir le pire. Son père est un homme trop bon pour en subir le pire aussi. Elle ne le laisserait jamais. "

"Elle n'aura pas à faire ça", dis-je. "Je m'en occupe. C'est mon affaire."

"Curly", dit-elle, "qu'est-ce que tu vas faire ? N'aimes-tu pas du tout mon père – ou moi ? Tu es comme un autre père pour moi. Et je t'ai aimé ; et je t'aimerai toujours, quoi qu'il arrive. tu me fais."

Je ne pouvais pas baisser ses bras – je n'étais pas très fort, parce que je réfléchissais.

"Si vous le dites à mon père ", dit- elle, "vous lui briseriez le cœur. Cachez-moi ça, Curly, je n'ai rien promis. Mais, oh, Curly, je ne voulais de mal à personne ; et Je ne serai plus jamais heureux ."

"Vous voyez ce que vous avez fait !" lui dis-je au bout d'un moment.

Il est devenu blanc maintenant, au lieu du rouge.

"Comment puis-je me rattraper ? Je ne supporte pas de l'entendre parler de cette façon", dit-il.

« À qui appartient la façon dont elle parle ? lui dis-je. " Bon sang ! De quel droit viens-tu ici et la rendre malheureuse pendant une minute ? Ne savais-tu pas à quel point nous l'aimions ? "

"Tout le monde le fait", dit-il. "Jusqu'à ma mort, je ferai cela. Comment puis-je l'aider plus que vous ne pouvez le faire ? Et si je lui ai fait du mal maintenant", dit-il, "Dieu me fasse cela et plus encore. Mais je me suis déclaré — Je ne retirerai pas un mot. Je n'ai pas menti à l'époque et je ne le ferai pas maintenant.

Il semblait en jeu. Pourtant, tant qu'il ne s'agit que de paroles, on ne peut pas toujours dire à quel point un homme bluffe.

" Si cela peut lui faire plaisir que je parte et ne revienne jamais ", dit-il, " je le ferai. Je ne veux jouer à aucun jeu sauf sur la place. Ne commencez rien qui puisse "Ça ne sera jamais réparé", dit-il.

"Cela a commencé maintenant", dis-je. "Peut-être que vous pouvez dénigrer une fille, mais vous ne pouvez pas nous."

"Qu'est-ce que tu vas faire, Bonnie Bell ?" lui dis-je, et je pris maintenant ses mains dans les miennes. "Vous m'avez entendu et vous l'avez entendu. Que voulez-vous, lui ou nous - nous qui vous avons aimé et vous avons donné tout ce que nous avions, ou lui, ce lâche ici, qui est venu par derrière - notre pire ennemi homme engagé ? Vous devez choisir.

Je la sentis alors se détacher de mon cou. Elle m'avait tenu fermement tout le temps, donc je ne pouvais rien faire. Je l'ai regardée et elle était toute lâche et blanche. Je pense qu'elle s'est évanouie, même si je n'ai jamais vu personne faire ça auparavant.

Je l'ai allongée sur les planches, et j'avais tellement froid que je ne pouvais plus dire un mot. J'ai déjà ressenti cela. Il n'y a donc pas de loi. Mais il était blanc comme elle.

"Curly", dit-il, "qu'avons-nous fait à la pauvre enfant ?"

"Ce n'est pas votre enfant", dis-je; et, avec elle dans mes bras et moi impuissant, j'avais chaud aux yeux. "C'est notre enfant à pores de peau. Tais-toi et rentre à la maison !"

Il n'est pas rentré chez lui, mais il est allé chercher de l'eau dans son chapeau.

"C'est cruel, cruel – tout a été cruel pour elle, qui mérite le meilleur que la vie puisse donner. Tu ne peux pas me croire, mec ?" dit-il.

Elle ne pouvait plus nous entendre maintenant, et même l'eau que je lui avais versée sur le visage ne l'avait pas réveillée. Je ne le laisserais pas la toucher.

"Seigneur, aide-nous tous!" dis-je. "Pour l'instant, c'est difficile de dire ce qui est le mieux. Dites-moi ", dis -je, "y a-t-il quelque chose que je n'ai pas entendu ? Vous a-t-elle fait une sorte de promesse ?"

« Pas un mot », dit-il, « pas un mot ».

"C'est une chance", dis-je. "Le Circle Arrow n'est jamais revenu sur sa parole. Je suis heureux qu'elle ne vous ait rien promis", dis-je.

"Plus rien n'a d'importance maintenant", dit-il.

Il s'est mis sur ses talons, me regardant d'une manière que je ne pouvais pas supporter – alors que nous étions tous les deux penchés sur elle, essayant de la ramener à elle.

"Je suis meilleur que vous ne le pensez", dit-il au bout d'un moment. "Tout cela est arrivé parce que les choses se sont entrecroisées ."

« Vous avez bizarrement joué le jeu, lui dis-je. "Le Circle Arrow joue grand ouvert, avec toutes les cartes sur la table. C'est parfois plus fou que la chance dans un jeu carré ! La porte d'entrée est l'endroit où se trouve un homme qui parle à une fille, comme Katherine Kimberly qui entre, ou son frère, Tom."

"Est-ce qu'elle le connaît?" dit-il soudain.

"C'est notre affaire", dis-je. Je versais toujours de l'eau sur Bonnie Bell.

« Oui, dit-il, c'est vrai. Ce n'est pas le serviteur de votre ennemi.

À ce moment-là, Bonnie Bell a commencé à bouger ses mains et je l'ai soulevée contre mes genoux. Elle était assise là, le regardant en face.

"Petit," dis-je, "tu n'as pas besoin de te frotter les yeux et de dire : 'Où suis-je ?' Je vais vous le dire. Vous êtes en plein milieu d'une sacrée pagaille !"

XVII - Lui et la porte d'entrée

J'ai envoyé l'enfant monter les escaliers dans sa chambre pour réfléchir. Ensuite, je me suis assis dans notre chambre du ranch pour réfléchir moi-même, car je ne savais pas vraiment quoi faire.

Pendant que j'étais assis là, le vieux Wright lui-même est venu du centre-ville, et il était si heureux que j'étais à terre qu'il avait imaginé un nouveau diable pour son voisin Wisner.

"Eh bien, Curly", dit-il, "que sais-tu ?"

"Je ne connais rien d'agréable", dis-je.

"Hein!" dit-il. "Tu n'aimes plus la bouffe ici, ou qu'est-ce que c'est ?"

"Je n'aime plus rien dans cet endroit", dis-je. "J'aimerais que vous saisissiez immédiatement Circle Arrow et que nous y retournions tous", dis-je. "Bien sûr que vous ne le feriez pas , mais c'est là que vous négligez un gros pari, colonel.

Il me regarde sérieusement.

"Est-ce que c'est aussi grave que ça, Curly ?" dit-il. "Parfois, je me sens moi-même loin de ça , même si, étant si occupé, je peux le supporter mieux que toi peut-être. Mais quel coup de pied as-tu ? Tu n'as rien à faire, prends tout ça partout, je n'ai jamais vu de contremaître. ça en avait moins", dit-il.

"Hein!" dis-je. "C'est tout ce que vous savez."

"Est-ce que je ne sais pas tout ce qu'il y a à savoir ?" il m'a demandé .

"Non, ce n'est pas le cas", dis-je. "Ne suis-je pas obligé de monter sur notre clôture et n'est- ce pas la pire que j'ai jamais parcourue de toute ma vie ?"

"Ne laisse pas ça te déranger, mon fils", dit-il. "Je vais m'en inquiéter."

Maintenant, quand il a dit cela, j'ai commencé à penser à tout ce qu'il avait fait pour moi toute ma vie ; de la façon dont il avait payé toutes les factures, pris la responsabilité et m'avait donné mon salaire. Je ne voulais pas lui faire mal à l'épaule maintenant en lui disant ce que j'allais lui dire. Je savais que si je lui disais que sa copine était partie contre sa volonté, cela le tuerait presque – et quant à ça ! Mais j'ai soutenu que je devais lui dire. Ensuite, j'ai pensé que ce qu'un cow-boy conclut comme étant délibéré était très probablement une mauvaise chose. Alors, où est ce qu'il me laisse? Pour la première fois de ma vie , je ne savais pas si je devais soutenir ou cuivrer mon propre pari.

Le vieil homme a quand même résisté un moment. Il se dirige vers la table et commence à remplir sa pipe.

"Eh bien, Curly", dit-il, "je ne pourrais pas saisir le Circle Arrow si je le voulais maintenant - ils ont payé leur paiement différé pour cette année. Le vieux Wisner, il a obtenu le soutien de trois banques et il est passé par là. Il ne reste plus que seulement un paiement de plus. Quelqu'un va bientôt se retrouver dans le froid ; mais ce ne sera pas nous.

"Non", dis-je; "Ce seront les Grangers."

"Ce ne sont pas eux qui vont subir le pire, c'est Old Man Wisner", dit-il. « Quant à nous, nous ne pouvons plus y retourner – nous sommes des citadins maintenant. Je dois rester ici pour surveiller Old Man Wisner un moment et vous devez franchir cette clôture.

"Où est Bonnie Bell ?" dit-il alors.

"Hein!" dis-je. "Où est-elle ? C'est ce que j'aimerais savoir aussi."

"Enfin, après tout", dit-il en fumant et en regardant dans la cheminée, "cette fille m'a fait deviner ces derniers temps. Elle n'a pas l'air bien. Tantôt elle est debout, tantôt elle est couchée - ses actions ne suivent personne . Si je ne le savais pas, je dirais qu'elle était amoureuse. Ce n'est pas possible, car il n'y a aucune chance.

« Eh bien, dis-je, il existe d'autres types de paiements différés, n'est- ce pas, colonel ?

"Peut-être", dit-il en soupirant. "Nous allons le laisser fonctionner comme il se doit ; nous n'y pouvons pas grand-chose. La plupart du temps, une belle fille trouve quelqu'un quelque part ou d'une manière ou d'une autre ; ou parfois..."

" N'est- ce pas la vérité divine, Colonel !" dis-je.

J'étais sur le point de lui dire tout ce que je savais.

"Si seulement elle était à l'abri des requins !" dit-il. "Si je trouvais un jeune homme dont je pensais qu'il en voulait à son argent, pas à elle, eh bien, je ne sais pas ce que je lui ferais !"

« Je sais ce que vous feriez, colonel, » dis-je ; et j'étais content de ne pas lui avoir dit.

"Eh bien, peut-être. Le problème est de trouver un jeune homme à moitié aussi bon qu'elle, avec des gens derrière lui et une sorte de moyen de gagner sa vie. Tu vois, Curly, tu ne peux pas dire grand- chose sur choses dix ou vingt ans à l'avance. Un homme âgé peut gagner de l'argent ou un homme riche peut perdre de l'argent. Maintenant, sa mère m'a épousé alors que je n'avais aucune chance sur terre d'être quelqu'un ou d'avoir de l'argent; mais nous avons continué et j'étais vraiment heureux – en tout cas, je l'étais – et je n'étais pas riche à l'époque.

" Je suis terriblement riche maintenant, Curly ", dit-il, " même si je ne sais pas si je suis plus heureux. Cela m'ennuie. Par exemple, je cherchais aujourd'hui une occasion d'investir un peu plus d'argent ; pas beaucoup, seulement environ la moitié de ce dernier paiement différé qui est arrivé – tout l'argent du vieux Wisner – et j'ai vu dans les journaux que nous n'avons pas d'usines de potasse en Amérique qui s'élèvent à beaucoup, et que la potasse vaut la peine du rivage. beaucoup d'argent - quelle que soit la potasse. Alors je suis sorti pour examiner les choses et j'ai décidé d'investir quelques centaines de milliers de dollars dans la fabrication de la potasse. J'ai un homme bon, avec des spécifications, qui sait comment en fabriquer à partir d'algues. , ou quelque chose qui pousse cru et qui est abondant, je pense. Je suppose que très bientôt nous gagnerons 40 à 50 pour cent, peut-être plus. C'est ce qui me dérange - je ne trouve pas de jeu difficile à jouer. Je peux " Je ne m'intéresse guère à la vie.

"J'ai regardé un peu plus autour de moi et j'ai vu que ce pays n'a pas d'usines de teinture, le genre de teintures qu'ils fabriquent à partir de goudron de houille, qui est fabriqué à partir de charbon. Pourtant, nous avons beaucoup de charbon et j'en possède plusieurs. des mines dans le Wyoming. J'ai un autre homme, avec des spécifications, et je ne devrais pas me demander si nous allons bientôt fabriquer beaucoup de colorants, comme ils en importaient.

"Eh bien," dit-il en remplissant à nouveau sa pipe, "je serais assez heureux de m'amuser ainsi, en mettant de temps en temps quelques chèques blancs - quelques centaines de milliers de dollars. De toute façon, j'aimerais bien que Je pourrais perdre de temps en temps, mais il y a ensuite le gamin."

"Cela lui vient à l'esprit après tout, colonel, n'est-ce pas ?" dis-je.

"C'est vrai", dit-il. "Je joue au jeu ; elle utilise les gains. Elle va être l'une des filles les plus riches de toute cette ville."

On dirait que je n'ai pas pu lui dire ce que je devrais faire. Chaque fois, il revenait au même endroit pour parler du gamin. Il n'en savait pas autant que moi. Je savais ce qui ferait du vieux Wisner l'homme le plus heureux du monde : il ressentirait cela s'il savait que son employé s'était mis en contact avec notre fille ! Il l' aurait encouragé de toutes les manières possibles s'il en avait su quelque chose. Cela lui plairait . Je pensais aussi à la façon dont Bonnie Bell avait considéré cet homme engagé. Alors je suis resté là, n'ayant pas encore dit un mot et n'osant pas le faire. Il me semblait que je ne pouvais pas le dire au vieil homme.

La nuit tombait bientôt et je n'avais pas fait de pause du tout. Je me suis mis et je me suis mis, et je n'avais aucun courage. Peu à peu, il était trop tard pour dire quoi que ce soit ce soir-là.

Nous avons entendu Bonnie Bell descendre l'escalier et nous sommes allés à la porte pour la rencontrer, comme nous le faisions d'habitude, parce que nous aimions faire ça ; elle était si jolie quand elle était prête pour le dîner. Les domestiques ne nous admiraient pas beaucoup, ni son père ni moi, mais ils sautaient tout le temps dans des obstacles pour elle.

Elle était désormais toute habillée d'une robe bleu pâle, une sorte de soie douce, et elle portait tous ses diamants, car elle brillait de partout. Ses cheveux étaient haut et il y avait une petite bande dessus, et une petite pile de cheveux collée derrière sa tête. Son cou était décolleté, comme on le portait à l'hôtel où nous vivions autrefois, et sa robe n'avait pas de manches. Elle avait des bagues aux doigts, mais pas de clochettes aux orteils — seulement de petites pantoufles bleues ; et ses chaussettes étaient bleu pâle, comme on pouvait le voir quand elle descendait les escaliers.

Je ne pense pas qu'il y ait eu une femme plus belle au monde qu'elle ne l'était à l'époque — ils ne les rendent pas plus belles. Nous la regardions, nous deux vachers, tous deux vêtus de vêtements toujours en désordre et avec du tabac dans les poches. Nous ne pouvions pas dire un mot. Nous avons eu peur d'elle, dis-je ; c'était souvent le cas, quand vous regardiez Bonnie Bell, elle était si jolie. Pourtant, elle ne savait pas qu'elle avait une telle apparence.

"Ma fille", dit le vieil homme Wright, et il s'approcha d'elle lentement, comme s'il avait peur d'elle, "tu es très belle ce soir", dit-il. "Qu'est-ce qui te fait pâlir ? Tu es une très bonne fille. As- tu embrassé ton vieux père avant qu'il n'entre et ne s'habille pour manger avec toi ?"

Elle me regarde, puis lui, et elle sait que je n'ai rien dit de cette conversation avec l'homme de main. Elle était pâle et ne souriait pas. Elle s'est approchée de son père comme si elle était fatiguée — elle n'avait pas beaucoup de couleur ce soir-là — et elle a simplement passé ses bras autour du cou de son père et a posé sa tête sur son épaule, sans dire un mot. mot. Elle n'a pas pleuré ; elle a juste laissé sa tête reposer là.

J'ai vu son bras passer facilement sur ses épaules nues — il ne la touchait pas à peine de peur qu'elle se brise ; et il n'a pas dit un mot. Il était ce genre d'homme que presque toutes les femmes aimeraient lui passer les bras autour du cou et poser sa tête sur lui si elle avait des problèmes.

"Qu'est-ce qu'il y a, chérie ?" dit-il enfin.

"Eh bien, rien, papa", dit-elle. "Je t'aime, c'est tout. Tu le crois, n'est-ce pas ?"

"Tu le feras toujours, sœurette ?" dit-il, plutôt drôle.

"Toujours", dit-elle silencieusement. "Maintenant," dit-elle, "fuyez et habillez-vous. As-tu oublié que les Kimberly viennent dîner avec nous ce soir ? Curly, tu dois aller enfiler des vêtements sombres, tu sais."

Vous voyez, je faisais partie de la famille. Je leur ai peut-être donné beaucoup de mal, mais ils ne m'ont jamais laissé manger ailleurs que chez eux tout le temps. À cette époque , j'avais appris pas mal de choses de Bonnie Bell : comment ne pas placer une serviette trop haut, ou comment ne pas briser mon pain en petits morceaux et les empiler, ou comment verser mon café, ou utiliser la même cuillère pour le café et autres boissons, ou pour remplir mon assiette pour récupérer la dernière goutte de soupe qu'il y avait dedans – oh, plusieurs trucs comme ça ; même si je savais que le jeu était très compliqué et que je n'avais pas encore tout appris.

Elle me regarde quand je sors et je secoue la tête pour montrer que je n'ai rien dit. Elle s'est assise, toute en soie, avec ses bagues brillantes et tout, juste dans notre vieux salon de cuir ; et elle regardait notre tableau de la Yellow Bull Valley et du vieux ranch. Je l'ai laissée là, toute vêtue de diamants, les cheveux attachés haut – à peu près la fille la plus riche de Chicago et, comme prévu, la plus misérable à l'époque. Mais elle n'avait rien contre moi pour autant.

Quand nous sommes revenus, tout arrangé du mieux que nous pouvions, elle était toujours assise là. Elle était jolie, Seigneur, comme c'est joli ! mais triste.

Elle se lève maintenant et commence à rire et à parler très vite au vieil homme, et peu à peu, avant que quoi que ce soit ne se passe, le vieil homme Kimberly et la vieille dame Kimberly sont entrés.

« Les jeunes gens seront bientôt finis », dit-il ; "Nous ne les avons pas attendus , parce que je voulais juste goûter au vieux bourbon que je trouve ici et que je ne trouve nulle part ailleurs. Où l'avez-vous trouvé, Colonel ?" dit-il.

Presque tout le monde l'appelait Colonel maintenant, c'était moi qui l'avais fait en premier, puis Katherine.

"Nous avions quelques barils sur le vieux ranch", raconte le patron. "Un peu s'est échappé lors du massacre . Je suis content que ça te plaise."

Il était maintenant temps pour le dîner, qui arrivait toujours au tic-tac de l'horloge. Au ranch du camp, le cuisinier appelle toujours « Tas de larves ! » pour les mains. Dans son ranch, il est plus pointilleux et dit : "Viens le faire !" quand le dîner sera prêt. Mais ici, dans notre nouvelle maison, notre majordome, William, entrait toujours en détective et disait si bas qu'on pouvait à peine l'entendre : « Le dîner est servi, Miss Wright. Mais comme ces enfants sont arrivés un peu en retard, Old Man Kimberly trouve le temps de prendre une autre bouchée.

"Pourquoi, Wilfred !" lui dit sa femme : "Je suis surprise !"

"C'est drôle comme tu es surpris", dit-il en riant sur le devant de sa chemise ; "mais je suis heureux que vous mainteniez ma réputation en disant que vous êtes surpris."

D'une manière ou d'une autre, c'était avec eux comme c'est le cas avec beaucoup de gens aux États-Unis : les femmes semblent toujours plus belles, plus débiles que les hommes ; pourtant, ils semblent aimer les hommes qui ne sont pas difficiles. Le vieux Kimberly était un bon type ; mais à la regarder, on se demanderait pourquoi elle l'a épousé. Elle se tenait toujours droite, loin d'une chaise ou du dossier d'un canapé, et elle avait un visage net, comme l'un de ces visages en camée sur les boutons de manchette. Katherine ressemblait un peu à son père, et une bonne personne aussi.

« Comme tu es mignonne ce soir ! » dit la vieille dame Kimberly à Bonnie Bell après un moment.

Elle semblait toujours vouloir tendre la main et toucher Bonnie Bell, ou l'embrasser de temps en temps – ils s'aimaient naturellement – Bonnie Bell en particulier, n'ayant jamais eu de mère à elle, beaucoup.

Mais après un moment , notre William est venu à la porte et s'est tenu là comme s'il était un chien d'arrêt et qu'il avait trouvé des oiseaux ; et il dit, avec un arrêt entre les deux, comme il le faisait toujours :

"Mlle Kimberly— ahum ! M. Thomas Kimberly— ahum !"

XVIII - Comment Tom s'est empilé

Je pense que si le frère de Katherine, Tom Kimberly, avait su à quel point nous attendions de le voir, il aurait pu être un peu inquiet à ce sujet ; mais quand notre William l'a amené avec Katherine, il n'a pas semblé ébranlé.

C'était un jeune homme de grande taille, d'environ vingt-quatre ans, mince et avec une grande bouche. Il avait beaucoup de cheveux bruns, qu'il repeignait sur son front, sans aucune raie. Il était habillé comme le font les citadins pour le dîner, et sa cravate n'était pas nouée négligemment, mais très soigneusement. Il ressemblait beaucoup à une photo chez un tailleur. Ses mains ne semblaient même pas le déranger comme les miennes me le faisaient parfois — j'aimerais souvent qu'un homme puisse avoir quarante poches dans lesquelles mettre toutes ses mains.

Quand il a vu Bonnie Bell, il s'est allumé. Katherine se précipita vers lui et posa sa main sur le bras de Bonnie Bell.

"Chérie", dit-elle à Bonnie Bell, "j'ai amené mon frère Tom ; et je veux que tu l'aimes et je veux qu'il t'aime."

"Ça va être la chose la plus simple que vous connaissiez", dit-il en souriant.

Il avait de bonnes dents. Bonnie Bell , elle lui a tendu la main, le bras tendu devant elle, et je ne pensais pas qu'elle lui avait serré la main très fort ; mais il l'a fait. Il continuait à la regarder comme s'il était fasciné . Il était évident que le gamin l'avait mis dans les cordes dès le premier tour.

Nous passâmes aussitôt dans la grande salle à manger. C'était la première fois que les Kimberly venaient chez nous, à l'exception des biscuits, du thé et des autres choses dans le salon ou dans la salle du ranch. Lorsque Mme Kimberly entra dans notre grande salle à manger, elle jeta un regard de haut en bas. Peut-être qu'elle avait pensé que c'était comme la salle du ranch depuis le début. Cela montrait à quel point elle en savait peu sur Bonnie Bell.

Ils étaient disposés par paires aussi longtemps que duraient les femmes — ce Tom et Bonnie Bell, bien sûr, ensemble ; et Mme Kimberly et Old Man Wright ; et puis Katherine et moi et Old Man Kimberly. William a aidé la vieille dame Kimberly et Bonnie Bell à s'asseoir, comme si elles souffraient de rhumatismes, et j'ai fait ce que j'ai pu pour Katherine, elle et moi étant de très bons amis. Le vieil homme Kimberly a trouvé son cocktail sans aucune aide. Très vite, il s'est assis pour passer un moment agréable, lui.

Nous avions une bonne salle à manger — grande, avec des passementeries blanches — et des tapis qui coûtaient jusqu'à deux mille dollars chacun, des chaises assorties à la table et de nombreux tableaux.

Je fais partie maintenant de nos meilleurs collaborateurs et je remarque qu'à moins d'avoir des photos de moutons dans votre maison , vous n'êtes pas bon. Tout artiste est naturellement amené à peindre des moutons ; pourtant c'est l'animal le plus méchant qui soit, et je ne vois pas pourquoi un vacher en particulier devrait avoir des moutons dans sa maison. Mais nous l'avons fait parce que c'était exact, même si je n'ai jamais mangé de viande de mouton. Aussi, quelques gondoles, par un Italien, près des moutons.

En plus d'eux, si vous avez une bonne maison, vous devez avoir une photo représentant le crépuscule sur un lac, avec un arbre cassé dessus et quelques mauvaises herbes, et une grue debout là comme si elle n'avait pas d'amis. Nous avions aussi une de ces photos de grues.

Quand la vieille dame Kimberly a vu que nous avions des moutons, des gondoles, des mauvaises herbes et des grues dans notre maison, comme tout le monde, elle a semblé se sentir plus à l'aise. J'ai raconté à Katherine certaines des choses que j'avais découvertes sur l'art et elle a failli s'étouffer dans sa soupe, et elle a dit que j'étais terriblement drôle, même si j'étais sérieux.

"Tout ce que vous avez", dit-elle, "est parfaitement charmant".

"Elle l'a fait", dis-je, ce qui était vrai. Le vieil homme et moi, si nous étions seuls, n'aurions jamais eu même une image de mouton dans toute la maison.

Comme si vous aviez déjà assisté à des dîners dans des villes où tout n'était pas sur la table dans de grands plats, comme dans un ranch, mais petit à petit ; vous devez donc deviner fréquemment si vous allez avoir assez à manger avec les choses qui arriveront plus tard. Nous étions plutôt bien entraînés, Old Man Wright et moi, depuis que nous sommes arrivés dans notre nouvelle maison, car Bonnie Bell, William et tous les autres dirigent un système urbain régulier sur nous.

Bonnie Bell était aussi facile que Mme Kimberly l'aurait été chez elle. Elle n'avait pas besoin de dire un mot à William ; Le rivage était un majordome — je pense qu'il se débrouillait aussi bien que n'importe qui dans le Row. Je pense qu'il est né orphelin , il avait l'air si triste.

Nous avons mangé de la soupe à base de tortue, ce qui est mieux qu'on pourrait le penser, de regarder une tortue. Ensuite, il y avait un poisson que je ne pouvais pas nommer. Ensuite, il y avait des canards et des pommes de terre, cuits ensemble de manière à ce qu'on ne puisse pas les distinguer , et de nombreux autres oiseaux avec des vêtements habillés ; et de la luzerne, avec du kérosène dessus, peut-être. Au bout d'un moment arrive du fromage à pâte molle, avec des fraises, et encore du fromage à pâte molle, avec des petits oignons coupés dedans, si vous préfériez ça - je ne me souviens plus de toutes ces choses maintenant ni comment elles arrivent, mais nous sommes restés là quelques heures et j'ai eu beaucoup à manger avant d'arrêter. De plus, le vieux Kimberly a beaucoup bu. Il dit au patron :

« Vous m'excuserez, colonel, dit-il, mais je ne peux m'empêcher de dire un mot en faveur de votre choix de vins.

Et puis… « Wilfred ! » dit sa femme, comme si ce n'était pas poli de dire qu'on aime certaines choses.

Puisque Katherine me parlait tout le temps et que Tom ne pouvait voir que Bonnie Bell, je pense que toute la fête était plutôt bien adaptée.

Après le dîner, alors que nous étions assis dans la salle du ranch – qu'ils aimaient tous si bien – et que nous pouvions prendre du sherry ou du café, ou les deux, ou peut-être du scotch, Mme Kimberly n'arrêtait pas de dire au vieil homme :

"Wilfred, je suis surpris !"

" Moi aussi , ma chère", dit-il, "surpris que nous n'ayons jamais été ici tout le temps auparavant. Vous pouvez nous considérer comme des stables maintenant", dit-il.

Nous avions au milieu de la maison, à l'écart de la pièce du ranch, une pièce en longueur, avec un piano dedans, un sol lisse et des tapis qui pouvaient être facilement repoussés. Rien ne ferait pour eux, mais ils doivent aller danser maintenant. Parfois Katherine jouait du piano et parfois Bonnie Bell ; elle pouvait frapper un piano à volonté quand elle le voulait. Elle ne jouait pas beaucoup, parce que Tom voulait danser avec elle tout le temps – des trots de dindes, je crois qu'ils appelaient cela, ou des sauts de renard, ou quelque chose du genre.

On dirait qu'elle pourrait le faire aussi, car elle avait des cours en ville. Quand Katherine fit danser le vieux Wright avec elle, il ne restait plus personne pour jouer ; alors nous avons mis en marche une boîte à musique, et Katherine m'a aussi fait jouer de la guimbarde.

Tom Kimberly était certainement debout à tous les derniers pas de la danse ; c'était une chose qu'il pouvait faire. Pendant que lui et Bonnie Bell dansaient, je pouvais voir tous les vieux les regarder tranquillement. Il était clair qu'il avait été très durement touché par Bonnie Bell. Old Man Wright, il le regardait de temps en temps – de très près aussi. Quant à Bonnie Bell, elle était agréable, comme elle l'a toujours été ; mais il ne me semblait pas qu'elle riait autant que d'habitude. Nous étions tous en train de montrer nos produits.

Quand ils sont venus s'éloigner, Katherine a serré Bonnie Bell plus fort que jamais, et Old Man Kimberly lui a tenu la main pendant un bon moment.

« Vous aurez pitié d' un vieillard, n'est-ce pas, dit-il, et viendrez nous voir souvent ? Il le faut vraiment.

"Oui, ma chère", dit Mme Kimberly; " Venez nous égayer quelquefois. Cela fait bien plaisir de vous voir , les jeunes, vous amuser autant — et vous les vieux aussi ", dit-elle en se moquant de son mari, qui était peut-être un peu illuminé.

Quand ils sont partis, il m'a été évident que notre logement s'était amélioré, contrairement à ce qu'ils pensaient. Bonnie Bell aussi, si elle avait été inspectée pour eux, tout comme Tom Kimberly était avec nous, aurait certainement plus que réussi. De même, je suppose que nos photos de moutons et de gondoles doivent également être réussies. Nous ne pouvions pas exactement être classés comme païens – à moins que Old Man Wright et moi ne le soyons.

Nous n'avons rien dit à Bonnie Bell à ce sujet, et très vite, elle a embrassé son père pour lui souhaiter une bonne nuit et est montée dans sa chambre. Le vieil homme et moi avons réfléchi un moment.

« Que penses-tu de lui, Curly ? me dit-il au bout d'un moment.

« Eh bien, dis-je, ce n'est pas comme si le chat l'avait amené ici. Il est beau, dis-je, et il sait danser ; et c'est un garçon assez agréable. pour les gens qui boivent des cocktails au lieu de l'alcool pur et qui repoussent leurs cheveux en arrière . "

"Eh bien," poursuivit-il, "il faut tenir compte des différences selon les endroits. Faire de l'équitation et du cordage ne sont pas aussi importants à Chicago que manger et danser - pas parmi nos meilleurs gens", dit-il. "Il faut en tenir compte. Une fille pourrait faire bien pire."

« Il n'y a personne d'assez bon pour Bonnie Bell », dis-je, « quand il s'agit de ça ; mais je pensais juste en quelque sorte que j'aime bien qu'un homme sache quelque chose sur l'équitation et le tir, et ce genre de choses, aussi. comme danser."

"Curly", dit-il, "tu as dit que ton père était un dur ?"

"Oui", dis-je.

« Un presbytérien à coque dure ? » dit-il. « Quoi qu'il en soit, vos parents ont dû être très exigeants. Maintenant, ne soyez pas trop dur avec les jeunes.

vous en ayez deux ici – l'un qui n'a pas de famille ni d'argent, mais qui se met naturellement au travail dans un ranch ; et l'autre qui sait danser et dîner. comme tu dis. L'un de ces hommes sépare ses cheveux d'un côté et l'autre les coiffe en arrière, sans aucune raie. Lequel d'entre eux préféreriez-vous le plus ?"

"Je devrais voir les deux hommes et les évaluer " , dit-il. "Mais qu'est-ce qui vous fait demander ? L'autre type de jeune homme dont vous parlez n'est pas encore apparu. De plus, une chose qui favorise Tom, c'est qu'il n'est pas obligé de se marier pour de l'argent. Soyez bénis ; il ne l'est pas. je pense à son argent, pas à un dollar ; je pense juste à elle, telle qu'elle est. Il est parti, c'est ce qu'il est.

«C'est vrai», dis-je; "C'est certainement le cas. Mais qu'en est-il d'elle ?"

"Ils tentent tous leur chance", dit solennellement Old Man Wright au bout d'un moment. " Quoi qu'il en soit , vous pouvez y remédier, une femme tente sa chance. Elle est dans un pari toute sa vie. Elle est elle-même un pari et elle doit jouer dans un pari depuis le moment où elle commence à trottiner jusqu'au moment où ses mains se croisent. Elle elle ne peut pas dire si son mari va rester ; elle ne peut pas dire si son mari va s'en sortir ; elle ne peut pas dire comment ses enfants vont évoluer – c'est aussi un pari.

"Fais de ton mieux, Curly, et fais de ton mieux, tu ne peux en aucun cas protéger aucune femme contre ces paris. Si j'attends que le bon homme arrive, qui ne lui peigne pas les cheveux en arrière, comment puis-je le faire?" Je sais qu'il viendra un jour ? S'il vient, peut-être qu'il aura un oeil sur sa banque, ou peut-être qu'il mesurera quarante pouces autour de son pantalon. L'un ou l'autre, ou l'un, c'est un pari pour une fille.

"Non", a-t-il continué; "La seule chose qu'elle peut faire, après tout, c'est d'utiliser sa propre tête et son propre cœur. Ce n'est pas dans la nature des choses que vous puissiez regarder vers l'avenir et voir comment le jeu se déroulera pour n'importe quelle fille - elle a pour tenter sa chance. Nous devons rester là et la voir le faire. J'aurais aimé que ce ne soit pas le cas. Je l'aimais tellement maman, et elle ressemble tellement à sa mère - pourquoi, j'aurais aimé - pourquoi, je J'aurais aimé... Bon sang, n'est-ce pas, j'aurais aimé que ce ne soit pas un pari si imprudent, si virulent et si infernal pour ce gamin !"

Ce n'était pas le moment pour moi de parler d'un homme engagé maintenant ! Peu à peu, le vieil homme cessa de regarder le feu, se leva et se coucha.

XIX - Eux et Bonnie Bell

C'était un bon endroit pour moi – probablement pas. J'étais là, contremaître au plein salaire, et obligé de jouer au niveau du patron, sans parler de la longue période où j'avais travaillé pour lui. Bien entendu, je devrais tout lui raconter à propos de cet homme à gages de Wisners ; mais comment pourrais-je ?

Il s'agit de savoir si je préférais le patron ou Bonnie Bell, ce qui n'est pas un endroit juste pour placer un homme. N'importe quel homme est susceptible de vouloir favoriser la femme dans un cas comme celui-là. Pour en venir aux affaires, j'ai découvert que j'aimais Bonnie Bell bien plus que je ne l'avais imaginé. J'étais en partie son père, tu sais, et je ne supportais pas de la voir malheureuse.

Le problème avec un cow-puncher, comme je l'ai dit, c'est qu'il n'a pas de véritable cerveau. Je n'avais jamais remarqué ça avant, parce qu'il n'est pas nécessaire d'être un puncheur sans cervelle, tant qu'on reste au ranch. Mais ici, j'en avais besoin tout de suite.

Chaque jour, je franchissais la clôture ; mais il n'y avait pas de travail à faire là-dessus, car les briques étaient en grande partie recollées dans le trou, et le mercenaire qui avait fait tout le mal, il le gardait de son côté, je ne l'ai plus jamais revu du tout.

Bonnie Bell ne m'a pas dit un mot, ni moi. J'ai pensé qu'elle devrait venir me voir et en discuter ; mais elle ne l'a pas fait. Je savais qu'elle n'avait pas dit un mot à son père, et je savais que moi non plus.

Tom, il a appelé trois fois la première semaine. D'une certaine manière , je ne me souciais pas beaucoup de lui , même si je savais que je devrais le faire. Bonnie Bell savait qu'elle le devrait aussi. Son père savait qu'il le devrait aussi. Si jamais un gars jouait à un jeu comme celui-là, avec toutes les voies graissées pour lui, c'était bien Tom.

Le vieux Wright se tourne vers moi un soir alors que nous étions en train d'allumer le feu dans notre chambre et il me dit :

"Eh bien, Curly, comment apprécies-tu maintenant dans cette position difficile et opprimée que la vie t'a donnée ?"

« Cela ne me plaît pas du tout, colonel, » dis-je ; "pas du tout, en aucun cas ."

« Pourquoi ne rejoignez-vous pas un syndicat de cow-punchers, alors ? » il ast . " Pshaw ! C'est une belle ville et je l'aime plutôt bien. Le jeu ici est facile à battre, plus facile qu'il ne l'était dans le Wyoming. Par exemple, l'autre jour, j'ai acheté un tas de terres à bois en Arizona, un endroit où Je n'y suis jamais allé et je ne veux pas y aller, parce qu'ils ont la fièvre des tiques là-bas, c'est scandaleux, et l'irrigation, qui est un crime. Eh bien, j'ai acheté ce bois seulement parce qu'un de mes amis voulait que je vienne avec lui ; et, pensant que je n'en savais rien, j'ai admis que je perdrais certainement pour une fois : je ne pourrais pas distinguer un pin d'une épicéa pour me sauver la vie. "

"Hein!" dis-je. "Je suppose qu'alors quelqu'un viendra et vous offrira le double de votre argent, peut-être ?"

"Non, ils ne l'ont pas fait", dit-il. "J'espérais qu'ils le feraient, mais ils ne l'ont pas fait. Non, c'est le vieil Oncle Sam qui est passé par cette partie de l'État, et il voit où nous avons le meilleur bois qui reste au sommet d'une chaîne de montagnes. là-dedans, et il admet qu'il devrait empêcher que ce bois soit jamais coupé ; alors il nous l'achète pour quatre fois ce que nous donnons pour cela - pas deux fois. L'Oncle Sam paie en argent réel.

"Hein!" dis-je. "Je n'ai jamais eu de difficulté comme vous, colonel, à trouver un jeu où je pourrais perdre de l'argent. Je suppose que vous avez peut-être aussi gagné de l'argent avec ça?"

"Un peu, peut-être. Au début, je n'ai investi qu'un peu - deux, trois cent mille dollars; pas beaucoup. J'espérais tellement pouvoir perdre un peu d'argent pour m'encourager en quelque sorte, vous savez. Mais ça ne sert à rien, Curly!" Et il soupire profondément.

" Vous avez ma sympathie , Colonel, " dis-je. " Si jamais vous avez besoin d'aide, afin de rendre le jeu plus intéressant, laissez-moi simplement m'installer et vous prendre la main. Je vous garantis sur mon dossier que je "Je vous ouvrirai les yeux sur la façon de perdre de l'argent."

"Très bien, Curly", dit-il. "Je vous demanderai un jour et peut-être cuivrerez vos paris. Je fais toujours cela lorsque mon avocat ou mon agent de change me donne des conseils. C'est le moyen le plus sûr au monde de gagner de l'argent ici, maintenant, en bourse.

"Par exemple, l'autre jour, ils m'ont dit d'aller à terre et d'acheter une grande quantité de Blue Mountain Steel, qui était certainement soutenue par les intérêts de JP Morgan et qui allait recevoir de nombreuses commandes de guerre. Donc je n'ai pas "J'ai acheté Steel Boat Electric Common à la place. Je n'en savais rien, mais quelqu'un a dû leur donner des ordres de guerre, des sous-marins ou autre. Je remarque que notre stock a augmenté d'environ deux cents pour cent ces dernières semaines. Je ne sais pas pourquoi les choses se passent ainsi", dit-il. "Ça me dérange beaucoup, Curly. Pourtant, je n'y ai mis que quelques centaines de milliers aussi.

"Je mets de côté les deux tiers de tout ce que je gagne dans cette ville au nom du gamin, Curly", dit-il. "C'est une fiducie de cinq pour cent pour de bon.

Cela devient horrible de voir le montant de son fonds ! Et, du mieux que je puisse faire, je ne peux pas m'empêcher d'augmenter en même temps. Il ne semble pas y avoir de fonds. C'est une façon pour nous de nous ruiner et de retourner à un travail honnête, comme élever des vaches - même si faire grandir quatre veaux là où il n'y en avait pas dans les buissons d'armoises auparavant, c'est vraiment utile dans le monde, guerre ou pas de guerre. "

Il est resté là pendant un certain temps à regarder le feu, sérieusement, et il est revenu au même endroit.

"Curly", dit-il, "s'il y a une créature créée sur ce marchepied humain que je déteste et méprise, et que tout homme du monde déteste et méprise, c'est bien l'homme qui épousera une fille pour son argent. Regardez ces ducs et autres qui viennent ici et épousent nos filles américaines. Je n'ai jamais tiré sur un duc, mais je le ferai si l'un d'eux explose ici et commence quelque chose comme ça avec notre fille.

"Peut-être qu'il ne viendra pas", dis-je. "On ne peut jamais le savoir."

« Curly », dit-il, « vous pouvez toujours le savoir ! Écoutez-moi. Il n'y a qu'une chose certaine dans le monde entier, ou deux. Si une fille est belle, les hommes viendront. Si elle est riche, les hommes viendront . "

"Qu'est ce que c'est?" dis-je. "Colonel, que voulez-vous dire par les clôtures ?"

"Je veux dire qu'il n'existe aucune clôture sur terre que vous puissiez construire pour empêcher les jeunes hommes d'approcher une belle fille qui a de l'argent."

" N'est- ce pas la vérité divine, Colonel !" dis-je. "Comment se fait-il que vous compreniez cela ?"

"Comment ? Comment se fait-il que je franchisse la clôture qui a été construite autour de la mère de Bonnie Bell, dans le Maryland, et que je l'emmène loin de là ? Mais quand je pense que, comme c'est assez, un idiot comme moi viendra . et franchir ma clôture et enlever ma fille, pour prendre des risques comme sa mère l'a fait - je vous le dis, cela me fait couler de la sueur.

"Eh bien, colonel", dis-je, "je pense que si un jeune homme vient ici, peu importe s'il entre par la porte d'entrée ou s'il se glisse sous la clôture, il doit montrer quelques revenus et être en bonne santé. façons?"

Il réfléchit un moment avant de répondre.

"C'est une question vraiment difficile, Curly", dit-il. "Je n'empêcherais pas un pauvre homme si j'étais à terre , s'il était sur la place. Ce ne serait pas si difficile de décider si elle n'avait pas d'argent ; mais elle en a, et cela ne peut pas être caché plus longtemps. ".

Il se lève et marche de long en large tout en parlant.

"Je déclare que si j'étais un jeune homme , je ne demanderais jamais à aucune jeune femme riche de m'épouser. J'aurais peur de la demander , de peur qu'elle ne me repère ou ne m'accuse, de quelque manière que ce soit. Je ne peux pas accepter qu'il n'y ait pas de jeune homme riche pour elle, car je ne peux pas lui faire confiance. Et je ne peux pas accepter qu'il n'y ait pas de jeune homme riche pour elle, car aucun d'entre eux . ça ne vaut rien , d'après ce que j'ai vu."

"Cela semble horrible , colonel, d'avoir des joues riches et belles."

"Oui", dit-il; "et ce n'est pas une blague non plus."

"Eh bien, colonel," dis-je, "prenez les maisons de cette rangée où nous vivons. Combien y a-t-il de jeunes hommes que nous puissions compter ?"

Il secoua la tête.

"Il n'y en a pas du tout qui mérite d'être mentionné, croyez-moi !" dit-il.

Je l'ai cru. Il ne restait plus que Tom pour l'entrée dans les Bonnie Bell Stakes. On aurait dit qu'il ne pouvait pas perdre.

XX - Ce que notre William a fait

Personne n'a dit un mot à Bonnie Bell à propos de Tom Kimberly — ni son père ni moi ; car elle était si silencieuse et silencieuse comme si nous ne parvenions pas à entrer par effraction de nos jours . Nous avons dû le laisser partir tel qu'il était prévu au tableau. Une chose, être amoureux ou ne pas l'être, peu importe ce que c'était, avait énormément changé Bonnie Bell. Ce n'était plus la même fille.

Autrefois, Bonnie Bell ne se souciait pas tant de son piano que des choses à l'extérieur, mais maintenant elle se mettait à tremper cette chose impuissante dans ses pores - parfois triste et solitaire, et parfois si fort qu'elle faillirait faire éclater le clés. Puis, peut-être qu'après avoir collé le rembourrage plusieurs fois, elle se mettait à regarder par la fenêtre, les mains sur les genoux - et si oubliant ses mains qu'elles restaient là, aussi petites qu'elles soient, sur les genoux . leur dos, avec les doigts relevés aux extrémités, et même ses pouces. Cela m'a fait regretter.

Puis elle coupait la musique pendant des jours et allait lire des livres, principalement près de la fenêtre, la tête penchée, comme si c'était un travail difficile .

"Qu'est-ce que tu lis, chérie ?" dis-je un jour. « Il me semble que ce doit être une histoire de malchance. Et pourquoi as-tu commencé à lire des livres à l'envers ?

"Absurdité!" dit-elle. "J'ai perfectionné ma sikéologie ", dit-elle. "C'était l'une de nos études supérieures — la dernière année que j'ai passée à Smith, vous savez."

"C'est pour quoi?" dis-je. "Est-ce que ça dit quelque chose sur s'il va pleuvoir mardi prochain ?" Je lui ai demandé .

"Eh bien, c'est quelque chose dont nous avons besoin pour nous entraîner à affronter les problèmes de la vie au fur et à mesure qu'ils arrivent, Curly", dit-elle.

"Est-ce que cela vous montre comment regarder en face n'importe quel jeune homme," dis-je, "quelqu'un qui a les cheveux coiffés en arrière et qui n'y participe pas, et qui joue La Paloma sur un banjo ou une guitare, et devinez à quoi il pense. , Bonnie?" dis-je.

Elle devint un peu rouge et tapota du pied sur le tapis.

« Que veux-tu dire, Curly ? dit-elle.

"Rien", dis-je. "Seulement je me demandais s'ils me mettraient dans un long manteau au mariage. Je n'ai jamais été obligé d'en porter un de toute ma vie."

"Eh bien, Curly", dit-elle, "si tu attends mon mariage , tu auras peut-être d'abord besoin du long manteau pour tes funérailles."

"Hein!" dis-je. "Hein! C'est vrai? Tu ne connais pas ton père", dis-je.

« Que veux-tu dire, Curly ? dit-elle, tranchante.

"Il ne va pas te loger toute ta vie, gamin", dis-je. "Il n'en a plus les moyens maintenant."

"Je pense que papa ne s'inquiète pas beaucoup", dit-elle.

"Es-tu tellement à terre, gamin ?" lui dis-je. "Maintenant, regarde ici : je suis, disons, la moitié de ton père. Je ne t'ai pas dit un mot à propos de certaines choses. De plus, je n'en ai pas non plus dit un mot à ton père."

"Je le sais, Curly", dit-elle en me regardant soudain. "Je t'aime pour ça. Tu es un grand homme, Curly!"

"Je suis un homme inquiet", dis-je. "J'ai repris mon travail avec ton père."

« Est-ce que tu ressens cela, Curly ? dit-elle, et elle avait l'air effrayée. "Et est-ce ma faute ?"

"Je fais le Shore et le Shore l'est", dis-je.

"Mais tu n'as pas dit un mot."

"Non pas encore."

"Ne le fais pas, Curly!" dit-elle très vite. « Ne… oh, s'il te plaît, ne le fais pas !

Elle pose alors sa main sur mon bras et me regarde dans les yeux.

Elle m'a fait buffler sur place. Je ne pouvais pas retirer sa main de mon bras. Je n'ai pas pu m'empêcher de le caresser quand il était là.

"Oh zut!" lui dis-je. "Viens maintenant!"

À ce moment-là, notre William est entré à la porte, est resté là et a toussé comme il le faisait quand il avait quelque chose en tête.

" Hum ! " dit-il, triste comme.

"Qu'est-ce qu'il y a, William ?" dit Bonnie Bell en le regardant.

« Je vous demande pardon, madame, mais pourrais-je parler un instant avec M. Wilson ? »

Vous voyez, il m'a appelé M. Wilson, c'est mon nom de famille. C'était dans la Bible, sinon je l'aurais probablement oublié .

"Oh, très bien", dis-je; et je me suis levé et je suis sorti avec lui.

Il se tenait dans son petit couloir quand je suis sorti, et il a notre chien de Boston, Peanut, attaché à un pied de chaise avec un morceau de corde. Peanut m'a aboyé de joie, pensant que j'allais peut-être l'emmener dehors.

« Excusez- moi, monsieur, dit William très tristement, mais ce petit chien est l' objet de mes soupçons, monsieur. »

"Qu'est ce que c'est?" dis-je. "De quoi le soupçonnez-vous... de détournement de fonds , peut-être ?"

William se penche alors et dénoue quelque chose que Peanut a attaché dans son col. C'était une enveloppe. Il n'y avait pas de nom dessus.

"C'est le troisième que Hi trouve sur moi ", dit William. "Salut, j'ai les deux autres dans mon bureau. Salut, je ne sais pas, monsieur, à qui ils peuvent être destinés , monsieur."

"Eh bien, qui les a envoyés ? Est-ce que quelqu'un va faire exploser notre maison à moins que nous mettions douze mille dollars sous une pierre sur le trottoir ?"

"C'est ce que je souhaite savoir , monsieur. Il s'est alarmé", dit William. "Salut, je pensais que Salut Je vous en parle , monsieur, M. Wright n'étant pas à chez nous .

"Pourquoi n'avez-vous pas demandé à Miss Wright ?" dis-je.

"Salut, je ne voulais peut-être pas l'alarmer."

Nous étions là, avec cette lettre dans nos mains, à la parcourir.

"Tu dis que tu ne sais pas où était ce chien ?" dis-je.

"Oh non, monsieur, bien au contraire. Je ne doute pas qu'il ait souvent vécu le... ahum ! — ahum ! ———"

"Eh bien, combien de fois a-t-il subi le ahum , William ?" dis-je. "Pourquoi l'avez-vous laissé partir ? Vous savez que c'est contre les ordres."

"Salut, je suis assez innocent de Hany "Une infraction à mes devoirs", dit-il. "Au contraire, j'ai surveillé ce chien Peanut de très près, monsieur. Pourtant, parfois, il est absent . Je pense que les notes viennent de l' autre côté de la barrière, monsieur. Mais il doit s'agir de leur tenue et de leur contenu, monsieur. Salut vous assure , bonjour. bruyamment ignorant ; et c'est pour cette raison que Salut vous a demandé de venir voir celui-ci. Le coup est juste à "et, monsieur."

Je lui ai pris ces trois lettres et je les ai ouvertes, moi étant contremaître ; mais quand j'ai commencé à lire, je n'ai pas dit à William de quoi il s'agissait. J'ai seulement ri à haute voix, aussi fort que possible.

"Ce n'est qu'une blague, William", dis-je. "N'y prête pas attention. Tu vois, Peanut est encore venu là-bas pour déterrer des pétunies ", dis-je.

Je suis retourné dans la pièce où se trouvait Bonnie Bell. Je l'ai regardée pendant un moment.

"Miss Wright", dis-je - la deuxième fois que je l'ai appelée ainsi - "J'ai joué le jeu avec vous sur la place, n'est-ce pas ? Vous m'avez remercié pour cela."

"Oui, Curly ; oui", dit-elle, "Pourquoi ?"

"As-tu joué sur la place avec moi ?"

"Oui, Curly, je l'ai fait."

"Je t'ai dit de ne plus rien avoir à faire de l'autre côté de la clôture, n'est-ce pas ?"

"Oui. Je ne l'ai pas fait."

"Est-ce vrai, Bonnie Bell Wright ?" dis-je. "Alors qu'est-ce que c'est ?"

Je lui ai mis dans la main le billet, celui que j'avais lu. C'était mon affaire de faire ça, comme ça me venait.

"Lis-le", lui dis-je.

D'aussi loin que je me souvienne, cela fonctionnait comme ceci :

Pourquoi ne reviens-tu pas ? Quand te verrai-je ? Je suis au même endroit tous les jours et j'attends et j'attends. S'il te plaît! S'il te plaît! S'il te plaît!

Il n'était pas signé sans nom, juste « The Man Next Door ».

Bonnie Bell est devenue pâle comme un drap en lisant cela.

"Curly", dit-elle, "je ne l'ai jamais vu auparavant."

Je l'ai crue. Elle aurait préféré mourir plutôt que de me mentir directement. Peut-être qu'elle mentirait un peu — presque n'importe quelle femme le ferait — mais pas directement de l'épaule entre les yeux. Alors je la croyais maintenant.

"Lis le suivant", dis-je.

« As-tu lu mes lettres, Curly ? dit-elle. Elle me regardait sauvagement maintenant.

« J'en ai lu un, dis- je , et une partie du suivant. Je n'ai pas seulement lu la première page de celui-là. Je n'ai pas lu l'autre du tout. Mais j'ai lu assez.

Sur la première page de cette deuxième lettre il y avait quelque chose de plus :

J'ai attendu et attendu [dit-il]. Je n'aurais jamais dû vous rencontrer comme je l'ai fait – je n'aurais jamais dû dire ce que j'ai fait. Je suis dans la plus profonde détresse à cause de tout cela, car je ne serais pas coupable d'un acte susceptible de vous causer de la peine. Comment pourrais-je quand je——

C'est là que se terminait la première page et que commençait la deuxième page.

« As-tu tout lu, Curly ? me dit-elle encore une fois.

"Non, seulement la première page", dis- je . "Ce dernier, nous venons d' enlever le collier de Peanut. Il les a amenés."

Elle lisait maintenant la dernière lettre, celle que je n'avais jamais vue. Son visage est devenu doux d'une manière ou d'une autre. Ses yeux sont devenus plus grands, plus brillants et plus doux aussi.

Elle a plié les lettres, les a mises sur ses genoux et m'a regardé.

"Tu n'as pas lu toutes mes lettres, Curly ?" dit-elle.

"Non", dis-je; "et je ne lirai plus jamais. Il ne doit plus y en avoir, Bonnie Bell. Tu le sais."

"Oui", dit-elle; "Je sais que."

Mais d'une manière ou d'une autre, elle ne semblait pas malheureuse comme elle aurait dû l'être. Je pouvais voir ça.

"Comment Peanut a-t-il pu passer la clôture, Curly ?" dit-elle enfin.

"Il y a un trou dans le coin inférieur près de la garrigue . Je pensais qu'il était fermé. Leur employé l'a creusé. Il a dit que c'était pour laisser passer Peanut et s'amuser à déterrer leurs pétunies " , dis-je, "ou pour avoir une bagarre sociable avec leur chien. Je pense que c'est comme ça que Peanut s'en est sorti. C'était assez facile d'attacher des choses à son cou. Que ce soit une chose simple à faire, qu'il sache ce qu'il fait - eh bien, c'est quelque chose que vous devriez savoir. "

Elle n'a rien dit à cela.

« Un homme honorable, dis-je, se présenterait à la porte d'entrée, Bonnie Bell.

« Il n'a eu aucune part à cette querelle », dit Bonnie Bell ; enfin, tranquille comme. "Pourquoi lui en vouloir ?"

Cela m'a fait chaud.

"Pourquoi lui en vouloir ?" Je me suis éclaté : « Ne l'ai-je pas vu ? Ne l' ai - je pas entendu ? Moi, "Je dois le dire au vieil homme. J'espérais que je n'aurais jamais à le faire. Mais maintenant je dois le faire. Le pari le plus sûr que vous ayez jamais fait est que l'enfer éclatera!"

Elle s'est alors retournée très rapidement et a bondi sur ses pieds, et son visage était si blanc que cela m'a fait peur. Elle est revenue et a mis ses bras autour de mon cou et m'a regardé.

"Chérie," dis-je, "tu nous as eu tort, terriblement tort ! Maintenant, nous, les hommes, devons régler les problèmes du mieux que nous pouvons."

"Arrête, Curly!" dit-elle, et elle m'a secoué par l'épaule. "Arrêtez ! C'est... c'est un homme bon. Il est... il est honnête. Il a de bonnes intentions. Donnez-lui une chance."

"Il ne mérite aucune chance", dis-je, "et il n'en aura aucune."

"C'était le mieux qu'il pouvait faire ! Il n'avait aucune chance de venir ici ouvertement – pas une chance au monde. Peut-être qu'il voulait seulement dire au revoir… oh, comment le sais-tu ?"

"Est-ce qu'il a dit au revoir ou bonjour dans cette dernière lettre, Bonnie Bell ?" Je lui ai demandé . "Cela ne fait pas beaucoup de différence de toute façon."

"Je ne te dirai pas ce qu'il a dit, Curly," me lança-t-elle maintenant. "Je dis seulement qu'il a fait de son mieux. Il a demandé sa chance, c'est tout."

"Sa chance ! L'homme de main du pire ennemi que nous ayons ! Sa chance ! Sa chance ! Quelle chance vous a-t-il donné ? Est-il juste de jouer au jeu où tout votre bonheur est en jeu ? Oh, Bonnie, vous ne le faites pas. tu t'occupes de lui ?" dis-je. "Et maintenant, et toi ?"

Elle n'a pas dit un mot et je me suis tourné vers la porte.

"Où vas-tu, Curly?" dit-elle en venant après moi.

"Je vais en ville", lui dis- je.

"Pourquoi?"

"Pour voir ton père", dis-je. "Je dois tout lui dire et le faire maintenant."

Elle a alors couru rapidement vers moi et ses bras sont revenus autour de mon cou.

"Oh, Bouclé ! Bouclé !" elle dit; et elle pleurait maintenant. "Oh, qu'est-ce que j'ai fait ? Ça tuerait papa si quelque chose de ça sortait – je ne pouvais pas le supporter. Je ne supporte pas d'y penser, Curly. Je ne peux pas ! Je ne peux pas !"

"Pourquoi tu ne peux pas, Bonnie?" dis-je.

"Parce que, Curly" - elle m'a encore pris par les bras et elle pleurait fort - "parce que - je vais devoir te le dire - il faudra que je le fasse, Curly. Je n'y peux rien ! Je ne l'ai pas fait. Je voulais que cela se produise — je me suis battu pour empêcher que cela se produise aussi longtemps que je le pouvais — je ne voulais pas que cela se passe de cette façon. C'était difficile — tellement terriblement dur. J'ai essayé par tous les moyens possibles; mais je ne peux pas —Je n'y *peux* rien, Curly ! Je ne peux pas ! Je ne peux pas ! Ça ne sert à rien !" Elle continue de courir, encore et encore.

"Qu'est-ce qu'il y a, Bonnie ?" dis-je. "L'aimes-tu ?"

"Oui, oui, c'est vrai ! Oui, Curly, je l'aime !"

XXI - La façon de penser de son père

"Autant que je puisse l'imaginer, Curly", me dit Old Man Wright peu après ce qui s'est passé entre moi et Bonnie Bell - "autant que je puisse imaginer, Old Man Wisner a fait de la publicité en disant que l'ancien Circle Arrow Range est un super petit endroit. pour l'honnête granger qui cultive des bananes, des ananas et d'autres fruits tropicaux.

"Il n'y en a pas ", dis-je, "sauf les tomates, et celles-ci dans des boîtes de conserve."

"L'honnête yeoman", dit-il, "selon la description du vieil homme Wisner, il n'est jamais obligé de manger quelque chose d'aussi commun que du pain et du beurre, pas après avoir acheté une partie de cette terre à quatre cent cinquante dollars l' acre. Il vit désormais de langues d'oiseaux et de souflay d'omelette, et tout ce qu'il a à faire est de s'asseoir sur sa large véranda et de regarder ses troupeaux mugir augmenter et se multiplier à quatre-vingt-cinq dollars par tête - et les prix monter tout le temps . "Est-ce que ça va, Curly ? Les choses n'arrivaient jamais à ce moment-là quand toi et moi possédions cette cuisinière, n'est-ce pas ?"

"Pas à peine", dis-je.

"Non", dit le vieil homme, tombant dans l'un de ses sorts de réflexion. "Non, ils ne l'ont pas fait."

Puis après environ une demi- heure, il dit :

"Ils ne le peuvent pas non plus. Cela coûtera à ce vieil avare, Dave Wisner, environ trois ou quatre millions de dollars", dit-il. "Il a consacré sa vie, sa fortune et son honneur sacré à ce projet d'irrigation, et il aura de la chance s'il parvient à en finir avec l'un d'entre eux avant que j'annule."

« Colonel, dis-je, vous et lui me faites penser à deux vieux Galloways sur le champ de tir, debout face à face et poussant pendant environ deux heures à la fois. Seulement, vous deux poussez depuis quelques heures. années."

"Euh-huh !" dit-il. « Mais je suis vraiment joyeux ; et je ne sens pas encore que mon cou n'en lâche rien », dit-il ; et il se frotte la main de haut en bas.

"Est-ce que Tom Kimberly est venu ici récemment ?" le vieil homme m'a demandé , très soudainement , juste après, alors que je ne lui avais rien dit.

"Il était ici cet après-midi", dis-je. "Il s'enquit de Miss Bonnie. Elle dit qu'elle était malade, qu'elle avait un rhume et qu'elle ne pouvait voir personne."

"Je donnerai à Tom soixante jours pour proposer à Bonnie Bell", dit-il. " S'il ne le fait pas , alors je devrai le faire. Cela ne va pas de soi que cette fille va avoir un gros rhume qui va durer soixante jours ; donc elle sera parfois à la maison quand il viendra. Je Je sais ce que sa mère et son père en pensent, et je sais ce que je ressens aussi. Peut-être que nous pourrions amener Tom à séparer ses cheveux après un moment, ou à adopter une habitude virile comme mâcher du tabac au lieu de toucher la guitare légère. Juste pour prendre à le regarder, je dirais qu'il s'est rasé avec un de ces petits rasoirs comme une houe. Pour autant que je sache, il peut porter des jarretières. Pourtant, le temps modifie beaucoup de choses.

« Il épouse des têtes couronnées quand il entre dans notre famille, continue-t-il, parce que je suis échevin ici, et si mes taches de rousseur durent, je risque de continuer à être échevin . dans les journaux que j'étais complètement fauché et que je dépendais des économies qu'un vieux serviteur fidèle - c'est toi, Curly - m'avait apporté en cas de besoin. Mais j'ai bien peur qu'il ne soit trop tard pour cela maintenant, même si le moment est venu de tester ces choses se passent avant les obsèques du mariage et non après.

« Colonel, dis-je, supposons qu'un jeune homme vienne sans famille, ni argent, mais qu'il ait les cheveux séparés, qu'il se rase avec un vrai rasoir, qu'il ne porte pas de jarretelles, et qu'il arrive. du tabac, et il avait l'air vraiment costaud, qu'en penseriez-vous ? »

"Je pensais que le millénaire était arrivé , ici à Chicago", déclare Old Man Wright. "Je ne nierai pas, Curly, si j'avais trouvé un jeune homme capable de monter à cheval et de mâcher du tabac, je n'aurais pas eu besoin de penser à lui à deux fois - toujours à condition qu'il joue à un jeu grand ouvert et se comporte comme il savait ce qu'il voulait.

"Nous ne semblons pas nous réunir", dis-je, découragé.

"Se réunir!" dit-il. "Que veux-tu dire?"

"Oh, rien", dis-je.

XXII - Moi et leur clôture

J'ai dû l'admettre : j'avais perdu mon sang-froid. J'ai essayé plus d' une quinzaine de fois de sortir et de raconter à Old Man Wright les lettres Peanut de leur employé à Bonnie Bell, et je ne pouvais pas – je voyais son visage à chaque fois s'interposer entre lui et moi.

J'ai gardé les yeux rivés sur ce trou dans la clôture. J'étais assis là en train de réparer les briques, prêt à les mettre en place, quand j'ai entendu quelqu'un parler de l'autre côté de la clôture. On ne pouvait voir personne à travers la clôture, pas plus, même s'ils se trouvaient à des milliers de kilomètres ; mais on pouvait les entendre parler , là, à travers le trou. Je pouvais dire qui était l'un d' eux : c'était la voix de la vieille dame Wisner. Elle avait la voix d'une femme qui a un nez d' aigle . Mais je ne pouvais pas dire à qui elle parlait, car personne ne semblait répondre grand-chose au début.
"James", dit-elle, "James, qu'est-ce que tu fais là ?"
Personne n'a répondu, mais j'étais sûr qu'elle parlait maintenant à leur jardinier. Il était donc chez lui !
"Qui a fait ce trou ? Qui a fait ça, James ?" dit-elle encore. "Qui a fait ce trou dans le mur ?"
Pourtant, il ne répondit rien ; et elle continua :
"Je vois ! Il doit s'agir de certains de ces horribles Wright qui vivent là-bas. Comment osent-ils briser notre clôture ? Je vais les poursuivre en justice !"
"Oh, non, tu ne le feras pas. Cela a été fait de ce côté-ci, je peux te le dire."
Je connaissais sa voix. C'était lui.
"Quiconque l'a fait", a-t-il poursuivi, "je vais le fermer. J'ai vu leur chien dans notre jardin l'autre jour. L'avez-vous vu ici aujourd'hui ?"
"Non, ce même affreux petit chien ?" dit-elle. "Ce sont les pires personnes, James ! Je suis certainement heureux que tu ne veuilles rien avoir à faire avec eux, même avec leur chien. Mais, bien sûr, tu ne peux pas."
"Non, cela ne semblait pas être le cas", dit-il.
"Que veux-tu dire?" dit-elle, dure . "Quant à leur servante, j'ai été inexprimablement choqué, James, quand j'ai découvert que jusqu'à présent tu t'étais oublié—"
"Je n'en dirais pas plus", assure-t-il.

"Je dirai tout ce que je veux, et n'oubliez pas qui vous êtes ! Les David Wisner ne peuvent pas se permettre de laisser entendre qu'ils s'associent de quelque manière que ce soit à la famille Wright. Même nos domestiques ne peuvent pas nous rendre visite. Je' Je m'en doutais depuis un moment."

"Eh bien, c'est assez clair", dit-il. "Je ne vois pas l'utilité d'essayer de rendre les choses plus claires. Cela ne sert à rien de les frotter."

"Si j'avais un domestique", dit-elle, pointant à droite, "qui regarderait les meilleurs d'entre eux, je le renverrais dès que je le sais. J'ai un œil sur Emmy, ma femme de chambre du deuxième étage. , aussi. Tout ce que je peux dire, c'est que vous feriez mieux d'être plus prudents, ou, la première chose que certains d'entre vous savent... "

« Naturellement, dit-il, je peux l'imaginer, dit-il. "C'est l'enfer d'appartenir aux classes inférieures !"

« Que veux-tu dire, James ? dit-elle solennellement, je n'accepterai pas de grossièretés de votre part ! D'ailleurs, vous parlez comme une personne socialiste, et je n'accepterai pas cela.

"Socialiste, hein ? Eh bien, je l'avoue, si j'avais tout l'argent du monde", dit-il, "ni les murs ni les barreaux ne feraient de différence pour moi. Et ils ne le feraient pas non plus quand je n'en aurais pas. "

"James, tu me choques continuellement au-delà des mots !" dit-elle, haletante. "Quels mots de la part d'une personne dans votre position dans la vie !"

Il ne dit pas grand-chose à ce moment-là, mais se contenta de grogner, comme s'il était en colère.

"James", dit-elle, "qu'est-ce que tu fais, qu'est-ce que tu manges ?"

"C'est du bon vieux tabac que je mange", dit-il. "J'ai découvert la marque dans l'Ouest et je n'en ai pas utilisé d'autre depuis."

"James ! James !" dit-elle. "C'est à vous de mâcher cette sale herbe ! C'est impossible !"

"Non, ce n'est pas le cas ", dit-il. "Vous me regardez et je vous montrerai à quel point c'est loin d'être impossible. Je l'aime et j'aime ça, comme n'importe quel autre socialiste ; et je veux que vous compreniez, madame, que je suis mon propre homme, tabac et tout, pendant que je reste ici. Si vous n'aimez pas ça, virez-moi encore !

Elle a recommencé à haleter, comme je l'avais déjà entendue.

"Tu t'en fiches !" dit-elle. "Rien n'est sacré pour toi !"

Ces deux-là m'ont fait deviner. J'avais entendu parler de femmes d'âge moyen qui se passionnaient pour les chauffores . Alors pourquoi pas les jardiniers ? Il se passait quelque chose entre eux deux, sinon pourquoi serait-elle si jalouse ? Et pourquoi devrait-il être si impertinent avec elle ? Je me demandais ce que penserait le vieil homme Wisner s'il savait ce que je savais maintenant sur sa femme. Est-ce que cela n'a pas encore amélioré les choses ? Je ne lui dirais pas, bien sûr ; mais cela n'a-t-il pas dépassé le nombre de secrets dans lesquels je m'embarquais ?

Ces gens-là n'avaient pas grand-chose sur nous, après tout ; car cet homme à gages était un oiseau gai et jouait des deux côtés de la clôture. J'ai vu qu'il était socialiste, d'accord, mais, Seigneur, elle, avec ce visage !

XXIII - Tom et elle

Tom Kimberly, il vient régulièrement chez nous maintenant. Chaque jour, il envoyait des fleurs en paquets, comme s'il possédait un ranch de fleurs quelque part. Bonnie Bell les a placés dans la salle à manger, dans la salle de musique, dans les salons de réception, dans les escaliers et dans les chambres, et même dans notre salle du ranch.

disent les journaux à propos des mauvaises récoltes, ma sœur", dis-je un matin lorsqu'un bouquet de roses rouges sort à peu près aussi gros qu'une gerbe d'un auto-liant, "la récolte de fleurs est abondante cette année, n'est-ce pas ? ? De même, il semble que cela s'améliore en cours.

"C'est un bon garçon", dit-elle au bout d'un moment, "un bon garçon. Et il vient d'une si bonne famille, et j'aime tellement tous ses gens. Et Katherine, que pourrais-je faire sans Katherine ?"

"Euh-huh !" dis-je. « Bien sûr , si vous aimez la sœur d'un jeune homme, vous devriez l'épouser. Cela va de soi, n'est-ce pas ? dis-je.

les aime tous – M. Kimberly et la mère de Tom."

" Shore , c'est vrai ! Pour toutes ces raisons, tu devrais épouser ce garçon. Peu importe l'amour. "

"Ce sont les meilleures personnes que nous ayons rencontrées dans cette ville", dit-elle, "et il n'y en a pas de meilleures dans aucune ville. Ce ne sont pas seulement des gens charmants, mais aussi de bonnes personnes. Ils ont tout ce qu'on peut demander, Bouclé."

"Oui", dis-je; "Il va donc de soi que vous devriez épouser cette famille", dis-je. "Voici les meilleures choses pour lesquelles nous venons. L'amour n'est pas dedans."

Vous voyez, j'étais la moitié de son père. Nous l'avions élevée ensemble depuis un bébé. Je ne pouvais pas dire au vieil homme ce que je savais, mais je devais lui parler comme son père aurait parlé . J'ai admis que si elle se mariait rapidement avec Tom Kimberly, cela empêcherait les choses de se déchaîner comme elles le pourraient et m'éviterait d'avoir à parler à Old Man Wright de l'homme d'à côté. J'en savais beaucoup plus sur lui maintenant que je ne lui dirais pas. Je pensais qu'elle l'oublierait.

Eh bien, elle est restée toute cette journée à se morfondre, avec un livre de poésie verte sur ses genoux ; et elle avait une lettre entre les mains. Il n'est pas non plus arrivé par la route des Peanuts, mais par le facteur. C'était carré.

"Dis-moi, est-ce que ça vient de Tom Kimberly, Bonnie ?" dis-je.

« Cela ne vous regarde absolument pas, M. Curly Wilson », dit-elle ; "et je ne vous le dirais en aucun cas. Mais c'est le cas."

"Laisse-moi voir", dis-je.

"En effet!" Elle me regarde droit dans les yeux.

"Ne me dis pas un mot, ma sœur", dis-je. "Je ne suis pas si dure que tu le penses."

"Il vient ce soir", me dit Bonnie Bell au bout d'un moment.

"C'est pour avoir sa réponse ?" astes-je ; et elle hocha alors la tête.

"Eh bien, colonel", dis-je au vieil homme ce soir-là, quand il entra et que nous prenions une collation avant le dîner, "je pense que j'ai enfin réglé tout ça. Cela a été une tâche difficile pour moi, étant à moitié un père pour une fille comme la nôtre ; mais je l'ai fait. "

"Est-ce vrai, Curly ?" dit-il. "Eh bien, ça a été une corvée, n'est-ce pas , pour nous deux ? Eh bien, comment !"

Lorsque Old Man Wright prenait un verre , il ne disait jamais « Voici comment ! » Il a juste dit "Comment !" qui est occidental. Quand un homme dit « Voici comment ! » il vient de l'Est et fait de son mieux pour le cacher.

"Comment!" dis-je. "Et bonne santé au jeune et heureux couple."

"Qu'est ce que c'est?" dit-il soudain. "Est-ce qu'il s'est passé quelque chose ? Elle ne m'a rien dit. Pourquoi est-elle si bouche bée avec moi, Curly, et si libre avec toi ?"

"Oh, c'est une façon que j'ai avec les femmes", dis-je.

"Ils viennent tous me raconter leurs ennuis. C'est parce que j'ai les cheveux roux et un visage ouvert."

"Dis-moi, qu'est-ce que ma copine a confié à tes cheveux roux et à ton visage ouvert ?" dit-il. "J'aimerais savoir."

"Vous avez remarqué beaucoup de fleurs ces dernières semaines ?" dis-je.

"Je n'ai rien remarqué d'autre", dit-il.

"Et cela ne vous a rien fait penser ?"

" Oh, oui, c'est vrai ; seulement je ne voulais rien dire à l'enfant – je ne voulais pas essayer de l'influencer de quelque manière que ce soit, dans une période comme celle-ci. Seulement, je lui ai dit tout à fait il y a quelque temps que Tom Kimberly était le seul jeune homme que j'ai vu en ville et que j'autoriserais à venir. Je lui ai seulement dit que le vieil homme était mon meilleur ami et que j'aimais la mère de Tom autant que possible. femme aux cheveux gris.

" Pourtant, j'ai dit que les cheveux gris étaient bien pour une grand-mère. Eh bien, Curly ", dit-il, " j'ai été très réfléchi et plein de tact. Je n'ai pas dit un mot pour faire savoir à Bonnie Bell ce que je pensais de Tom Kimberly. Je Je crois qu'il faut laisser une jeune fille libre de suivre son propre esprit et son cœur.

"Euh-huh ! Oui, c'est vrai !" dis-je. "La vérité est, Colonel, que vous croyez à la gestion de tout le ranch ici comme vous le faisiez dans l'Ouest. Maintenant, si seulement vous restiez en dehors de ce jeu et me laissiez seul, vous constateriez que les choses se passeraient bien . beaucoup mieux", dis-je.

"Mais je viens de dire que je n'ai pas dit un mot", dit-il. "Elle peut faire ce qu'elle veut pour se marier———"

"Juste pour qu'elle épouse Tom Kimberly", dis-je. " N'est- ce pas à propos de ça ?"

"Eh bien," dit-il enfin, "c'est peut-être à peu près tout ; oui."

Je me suis levé et je suis sorti de la pièce. Je ne lui parlerais plus. Il n'était pas toujours cohérent avec lui-même et chaque fois que je lui parlais, il me devenait plus difficile de conserver mon travail.

Quoi qu'il en soit, Tom est venu ce soir-là. Il n'irait pas dans la salle du ranch ; mais il a fait une sorte de conversation sur la musique, d'une chose ou d'une autre, et il a emmené Bonnie Bell dans la salle de musique. Mais elle ne jouait pas et lui non plus. De là, ils ont dû sortir dans notre maison de fleurs, qui s'appelle le conservatoire . Je n'ai alors rien entendu pendant longtemps. Old Man Wright, il se couche enfin, agréablement comme s'il avait mangé tous les canaris du magasin. Moi, je n'étais pas si rivage.

Ce n'était pas bien pour moi de penser à ces jeunes, je pense ; mais je restais là, agité, sachant ce qui se passait et ce que cela signifiait, et me demandant tout le temps de quoi parlaient ces deux jeunes gens. Cela m'a fait rêver aussi, et j'ai commencé à réfléchir à toute cette foutue question des filles et des jeunes hommes. J'ai commencé à comprendre que ce pour quoi Old Man Wright et moi avions travaillé toute notre vie ne durait qu'une heure environ dans notre conservatoire . C'était pour elle, c'était tout. Si elle choisissait maintenant, elle serait heureuse, et nous le serions aussi. Mais si elle ne le faisait pas, à quoi servaient tout l'argent et tout le travail de son père ?

Quelle chance de bonheur y aurait-il pour lui dans ce monde si elle n'était pas heureuse ? Il aimait la fille de la tête aux pieds, comme il avait aimé sa mère. Il était enveloppé en elle. Si les choses ne se passaient pas bien, cela allait être très difficile pour lui. Il ne se remettrait jamais de ce qui pouvait signifier le malheur de Bonnie Bell.

Donc ce que Tom faisait dans notre conservatoire vers dix ou onze heures, c'était régler le bonheur de Bonnie Bell et de son père – et de moi, si l'on peut dire que je comptais.

"Eh bien", me dis-je enfin, "c'est ainsi que l'on joue dans les villes. La fille doit réfléchir à un tas de choses qui ne dérangent pas tellement dans le Wyoming. Ce n'est pas la même chose que si Bonnie Bell était pore et qu'il l'était aussi. C'est un bon match – si un match peut être assez bon pour elle. Elle oubliera.

Je pouvais presque la voir debout là, toute dans sa soie bleu pâle et ses petites pantoufles bleu pâle, avec ses cheveux attachés en bandeau, comme elle l'était lorsqu'elle descendait l'escalier ce soir-là, souriante mais toujours là , quand elle a su que Tom arrivait. Je pouvais la voir... Oh, merde ! Qu'est-ce qu'un cow-boy a à voir avec des choses pareilles ? J'aurais aimé être sur le terrain, là où j'appartenais.

Je suis resté là, je ne sais pas combien de temps – peut-être que je me suis endormi une ou deux fois – quand j'ai entendu la porte d'entrée se fermer doucement et j'ai su que quelqu'un était sorti – je ne savais pas qui c'était. Après cela, j'ai attendu longtemps, mais personne n'est entré et personne n'a parlé.

Peu à peu, j'entendis sa robe bruisser, et elle entra dans notre chambre, où j'étais assis.

Elle était blanche comme un fantôme – je n'ai jamais vu quelqu'un d'aussi blanc qu'elle. Elle ne savait pas que j'étais là, et elle a levé les mains vers son visage et a presque crié quand je bougeais. Puis elle s'est dirigée vers notre salon en cuir brut et s'est assise, et a serré ses mains si fort que je pouvais voir que ses jointures étaient blanches. Elle savait que j'étais là, mais elle ne semblait pas me voir.

Je n'ai pas dit un mot. Quand une femme se bat de cette façon, ce n'est pas le moment de s'en mêler. J'aurais aimé sortir de là, mais je n'ai pas osé y aller. Elle s'installa, regarda le feu et se tordit les mains. Chaque fois que vous voyez un cheval se tordre la queue, c'est qu'il est foutu. Chaque fois que vous voyez une femme se tordre les mains de cette façon, elle est à fond ; et elle souffre sur le rivage. Mais je devais rester là et la voir souffrir.

"Bonnie", dis-je, "qu'est-ce qu'il y a ?"

Elle tourne ses yeux vers moi, et ils étaient grands ouverts et horribles.

"Curly", dit-elle, "j'ai des ennuis. C'est affreux ! Je ne sais pas..."

"Qu'est-ce qui est horrible ?" dis-je. " Que s'est-il passé, Bonnie, ma fille ? Dis-le au vieux Curly, et il ne dira mot à personne. Je suis avec toi, n'importe quelle sorte de jeu, mais ne regarde plus comme ça. "

"Curly", dit-elle, "c'est arrivé ! Je... je ne savais pas..."

"Qu'est-ce qui s'est passé ?" dis-je. " Parlez-en à ce vieux Curly, n'est-ce pas ? Je ferai tout ce que je peux pour vous aider."

Elle resta assise un moment et quand elle parla, ce n'était qu'à voix basse.

"Je—je suis une femme !" dit-elle. "Je ne savais pas ! Je suis... je suis une femme. Je ne suis plus une fille. Je suis une femme..."

Elle se leva maintenant et resta là aussi droite que si elle était taillée dans du marbre, et sa robe de soie pendait autour de ses jambes, et elle se tordait toujours les mains et ses yeux étaient grands ouverts. Mais elle ne pleurait pas.

"Je ne savais pas", dit-elle. "Je n'aurais jamais cru que ce serait ainsi. Je ne savais pas."

"Tu ne savais pas quoi, chérie ?" dis-je. "Il y a des tas de choses que nous ne savons pas tous. Mais y a-t-il quelque chose que ton vieil ami Curly puisse faire pour toi maintenant ? Écoute, ma sœur, je t'ai très à cœur", dis- je . Curly, n'est-ce pas, qu'est-ce qui ne va pas ? Ton père vient juste de se coucher. Dois-je aller le chercher ?

"Non, non, non ! Pour l'amour de Dieu , non ! Je ne peux pas le voir, je ne pourrais jamais lui dire."

"Il faut le dire", dis-je.

Puis elle hocha la tête de haut en bas, rapidement , et ne dit rien.

"Ce ne sont pas vraiment mes affaires", dis-je, "mais toi et lui... Eh bien, maintenant..."

"Vous les hommes——" Elle s'effondra. « Vous les hommes, que savez-vous d'une fille ? Que m'avez-vous fait, les hommes ?

"Nous avons fait tout ce que nous savions faire pour vous dans le monde de Dieu Tout-Puissant", dis-je. "Nous aurions fait davantage pour vous si nous avions su comment."

"Ah, c'est vrai ! Tu as fait de moi la fille la plus malheureuse du monde."

Je ne pouvais pas dire un mot à ce sujet. Cela m'a traversé comme un coup de couteau. J'étais heureux que Old Man Wright ne soit pas là pour l'entendre. J'ai alors vu que lui et moi avions échoué. Nous ne pouvions jamais jouer à aucun autre jeu, car c'était la seule fille que nous avions.

« Vous m'avez amenée ici, dit-elle, et j'ai été comme une prisonnière. Mais j'ai fait tout ce que j'ai pu.

"Tu n'as pas aimé ici ?" dis-je. "Nous avons fait beaucoup pour vous. Ne nous aimez-vous pas?"

"Comme toi, Curly ?" dit-elle. "Je t'aime Je t'aime!"

Elle est venue maintenant, m'a pris par les épaules et m'a secoué. Je ne savais pas qu'elle était si forte avant.

"Je vous aime, je vous aime tous les deux", dit-elle. "Je mourrais pour toi d'une minute à l'autre", dit-elle. " J'essaierais de m'arracher le cœur pour l'un ou l'autre maintenant — si cela en arrivait à cela. J'ai essayé maintenant, ce soir. J'ai essayé pendant une heure — deux heures. Je ne savais pas ce que cela signifiait avant. "

"Il t'a fait du mal , Bonnie ?" dis-je.

"Oui, oui", dit-elle. "Le pauvre garçon ! Je l'aime tellement, je le plains."

"Mon Dieu ! Bonnie, tu ne l'as pas refusé ?" dis-je. "Vous n'avez pas fait cela ? Vous n'avez pas brisé le cœur de cet homme aux pores ?" dis-je. "Pourquoi as-tu———"

"Pourquoi as-tu!" dit-elle après moi. "Je vous l'ai dit, il me l'a fait comprendre."

"Qu'est-ce qu'il a dit clairement, Bonnie ?" dis-je. "Je suppose qu'il a, maintenant, fait une sorte d'amour ? Ce n'est pas à moi d'en parler."

"Oui oui!" Elle le dit haut et fort. "Il l'a fait. Je sais maintenant ce que signifie être une femme et amoureuse. Je ne l'avais jamais su auparavant. Mais ce n'était pas le cas, ce n'était pas pour lui ! Il me tenait dans ses bras, j'étais une femme et ce n'était pas le cas. t pour lui. Comment puis-je aimer... Que puis-je faire ? Eh bien, je vous aime tous, Curly, je vous aime tous ! J'aime Tom d'une certaine manière ; et je suis désolé, parce qu'il est bon. Mais ce n'est pas le cas. "Je n'étais pas une femme. Ce n'était pas pour lui, ce n'était pas pour lui!"

Elle était en train de chuchoter à présent.

" Alors il est parti tout de suite ? " dis-je.

Elle acquiesça.

"Peut-être que je lui ai brisé le cœur. J'ai brisé le vôtre, celui de mon père et le mien, tout cela parce que je ne pouvais pas m'empêcher d'être une femme. Et je suis la femme la plus malheureuse du monde. Je veux mourir ! Je Je ne sais pas quoi faire. Je veux être carré et je ne sais pas comment.

"Bonnie", dis-je lentement au bout d'un moment, "je sais tout ça maintenant. Tu étais complètement folle et tu es folle maintenant. Tu n'as cessé de te souvenir de cette petite furtive à côté. Tu as Vous avez refusé un gentleman au ton haut comme Tom - et vous l'avez fait pour quoi ? Vous n'avez pas agi sur la place publique, Bonnie Bell Wright, " dis-je. " Il n'est pas nécessaire pour moi de dire tout ce que je sais sur lui maintenant. . Je pourrais vous en dire bien plus.

"Non", dit-elle, et elle pleurait maintenant ; "C'était une mauvaise chose de ma part de l'écouter. J'ai mal agi", dit-elle. "Mais que dois-je faire ?" dit-elle, "Dois-je mentir toute ma vie ? Je ne peux pas faire ça."

"'Je sais maintenant ce que signifie être une femme et amoureuse.'"

"Eh bien, certaines femmes en sont capables - juste un peu", dis-je. "Peut-être que vous vous remettriez de cette affaire de cet homme d'à côté si vous étiez mariée et que vous aviez quelques enfants à courir partout. Vous seriez "Je suis contente avec Tom. Nous serions tous heureux. Vous oublieriez, bien sûr que vous oublieriez. Les femmes sont construites comme ça", dis-je. "Je pense que je sais !"

"Curly——" Et, même si elle avait toujours l'air d'être jeune, blanche et belle, et digne seulement d'être aimée de n'importe qui, son visage avait quelque chose qui la faisait paraître vieille, vraiment vieille, comme l'une d'entre elles. statuts dans notre cour avant.

Elle avait vingt-trois ans, jolie comme tout ce qui a jamais été fait en marbre, et blanche comme tout ce qui est en marbre ; mais elle avait l'air d'avoir mille ans alors qu'elle se tenait là. Il y avait quelque chose sur son visage qui semblait venir du passé. Elle était – eh bien, je pense qu'elle était ce qu'elle disait – une femme !

"Curly", dit-elle, "certaines femmes sont peut-être capables d'oublier. C'est le moyen le plus simple - peut-être que la plupart d'entre elles le font. La femme moyenne vit de cette façon. Mais je ne peux pas, Curly; je ne peux pas - c'est vrai. " C'est dans mon sang. Les femmes comme moi doivent suivre leur propre cœur, Curly, peu importe ce que cela signifie.

"J'ai essayé de tout mon cœur de mentir à Tom ce soir. Je lui ai même dit que je ne répondrais pas maintenant - je lui ai même dit de revenir après un moment ; mais j'ai toujours su que je ne pourrais pas mentir éternellement. Je savais que je Je pourrais aimer un homme – un homme – mais ce n'était pas pour lui. Je suis comme mon père et comme ma mère, Curly. Veux-tu m'écraser la vie ? Veux-tu me faire faire quelque chose que nous Est-ce que nous regretterons tous aussi longtemps que nous vivrons ? »

Elle cessa alors de parler ; mais, en se retournant en quelque sorte, elle reprit :

"Ça ne fait que peu de temps, Curly", dit-elle. "Ça ne fait que si peu de temps ! Je ne sais pas si je peux m'en remettre, je ne sais pas si je peux oublier. Mais, oh, Curly, pendant une heure, laisse-moi ouvrir mon cœur, juste pour cette fois. laisse-moi être une femme !... Mais ce n'était pas pour lui !

Et maintenant, elle murmurait à nouveau.

"Je suis un voleur, Curly !" dit-elle au bout d'un moment. "J'ai volé ta vie et celle de papa. J'ai pris tout ce que tu m'as donné. Je ne le mérite pas."

"Oh, oui, c'est vrai", dis-je; "Tu méritais tout ce que nous avons fait pour toi. Nous t'aimions, chérie, et nous l'aimons maintenant."

"Mais tu n'en peux plus, Curly", dit-elle. "J'ai été un voleur. J'ai volé vos vies, à vous deux grands et splendides hommes. Mais, oh ! donnez-moi mon heure, la seule heure de toute ma vie.

"Je lui ai volé aussi, Tom", dit-elle. "Je lui ai pris ce pour quoi je n'avais pas payé et que je ne pouvais pas. Je ne pourrai jamais. Du moins, je ne pourrai pas avant d'avoir eu... mon heure.

"Une femme doit faire face aux choses toute sa vie, Curly", dit-elle ; " et elle dit toujours : 'Eh bien, qu'il en soit ainsi !' Elle assume ses pertes, Curly, et parfois elle oublie. Mais si jamais elle oublie ce qu'il y a dans mon cœur ce soir - si elle oublie cela - alors la vie ne vaut plus jamais la peine pour elle . Il n'y a plus rien à faire alors - ce n'est qu'une imposture et une fraude. Si c'est ce que signifie la vie, je ne veux plus vivre .

"Bonnie," dis-je, "tu ne dois pas parler de cette façon." Je l'ai en quelque sorte mise sur mes genoux maintenant, j'ai repoussé ses cheveux et je l'ai regardée. « Écoutez-vous, vous qui vous leviez si tôt le matin et qui hurliez dans tout le ranch, vos joues rouges de soleil, vos cheveux au vent et vos yeux comme ceux d'un cerf ! Eh bien, il n'y avait que la vie dans le monde. monde pour toi alors — rien d'autre que d'être en vie. »

"Je n'étais pas une femme à l'époque, Curly", dit-elle. "Je ne savais pas."

"Moi non plus", dis-je; "et je ne sais pas maintenant."

"Vous ne pouvez pas", dit-elle. "C'est terrible ! Je… je pense que je vais y aller maintenant."

Elle s'est alors retirée de mon genou ; et, tout d'un coup, elle était partie.

Je suis resté là à regarder l'endroit où elle se trouvait. Je savais que maintenant, là -bas, c'était un enfer à payer !

XXIV - Comment Bonnie Bell nous a tous quittés

Je ne me suis jamais couché du tout cette nuit-là. Je n'arrivais pas à dormir, de toute façon . Je restais assis là, dans la salle du ranch, à réfléchir et à essayer de comprendre ce que je devais faire. J'en ai conclu que cela pouvait dépendre en partie de ce que Bonnie Bell allait faire ; et je ne pouvais pas dire ce que c'était, car elle-même ne semblait pas très claire.

Vers l'aube, peut-être plus tôt, alors que j'étais assis là - peut-être avais-je dormi un peu une ou deux fois - j'ai entendu le bruit d'une voiture qui sortait non loin de nous. Je suppose que ça suffit, c'était fini chez les Wisner ; peut-être que certains de leurs parents allaient ou venaient. En ville, les gens n'utilisent pas la façon dont ils le font dans un ranch et la nuit se déroule à peu près de la même manière que le jour.

J'avais tellement étudié toutes ces choses, essayant de voir comment je devrais jouer à ce jeu, que je n'ai pas remarqué le vieil homme Wright quand il est arrivé ce matin-là, à peu près à l'heure où il se levait habituellement pour le petit-déjeuner. . Il n'était pas inquiet, mais semblait plutôt heureux, comme si quelque chose était clair dans son esprit.

"Eh bien, Curly," dit-il, "tu te lèves très tôt, n'est-ce pas ? Qu'est-ce qui te rend si désireux d'entendre les petits oiseaux chanter ce matin ?"

Il remplit sa pipe. Je n'ai rien dit.

"Eh bien", dit-il au bout d'un moment en fumant et en regardant par la fenêtre, "je suppose que je suis à nouveau un parent affectueux en ce moment. Peut-être que je serai grand-père d'ici peu - qui peut le dire ? Je n'ai jamais pensé à l'être. un grand-père à ma naissance", dit-il; "mais telle est la vie."

« Que voulez-vous dire, Colonel ? Je l' interroge .

"Eh bien", dit-il, "je ne suis peut-être pas encore un vrai grand-père, mais je pense que c'est assez. Toutes ces fleurs et ce genre de choses - et cette séance exécutive tardive d'hier soir. Quand est le jour ?"

Il a toujours l'air très content. Que pourrais-je lui dire alors ?

"Dommage", dit-il, "tu n'aurais pas pu rester éveillé pour avoir l'heureuse nouvelle, Curly !" dit-il. "Je suppose que Tom Kimberly aurait été très heureux de vous le dire, à vous ou à moi, mais je savais comment les choses se passaient. J'ai moi-même été un jeune homme. Il ne veut pas que les personnes âgées restent là - il veut que tout le terrain soit dégagé pour Il faut parfois plusieurs heures à des jeunes pour s'installer et se dire des choses qu'on pourrait raconter en une minute. Proposer est un gaspillage industriel, comme on le fait habituellement.

"Bien bien!" il continue. "Je suis content que ma petite fille soit si heureuse. C'est une bonne fille et elle aime son père. Parfois, je pense même qu'elle t'aime vraiment, Curly", dit-il. "Je ne vois pas pourquoi. Tu es un homme très insignifiant, Curly", dit-il. "Je ne vois pas pourquoi je te garde."

Ensuite, j'ai su qu'il se sentait bien. Il ne me rebuterait jamais , mais il aimait plaisanter sur ce sujet parfois.

"Eh bien," dit-il au bout d'un moment, "qu'en dis-tu toi-même, Curly ?"

"Je dis qu'elle t'aime autant que n'importe quelle fille l'a jamais fait pour son père. Elle m'aime aussi, même si je ne sais pas pourquoi non plus."

" Shore, elle le fait ! " Il hoche la tête. "Et elle fera le carré à deux, c'est le rivage."

"Vraiment ?" dis-je. "Eh bien, qui sait ce qu'il y a de carré dans le monde ? Parfois, il est difficile de dire ce que c'est."

"C'est vrai", dit-il pensif. " Parfois, c'est le cas. J'aurais peut- être préféré un autre homme à Tom, peut-être, s'il y avait eu un autre homme ; mais ce n'est pas le cas. Je suis heureux qu'elle l'ait pris. Il s'en sortira bien. C'est un bon garçon et ses parents sont bons. Il s'en sortira bien, ne vous inquiétez pas.

"Non", dis-je; "Je pense que cela ne servira à rien de s'inquiéter, Colonel."

"Que veux-tu dire?" dit-il. « Est-ce que ça ne va pas ? dit-il.

"Cela reste à voir", dis-je.

« Elle l'accepte, n'est-ce pas ?

"Si je savais, je vous le dirais ", dis- je; "mais je ne sais pas pour le rivage."

« Bien sûr, me dit-il, la fille ne serait pas susceptible de t'en parler très librement, d'autant plus que tu étais au lit.

"Étais-je?" dis-je. "Oh, très bien, si j'étais au lit ! Si je n'ai pas parlé à Bonnie Bell pendant un moment ici hier soir, alors tout est fait, et je suis heureux de le savoir."

"Eh bien, où est-elle maintenant ?" dit-il. "J'ai faim quand tout le monde sort; et vous savez que je ne peux pas manger avant qu'elle ne descende pour le petit-déjeuner - je dois l'avoir assise juste en face de moi, comme sa mère avait l'habitude de s'asseoir. Oh, hum "Je suppose qu'un jour, elle ne sera plus assise là. Juste toi et moi serons assis là, à nous regarder comme deux foutus vieux imbéciles. C'est à ça que servent les pères, Curly", dit-il. "C'est le meilleur qu'ils puissent tirer du tirage au sort.

"Eh bien, c'est ce que je vis depuis qu'elle est à hauteur de genou - juste pour la rendre heureuse ; juste pour lui donner, comme sa mère me l'a dit, la place dans la vie qu'elle avait pour elle. Non petite robe en calicot et un large chapeau pour Miss Mary Isabel Wright maintenant, je pense, Curly. Son jeu est différent maintenant. Ces meilleures choses arrivent à elle, je pense que maintenant, Curly. Elle a quitté le ranch et joue à un jeu plus grand... et elle l'a gagné. Eh bien, je leur dirai à tous les deux combien je suis heureux ; mais j'aimerais qu'elle vienne déjeuner, car j'ai très faim.

Elle n'est pas venue. Je ne pouvais encore rien lui dire, car je ne savais pas exactement quelle était la vérité ; Bonnie Bell ne m'avait pas dit si elle acceptait ou non Tom, mais avait seulement dit qu'il reviendrait. J'aurais aimé qu'elle vienne me retirer cette chose des mains, car j'avais les pieds froids comme tu es né.

Il marche de long en large, ayant de plus en plus faim et chantant "Tom Bass He Was a Ranger!" Mais elle n'est pas venue. Enfin il appelle notre William ; et dit-il à William :

"Va envoyer Annette demander à Miss Bonnie si elle est prête pour le petit-déjeuner."

"Oui, monsieur; très bien, monsieur. Tout devient assez froid, monsieur", dit William; et il s'en alla.

Il est revenu quelques minutes plus tard, s'est tenu devant la porte et a dit son Ahum ! comme il le faisait toujours, et le vieil homme se tourna vers lui.

"Je vous demande pardon, monsieur, mais l'agent de Miss Wright dit que Miss Wright "n'est pas entrée".

"Ne rentre pas ! Que veux-tu dire ?"

"Elle n'est pas dans sa chambre, monsieur. La mide pense qu'elle n'est pas dans sa chambre pendant la nuit."

"Qu'est-ce que c'est ? Qu'est-ce que c'est ?" dit-il. "Curly, tu ne viens pas de dire qu'elle était là ? Tu n'étais pas debout après moi ?"

"Je l' ai vue vers minuit", dis-je, "peut-être plus tard; je ne sais pas. Je pensais qu'elle se couchait. Je ne l'ai jamais entendue sortir. Elle n'aurait pas pu sortir, je l'aurais entendue . ".

"Tu l'aurais entendue ! Avec toi toi-même au lit ? Que veux-tu dire ?"

Le vieil homme se tourna vers moi et vit mon visage. Il s'est approché de moi.

"Où étiez vous?" dit-il. "Que veux-tu dire?"

« Colonel, dis-je, elle est arrivée après minuit. Je ne me suis pas couché du tout ce soir.

"Que t'a-t-elle dit ? Pourquoi n'es-tu pas allé te coucher ? Où est-elle ? Qu'as-tu fait ?"

"Je n'ai rien fait", dis-je. "J'ai essayé de te parler pendant des jours et je n'ai pas pu. Je ne savais pas quoi faire. Je ne voulais pas m'immiscer dans les affaires d'une fille. affaires et ce rivage est le sien.

"C'est à elle?" dit-il froidement et durement. "Je suis dans le coup aussi. Il y a quelque chose ici qui doit sortir. Viens !" dit-il.

Il m'a fait signe et je l'ai suivi dans l'escalier jusqu'à la partie de la maison qui appartenait à Bonnie Bell – au deuxième étage et au coin vers le lac. Elle avait une belle et grande chambre, avec de larges fenêtres, tout le bois blanc et toutes les soieries d'une sorte de vert pâle.

Nous sommes entrés dans la pièce ; et il n'a pas frappé. La pièce était vide ! On n'avait pas dormi dans son lit. Sur une chaise, lissée, se trouvait sa robe bleu pâle, dont je me souvenais.

"C'est celui qu'elle portait en dernier", dis-je en le désignant. "Elle l'a changé."

"Elle est... elle est partie !" dit son père. "Partie... sans me le demander... sans me le dire ! Où est-elle partie ? Dis-moi, Curly. Est-ce que... est-ce que quelqu'un... Ma fille... où est-elle ? Dis-moi !"

Il m'a alors saisi par les épaules et m'a secoué ; et je ne suis pas un poulet non plus.

J'ai alors regardé le lit et il y avait quelque chose sur l'oreiller. Je le lui ai montré. C'était une lettre.

Si vous avez déjà vu un homme se faire tirer dessus, vous savez à quel point cela l'atteint. Il restera debout un moment comme s'il n'était pas si gravement blessé. Puis son visage se plissera, surpris, et il commencera à s'effondrer lentement. C'est ce qu'a fait le vieil homme Wright lorsqu'il a lu la lettre. C'était comme s'il avait reçu une balle et qu'il essayait de se tenir debout mais n'y parvenait pas, seulement un petit moment.

"Elle est... elle est partie !" dit-il comme s'il parlait à quelqu'un d'autre. "Elle s'est enfuie... loin de moi ! Elle est partie, Curly !" Il le répète, et cette fois si fort qu'on aurait pu l' entendre pendant un pâté de maisons. « Notre fille est partie ici – a quitté son père après tout ! Curly, dis-moi, qu'est-ce que c'était ? Pouvait-elle... est-ce qu'elle... Comment a-t-elle pu ?

J'ai pris le morceau de papier de sa main alors qu'il ne me voyait pas. Ça disait:

Père [je ne l'ai jamais connue auparavant] Père, je m'en vais. Je suis un voleur. Je t'ai brisé le cœur, ainsi que celui de Curly et de Tom. Je suis la fille la plus méchante du monde ; et je ne te demanderai jamais pardon, car je ne le mérite pas. Il ne faut plus me chercher . Je m'en vais. Au revoir !

Eh bien, c'était tout. La lettre était entièrement mouillée – et un homme ne peut pas pleurer.

"Curly", me dit son père, "eh bien, Curly, ce n'est pas possible ! Elle se cache, elle plaisante, elle ne ferait pas ça avec son vieux père. Elle m'a fait très peur. Allez, trouvons-la." , et dis-lui qu'elle ne doit plus faire cela. Il y a certaines choses qu'un homme ne peut pas supporter.

« Colonel, dis-je, nous devons le supporter. Elle est partie et ce n'est pas une blague.

"Comment savez-vous?" Il s'est retourné contre moi sauvagement maintenant. " Bon sang ! Qu'est-ce que tu sais ? Il n'y a rien de mal chez ma fille, tu n'oses pas me dire qu'il y en a ! Elle ne pouvait pas faire de mal ; ce n'était pas en elle. "

"Non", dis-je; " Elle ne ferait rien qui ne lui paraisse juste, je pense. Mais, voyez-vous, vous et moi, nous ne l'avons jamais connue du tout. Je ne l'ai connue qu'hier soir, vers midi et demi ou une heure. "

« Que veux-tu dire ? Qu'a-t-elle dit ?

"Elle m'a dit qu'elle devait être une femme."

Il s'est levé et m'a regardé ; et maintenant je voyais que je devais m'en sortir, car la jeune fille ne pouvait plus être sauvée.

"Oh, bon sang, colonel", dis-je, "j'aurais pu savoir depuis le début que ce truc allait sortir - il devait se briser un jour . J'aurais dû vous le dire, bien sûr."

"Que veux-tu dire?" dit-il ; et il m'a repris dans ses mains, il est fort aussi.

« Lâchez-moi, Colonel ! » dis-je. "Personne ne peut mettre la main sur moi, je ne le veux pas. J'ai travaillé pour vous toute ma vie à peu près, et j'ai bien fait, autant que je le savais. Lâchez-moi!"

Il a lâché prise, mais a gardé les yeux sur moi.

« Je veux être juste », dit-il, et il murmura à moitié : « Je veux être juste ; mais l'homme qui a fait cela devra régler avec moi ! Dites-moi, est-ce que vous et elle avez comploté contre moi ?

"Je n'en ai pas comploté", dis-je. "J'espérais seulement qu'elle oublierait tout cela, se marierait et s'installerait."

"Oublier quoi ? Avait-elle des aventures dont vous étiez au courant ?"

J'acquiesce alors . J'étais content de ne plus y penser.

"Oui", dis-je; "elle l'a fait."

"Qui était-ce, Curly ?" dit-il tranquillement.

"C'était l'homme d'à côté, l'homme de main des Wisner ", dis-je.

Je préférerais tirer sur Old Man Wright et le tuer convenablement plutôt que de dire ce que j'ai fait à ce moment-là.

"Tu es un putain de menteur !" me dit-il longuement, doucement comme.

« Colonel, dis-je, vous ne pouvez pas m'appeler ainsi, ni à aucun autre homme, et vous le savez.

"Je vous l'appelle!" dit-il. "Ma copine n'aurait pas pu faire ça."

« J'aimerais être un menteur, colonel », dis-je ; "Mais ce n'est pas le cas . Je te donne un jour pour retirer ça, et tu ne vas pas non plus étudier sans preuves. J'ai travaillé pour toi pendant longtemps. J'ai aimé cette fille comme toi. Ce n'est pas une façon pour vous de me dire cela . Je dirai que je le savais depuis un certain temps et que j'ai essayé de l'arrêter - c'était mon affaire de l'arrêter. J'ai essayé cent fois de le dire. " Je t'en ai parlé, mais je ne pouvais pas sans la tuer, elle et toi aussi. Elle m'a demandé de ne pas te le dire et... pourquoi, bon sang ! Je l'aimais, comme toi. "

« Jusqu'où est-il allé, Curly ? dit-il. Il s'est approché maintenant et a tapoté ma main de haut en bas sur mon épaule, détournant le regard, ce qui était sa façon de dire qu'il était désolé. "Ne fais pas attention à moi, Curly", dit-il. "Je suis fou ! Ne vous souciez pas de moi, mais dites-moi tout ce que vous savez maintenant. Je sais que vous ne pourriez nous mentir à aucun de nous si vous essayiez."

"Oui, je pourrais aussi", dis-je; "Mais je n'ai pas essayé. Mais je ne pouvais tout simplement pas aller vers toi et te dire tout cela, car je savais ce que cela signifierait pour toi.

"Ça fait un moment que ça dure tranquillement et j'ai fait tout ce que je pouvais pour l'arrêter. Cela a peut-être commencé quand elle l'a sorti du lac - je ne sais pas. Ils ne se rencontraient pas souvent. J'ai entendu dire " Je les ai parlé une fois sur le quai, et je lui ai dit que je le ferais fuir s'il traversait la clôture ou lui disait un autre mot. Elle l'a alors supplié ; mais je ne lui ai jamais rien promis. Je savais que c'était mon travail. en tant que contremaître pour m'en occuper, je ne suis donc pas allé vers vous.

« Continuez », dit-il. "Dites-moi!"

« Elle ne lui a rien dit pendant longtemps, elle ne l'a pas rencontré, pas après avoir dit qu'elle ne le ferait pas. Puis il a envoyé des lettres, attachées au collier de notre petit chien, deux ou trois lettres ; peut-être quatre ou cinq, pour autant que je sache. Il était fou d'elle. Tout le temps, il nous a avoué, à elle et à moi, qu'il ne devrait pas faire ce qu'il a fait. Il a dit dans ses lettres qu'il ne devrait pas lever les yeux. il savait qu'il devait venir par la porte d'entrée et non par la porte de derrière, et c'est exactement ce qu'il a dit, mais il a dit, comme tout homme le ferait, qu'il ne pouvait pas s'en empêcher.

"Pour autant que je sache, elle n'a jamais répondu à ses lettres. Je ne sais pas si elle lui a jamais adressé la moindre parole. Pour autant que je sache, ils n'ont jamais beaucoup parlé, seulement la fois où je Je les ai entendus . Mais, quant à quelque chose qui se passait… eh bien, oui, cela se passait depuis un petit moment. Et je le savais ; je savais que je devais aller vous le dire. Et tout le temps, je le savais. Je ne pouvais pas, parce que je l'aimais et qu'elle m'a demandé de ne pas le dire.

" Vous a-t-elle déjà dit quelque chose ? Pensez-vous qu'elle tenait à lui de toute façon ? Vous voyez, " poursuit-il, " Je ne l'ai jamais vu le connaître. Je ne sais pas qui il est. Je ne le connaissais pas à peine. " était vivante sur terre. Dieu me pardonne ! J'aurais dû le savoir. Je lui ai dit une fois de ne pas parler à cet homme engagé ; mais si j'avais pensé quelque chose à ce sujet , je l'aurais peut-être tué alors. "

"Oui; et j'aurais dû vous le dire , colonel", dis-je. "C'est seulement la façon dont les choses se sont passées et parce qu'elle m'a demandé de ne pas le faire."

"Elle avait ce secret de son père !" dit-il lentement. "Qui peut dire ce qu'il y a dans le cœur d'une femme ?"

"C'est ça", dis-je; "Maintenant tu l'as compris. C'était une femme, elle me l'a dit."

« Qu'a-t-elle dit de plus, Curly ?

"Une fois, elle est venue vers moi en pleurant et elle m'a dit : 'Curly, je l'aime !' - elle parlait de cet homme d'à côté. Et je sais que sur le rivage, il n'était plus apte à s'essuyer les pieds."

Le vieux Wright s'est alors assis, tranquillement. Je ne pouvais pas l'aider, je devais m'asseoir et le voir le prendre. C'était horrible.

« Elle a dit ça… elle l'aimait ? Il y a combien de temps ?

"Quelques semaines, peut-être", dis-je. "Je n'ai jamais eu le courage de vous le dire à ce moment-là. J'espérais qu'elle comprendrait à quel point il était stupide pour elle de s'occuper d'un jardinier bon marché - je pensais qu'elle le ferait. Trop fier pour ça. Et puis j'ai permis qu'elle épouse, comme assez, Tom Kimberly, et que cela la changerait et que tout se passerait bien. Tout le temps, j'espérais et j'essayais de la sauver, elle et toi. " J'étais presque fou, colonel. Et tout le temps, bien sûr, je n'étais qu'un foutu cow-puncher, sans cervelle. "

"Elle est partie!" dit-il au bout d'un moment.

"Oui", dis-je; « Autant que je sache, elle y a pensé toute la nuit et a conclu qu'il serait préférable pour elle de ne pas épouser Tom, ressentant la même chose qu'elle avait ressenti pour cet autre homme. Elle nous a secoués, colonel. Mais croyez-moi, elle l'était. Je n'ai jamais été content de faire ça. Cela a dû être comme la mort pour elle.

"Pourquoi a-t-elle fait ça, Curly ?" Il murmura. "Comment pourrait-elle ? Pourquoi ?"

"Je vous l'ai déjà dit, colonel", dis-je. "C'est parce qu'elle a découvert qu'elle était une femme. Elle ne le savait pas auparavant, ni nous non plus."

Enfin il se releva, mais il ne put se tenir droit.

"Comment pouvons-nous garder ça silencieux ?" dit-il.

Nous ne pouvions pas du tout garder le silence. Il y en avait partout dans la maison en ce moment. Cette fille Annette avait lu toutes les lettres de Peanut avant que William ne les reçoive . Il semblait qu'il les lisait aussi. Ils ont eu peur lorsque nous sommes entrés dans leur partie de la maison.

"Où est ce chien ?" dit le vieil homme Wright.

William, il est devenu pâle.

"Très bien, monsieur", dit-il, et il fait semblant de s'en prendre à Peanut, dont il sait qu'il n'était pas là.

"Salut, je suppose qu'elle m'a emmené avec elle, monsieur", dit William après un moment.

Annette, elle intervient :

— *Oui , oui* ... oui, oui ; elle l'a emmené avec elle.

"L'a emmené avec elle ? Que voulez-vous dire ? Qu'en savez-vous ? Restez silencieux, vous les gens !" dit le vieil homme Wright. "Entrez dans cette pièce !" Il les a enfermés.

"Maintenant, Curly..." dit-il.

Je savais qu'il était désormais clair dans son esprit que la fille s'était enfuie avec ce jardinier. Il irait peut-être là-bas.

« Non, colonel, » dis-je ; "Ne t'en mêle pas."

"Que veux-tu dire?" dit-il. " N'es -tu pas du tout mon ami ? N'ai- je pas un ami dans le monde entier ? "

« Vous êtes échevin ici, dis-je, et c'est la même chose qu'être shérif . Sher'f , vous ne pouviez pas faire ce que la loi vous interdisait, n'est-ce pas ? Vous devez respecter la loi lorsque vous êtes échevin ou sherf . Avec moi, c'est différent. En plus, c'est mon travail, pas le vôtre. »

"Curly", dit-il, et je pouvais voir sa mâchoire se durcir tout le long de l' aile , "Curly, n'y a-t- il pas de place sur terre pour un vieil homme au cœur brisé ?"

« Ce n'est pas grave pour l'instant, Colonel, » dis-je. « Ce n'est pas votre tour, » dis-je, « c'est tout. Parfois, » lui dis- je, « il vaut mieux y aller un peu lentement au début et ne pas faire de bruit. des pauses stupides. Allons-y doucement jusqu'à ce que nous voyions dans quelle direction le chat a sauté - nous ne savons pas encore grand-chose.

« Elle… elle ne se suiciderait pas ? dit-il soudain ; et il est devenu encore plus blanc.

"Je ne pense pas", dis-je; "et je vais vous dire pourquoi. Je ne pense pas qu'elle pensait tellement à mourir quand elle a dit 'Je suis une femme'. C'était la vie!"

Il m'a regardé tranquillement.

"Elle a dit ça?"

"Euh- huh !... plusieurs fois. Et c'était comme vous l'avez dit, Colonel, après tout. Il n'y a pas de clôture assez haute pour séparer un jeune homme et une jeune femme. Cela allait forcément arriver, et nous je ne le savais pas, c'est tout.

"Nous lui donnons toutes les chances. Il y avait Tom."

"Oui", dis-je; " et il y avait l'homme d'à côté. Ces choses se passent par supposition et par Gawd. Par exemple, " dis-je, " qu'est-ce que la mère de Bonnie Bell pourrait jamais voir en vous, colonel ? "

Cela l'a durement touché, même si je ne le pensais pas ainsi. Il détourna le visage, comme s'il voyait quelque chose d'horrible devant lui.

"Mon Dieu!" dit-il. "Je l'ai fait moi-même ! J'ai volé sa mère. Elle m'aimait et je l'aimais. N'y a-t -il personne pour montrer à un vieil homme impuissant ce qu'il devrait faire ?"

"C'est la vie, et elle nous a montré le chemin", dis-je. "Quand vous avez volé la mère de Bonnie Bell, vous étiez prêt à rencontrer ses parents, je pense, s'ils venaient l'emmener. Vous avez saisi votre chance lorsque vous l'avez épousée. Il en va de même pour l'homme qui s'est enfui avec Bonnie Bell.

Laissez-lui avoir une chance égale, colonel. Il l'aime peut-être — et il semble avoir un sens avec les femmes.

"Il l'a ruinée !" dit le vieil homme Wright. "C'est le mariage qu'il recherchait, bien sûr ; mais regardez la différence. Je n'ai jamais touché un centime de l'argent de sa mère. Nous avons fait notre propre chemin. Mais voici un petit furtif qui est entré par notre porte arrière et s'est enfui avec ma copine pour son argent ! Tu ne vois pas la différence ? Comment est cette mouffette ? me dit-il au bout d'un moment.

« Ce n'est pas un si mauvais garçon, dis-je, s'il était bien habillé. C'est une sorte d'homme honnête. Ses vêtements étaient toujours si sales qu'il n'avait pas l'air de grand-chose. C'était un homme bon parleur. assez gars. "
« Ce sont tous des foutus chiens chasseurs de fortune ! Je peux le croire.
"J'étais trop lâche pour vous le dire, Colonel", dis-je. "J'aime énormément cette fille . Je ferais tout ce que je pourrais pour l'aider, même maintenant qu'elle va si mal."
"Oui", dit-il.
"Elle l'avait naturellement", dis-je. "Son père et sa mère se sont enfuis. Elle a été très douce jusqu'à ce qu'elle se soit enfuie - et puis l'enfer n'a plus pu la retenir. N'est-ce pas comme son père ?"
"Oui", dit-il humblement; "c'est comme son père."
"Et elle est belle, et douce, et gentille, et gentille, donc n'importe quel homme ne pourrait s'empêcher de l'aimer. N'est- elle pas comme sa mère à ce moment-là ? Ne l'était-elle pas à ce moment- là aussi ?"
"Oui", dit-il en s'étouffant comme si ; "elle est comme sa mère."

"Eh bien?" dis-je. "Eh bien, alors ?"

Alors je l'ai poussé hors de la pièce et j'ai continué dans l'allée.

J'ai regardé notre maison en sortant. C'était grand et beau, mais d'une manière ou d'une autre, les rideaux me semblaient ternes et sales. D'une certaine manière , tout avait l'air minable . C'est ici que nous avions échoué. Et puis j'ai eu l'impression de me voir tel que j'étais : Curly, un cow-puncher aux jambes arquées en dehors du champ de tir, qui ne servait à rien au monde, mais juste pour mélanger les choses, comme je l'avais fait. Et le vieux Wright – qui était autrefois notre shérif , le capitaine de la rafle et le meilleur vacher du Wyoming – que lui était-il arrivé ici, à cet endroit ?

Je me suis retourné pour regarder en arrière. À ce moment-là, il sortit de la pièce où je l'avais poussé.

C'était un homme de grande taille, mais maintenant il se tenait courbé. Sa moustache rouge était en lambeaux là où il en avait rongé les extrémités pendant la dernière demi-heure. Son visage semblait de couleurs différentes et n'était pas rouge comme d'habitude. Il semblait avoir maigri d'un seul coup. Ses genoux ne semblaient pas bien tenir sous lui et son dos était courbé. Il avait beaucoup changé en moins d' une heure. Il semblait penser à ce à quoi je pensais, et il a également jeté un coup d'œil à la maison.

"J'ai réussi, Curly", dit-il, et sa voix était un peu lâche et tremblante, comme s'il était vieux. "Je l'ai fait pour elle. J'ai gagné beaucoup d'argent pour elle. J'ai essayé de lui faire croire que j'étais heureux ici, mais je ne l'ai jamais été. Je ne suis pas heureux ici , pas une heure depuis notre arrivée. Tout est fini. une erreur."

Il frappe du poing le mur près de la porte où il se tenait.

m'en foutais. Tout n'a été qu'un bluff; nous nous sommes bluffés et " Nous avons tous eu tort. Cela a été un échec. Tout ce que nous avons essayé de faire pour elle n'a pas été bon. Elle nous a renversés. Curly, je ne compte plus pour rien. "

C'était vrai, tout ce qu'il avait dit. Nous avions joué notre petit jeu et l'avions perdu. Je ne me suis jamais senti aussi les jambes arquées, ni aussi rousse, que lorsque je me suis retourné pour descendre de notre maison chez Wisner. J'ai regardé en arrière une seule fois. Il y avait le vieil homme Wright debout devant la porte, grand et penché, une main de chaque côté du cadre de la porte.

Je l'ai laissé là, accroché au cadre de la porte d'entrée de ce qu'il appelait notre maison, pour laquelle il avait travaillé si dur et dans laquelle nous avions tous les deux essayé de la rendre heureuse. Il avait trouvé un jeu à dernier où il n'a pas pu gagner.

Et elle nous avait secoués maintenant – notre copine – nous avait secoués pour un homme qui n'avait jamais frappé à notre porte !

XXV - Moi et Eux

J'étais presque arrivé à notre porte d'entrée, avec la moitié de l'idée d'aller parler avec les gens de Wisner, quand j'entendis notre William m'appeler ; il était sorti de la pièce où nous l'avions enfermé et avait couru à l'arrière de la maison.

"Oh, M. Wilson ! M. Wilson !" dit-il. "Salut, je t'en supplie, ne le fais pas !" dit-il ; et il est venu en courant après moi.

"Quel est ton problème?" Je l' interroge .

« Bonjour, je vous demande pardon, monsieur », dit-il ; "mais je suis très préoccupé par cela", dit-il.

"Que veux-tu dire, espèce de crevette ?" dis-je. "As-tu été mêlé à quelque chose ici ?"

« C'était au milieu du chemin, monsieur, de l'autre côté du mur, c'est-à-dire. Eh bien, peut-être que j'ai été trop attentif à leur Hemmy , monsieur, depuis la fenêtre de l'étage supérieur ; mais elle était si jolie et si affectueuse. de moi ! Salut, salut , n'a pas fait de mal, monsieur ; mais vous voyez, parfois, quand tout était tout à fait calme, monsieur, il faisait clignoter une lumière en face de ma fenêtre , et nous passions un " moment agréable , monsieur. , venu minuit — assez silencieux, monsieur, et assez éloignés l'un de l'autre ; tout à fait respectable, je vous l'assure, monsieur — rien de plus — tout au-dessus du mur ; car autrement il ne pourrait pas les avoir vus du tout .

« Étiez-vous occupé avec ce genre de choses vers une ou deux heures ce matin ? Je l' interroge . "Je veux savoir ce que tu as fait, que s'est-il passé ?"

s'en est passé beaucoup de choses , monsieur. Tout à fait sans plan, j'ai vu un homme apparaître à la fenêtre de cette maison , de l'autre côté du mur ; il était juste à côté de la fenêtre et regardait de l'autre côté. Au début, il a cru qu'il regardait mon fenêtre et Hi recula, ne voulant pas compromettre une dame comme Hemmy — c'est le nom de « ousemide » sur le mur, monsieur.

« Que faisait cet homme ?

" Salut, je ne peux pas vraiment le dire, monsieur. " J'ai regardé et j'ai fait quelques mouvements. Il semblait qu'il y avait aussi de la lumière sur sa fenêtre ; en fait, tout entre les deux maisons semblait assez lumineux à ce moment-là, avec " moi et quoi avec moi. Peu de temps après, une voiture est tombée en panne.

Je me suis dirigé vers la porte.

"Oh, je vous en supplie", dit-il, "ne dites rien là-bas. Sachant comme vous et M. Wright êtes des hommes très violents, et vous vous souciez autant d' Hemmy , l' ousemide , monsieur, bonjour. je me sens très mal à l'aise - Salut, en effet.

"Eh bien, si c'est ce que tu ressens, William," dis-je, "retourne à la maison."

"Vous ne parlez pas de violence, bonjour , monsieur ?"

"Je ne sais pas encore ce que je veux dire; mais rentre."

Il se retourne à peu près à temps, car pour l'instant j'ai vu deux ou trois personnes entrer par notre porte d'entrée. Je n'en connaissais aucun. C'étaient des jeunes gens. L'un d'eux m'a demandé si je savais quelque chose sur la prétendue fugue. Ensuite, j'ai vu que la nouvelle s'était répandue d'une manière ou d'une autre – par exemple de notre Annette ou de leur Emmy, et c'était peut-être des journalistes venus s'enquérir de cela.

"Je n'ai entendu parler d'aucune fugue", dis-je. "J'appelais juste notre majordome pour avoir flirté avec une de leurs employées là-bas."

« Pouvons-nous parler à votre majordome ? comme l'un d'eux.

"Non, vous ne pouvez pas", dis-je, "parce qu'il est entré pour s'occuper du petit-déjeuner."

L'un des jeunes gens a levé les yeux et s'est en quelque sorte gratté la tête avec un crayon à mine.

« Je dis, dit-il, sommes-nous dans une grande histoire d'amour ou dans un quartier de domestiques ? Dis-nous, mon ami, me dit-il, ne peux-tu pas nous aider à ce sujet ?

« Ce n'est pas dans mon secteur d'activité », dis-je ; "Mais il semble évident que si leur employé s'est enfui avec notre femme de chambre, ou si notre majordome s'est enfui avec la leur, ce n'est pas une histoire suffisante pour déranger un échevin ou son contremaître avant le petit déjeuner."

« Eh bien, laissez-moi quand même prendre une photo du mur », dit-il ; et il l'a fait avant que je puisse l'aider.

"Avez-vous un de vos majordomes ?" il ast .

"Non, nous ne le faisons pas ; et vous ne pouvez pas en obtenir. Nous ne nous soucions pas des classes inférieures", dis-je.

Alors ils rirent et Bimeby s'en alla. Je leur ai donné quelques cigarettes, tout ce que j'avais ; et ils ont dit que j'étais un bon éclaireur, assez.

Eh bien, de tous les journaux qui ont essayé de publier un article ce matin-là, pas un n'a imprimé un seul mot, sauf un. Il y a eu un article dans le journal sur une mystérieuse disparition à Millionaire Row. Cela permettait que personne ne puisse dire qui avait disparu, mais certains disaient que Old Man Wisner s'était enfui avec l'une des filles engagées par l'échevin Wright, et d'autres disaient que Old Man Wright s'était enfui avec Mme Wisner, tandis que d'autres déclaraient que le majordome des Wright s'était enfui avec la femme de chambre du deuxième étage de la maison Wisner ; bien que d'autres encore affirmaient que le jardinier Wisner avait disparu avec l'héritière de l'échevin Wright, le citoyen bien connu dont la réélection au prochain mandat était pratiquement assurée.

Ce journal publiait également quelques photos – une du vieil homme Wisner et une de Bonnie Bell, ce qui permettait qu'il soit notre majordome et celle de Bonnie Bell était la photo de la femme de chambre du deuxième étage de la maison Wisner. Je pense qu'ils avaient déjà des photos dans leur bureau de journal. Mais ils ont imprimé une nouvelle photo du mur Wisner et ont dit des choses plus drôles à ce sujet, comme ils l'avaient fait auparavant.

Ce n'était pas une période amusante pour nous. Le lendemain, il y a eu un grand incendie ou quelque chose comme ça, et tous ces gens se sont mis à écrire sur autre chose ; et ils nous ont laissé tranquilles.

Après leur départ ce matin-là, le vieil homme Wright m'a demandé si j'avais appris quelque chose. Puis je lui ai raconté comment William avait fait des signes ce matin-là à travers le mur aux gens de cette maison.

"Maintenant, il me semble que c'est ainsi, Colonel", dis-je : "Je ne me suis jamais endormi cette nuit-là, et Bonnie Bell non plus. Quand elle a vu les lumières aux fenêtres, peut-être qu'elle s'est dirigée vers sa propre fenêtre. Il était peut-être Peut-être qu'elle l'a vu. Peut-être que tout d'un coup, elle a pensé qu'elle devrait—elle devrait… Eh bien, vous voyez ce que je veux dire.

Il hocha alors la tête.

« Vous voyez, cela a dû venir sur la fille aux pores d'un seul coup », dis-je ; car, pour me sauver la vie, je ne pouvais m'empêcher d'essayer de l'excuser par tous les moyens possibles. "Elle ne lui avait pas envoyé de nouvelles et il ne lui avait pas envoyé de nouvelles depuis des semaines, à ma connaissance. Cela a dû leur arriver à tous les deux juste en une minute. C'était comme de la poudre et de la poudre… alors tu ne peux pas empêcher l'explosion. Je pense qu'elle est peut-être quelque part… avec lui.

"Oui ; avec lui !" s'éclate Old Man Wright. "C'était au coude à coude - moi et Wisner. Je l'avais battu; je l' aurais mis à genoux. Et maintenant, il nous a fait subir la plus grande honte qu'un homme puisse imaginer , peu importe à quel point il a essayé - son " Un homme à gages s'est enfui avec ma fille ! J'aurais pu me moquer de Wisner une fois. Puis-je me moquer de lui maintenant ? "

"Ce n'est pas le pire", dis-je.

"Non", dit-il; "Ce n'est pas le pire. Le pire, c'est qu'elle a épousé un pauvre type qui en voulait à son argent tout ce temps. Tout ce temps, Curly - et je ne le savais pas. Et tu l'as laissé partir comme ça - n'est-ce pas ? ici ; vous avez entendu les roues qui les ont emportés ! »

« Oui, colonel, » dis-je ; "C'est vrai. Maintenant, il est un peu tard, mais je vais faire ce travail du mieux que je peux à partir de maintenant. Cela signifie que je dois m'éloigner de la ville pendant un petit moment, Colonel. Je veux vous de vous asseoir ici et de me laisser cette chose. S'il vous plaît, ne dites pas « non » à cela. J'aurai peut-être besoin de vous dans un moment, au cas où je les retrouverais. Puisque les journaux se sont laissés berner par cette chose, nous avons réussi ce matin . , peut-être que la meilleure chose que je puisse faire est de partir pendant que tout est calme.

« Restez ici alors, Colonel, » dis-je. « Ne buvez ni plus ni moins que ce que vous avez fait. Si quelqu'un vient, dites-lui que Bonnie Bell est malade. Attendez de mes nouvelles.

XXVI - Comment je suis revenu

J'ai soutenu que lorsque vous recherchez un homme qui a commis un crime, vous devez réfléchir à ce qu'il a dit et fait en dernier lieu, afin d'avoir une idée de ce qu'il va faire ensuite ; et quand je suis venu étudier, cet homme à gages m'avait surtout dit que je me souvenais qu'il s'agissait du Wyoming, des cordes et des vaches – des choses comme ça. Je savais qu'il était fou, comme tant de gens , à propos des choses occidentales – non pas que les hommes occidentaux soient différents des autres, même si beaucoup de gens pensent qu'ils le sont.

Maintenant, je pensais que l'endroit où il ferait une pause était, comme prévu, le champ de tir. Il m'avait dit qu'il connaissait également le Circle Arrow, son patron étant très intéressé par le Circle Arrow.

J'associe une chose à une autre ; et, sans rien dire à Old Man Wright, j'ai acheté un billet pour le pays du Taureau Jaune et je suis parti aussi vite que possible.

C'était un bon pari. Quand je suis arrivé à la gare de notre ancien ranch, en contrebas de Cody, à soixante kilomètres de l'endroit où se trouvait notre ranch lorsque nous y vivions, il n'y avait pas beaucoup de monde autour de la gare que je connaissais. Il y avait là un bon nombre d'hommes nouveaux, avec de larges chapeaux, des jambières sur les jambes et des culottes boutonnées sur le côté – des gens venus de l'Ouest pour être tout à fait occidentaux. La plupart d' entre eux viennent cultiver des bananes sur le Yellow Bull et sont des gentlemen farmers, je pense.

Je regarde autour de moi pendant un bon moment. Aucun d'eux ne m'a prêté beaucoup d'attention. Enfin je l'ai vu. Oui; c'était cet homme engagé. Il s'apprêtait à quitter la ville en voiture avec une paire de mules attelée à un chariot. Il réparait des cartons et tout. Je l' ai connu en une minute.

Mais où était-elle ? J'ai attendu de voir si Bonnie Bell sortirait quelque part ; mais elle ne l'a pas fait.

Je me suis approché de lui; et il m'a vu debout là, le regardant juste au moment où il allait se retirer. Je suis allé vers moi et je me suis assis avec lui.

"Conduisez tout droit en quittant la ville", dis-je silencieusement. "Ne dis rien. Fais comme si de rien n'était", dis-je.

Sous mon manteau, j'ai enfoncé le canon de mon arme dans ses côtes. Il a regardé droit devant lui et a fait ce que je lui ai dit. S'il avait très peur , il ne le laissait pas paraître.

"Je n'ai pas d'arme", dit-il au bout d'un moment. "Je n'en emporte pas."

" Moi-même, je n'en ai pas emballé un depuis des années ", dis-je. " Parfois, un homme doit en emporter un pour les coyotes et autres choses du genre ", dis-je.

Il est devenu un peu rouge au visage, mais il n'a rien dit.

"Je suis juste ce genre d'homme : quand il s'agit d'une confrontation, je me fiche de ce qui se passe", dis-je. "Et je pense que vous voyez que c'est une confrontation maintenant. Dites-moi où elle est. "

« Elle est chez nous », dit-il ; « Environ quarante milles, vous savez où elle se trouve. J'ai la propriété d'Arrow Head Spring ; je l'ai achetée il y a quelque temps. J'ai quelques vaches, pas beaucoup. Vous voyez, » dit-il, « je J'ai économisé un peu d'argent, pas beaucoup. Notre propriété n'est pas encore payée. Nous avons un quart de section, mais vous savez que la cuisinière est derrière. Nous pensons que nous pouvons faire une sorte de début. "

"Avec elle ? Elle qui était tellement habituée ?" dis-je. "Es-tu marié ? Mais, bien sûr, c'était ce que tu recherchais : son argent, pas elle."

Il rougit alors et déglutit plusieurs fois.

"Tu as une haute opinion d'elle et de moi, n'est-ce pas, Curly ?" dit-il.

J'ai vu qu'après tout, j'étais trop tard ; et mon arme est tombée au fond du chariot, et aucun de nous ne l'a remarqué.

« Vous l'avez épousée, notre fille, dis-je, pour laquelle nous avions tant essayé de trouver un logement ? Elle aurait pu posséder tout le ranch, et vous lui donnez quarante acres, en partie payés ! fille que nous aimions tant!"

"Tu ne l'aimes pas plus que moi", dit-il. "Tu n'as jamais fait plus d'efforts pour elle que je ne le ferai pour elle. Mon amour, pourquoi, qu'en sais-tu ? Si elle ne m'avait pas aimé, penses -tu qu'elle aurait fait ce qu'elle a fait et s'enfuirait avec moi ? Pensez-vous qu'elle aurait brisé le cœur de son père et oublié tout ce qui avait été fait pour elle si ce n'était pas par amour ? Si ce n'était pas en pensant à ces choses, nous serions les deux jeunes imbéciles les plus heureux du monde . " Tout le monde. Nous le sommes maintenant ! Elle est plutôt heureuse de toute façon. Mais cela me brise le cœur de penser qu'elle n'est pas plus heureuse. "

Au bout d'un moment, il continue :

"Que pourrais-je faire, Curly ? C'est une chose horrible d'aimer une femme de cette façon ; c'est une chose terrible. Cela n'a aucun sens ni aucune raison", dit-il. "Mais maintenant, si seulement j'avais pu avoir une chance décente..."

« Prends ton fusil », dit-il au bout d'un moment ; "ça pourrait tomber."

Nous avons roulé pendant un bon moment. Il a fait comme s'il allait chercher quelque chose dans sa poche et je l'ai rapidement couvert, mais il n'a sorti qu'un morceau de bouchon Arrow Head. Il m'a proposé une bouchée, distrait.

"Non", dis-je; "Je ne peux pas prendre une bouchée de tabac avec quelqu'un comme vous."

Il le remit donc dans sa poche et n'en prit rien lui-même. Son visage était maintenant rouge et troublé.

"Curly", dit-il, "que vais-je faire ? Qu'est-ce qui est juste de faire ? Je n'avais pas grand chose à abandonner, mais tel qu'il était, j'y renoncerais volontiers pour elle ; j'abandonnerais tout dans le monde - si j'avais tout - pour elle. C'est ce qu'elle représente pour moi", dit-il. « Nous sommes tellement attachés l'un à l'autre que je n'ai pas le temps d'avoir peur de toi. Nous n'en sommes pas encore là — non pas que je sois assez vulgaire pour croire que tu bluffes ; je te connais. ce n'est pas le cas."

"Non, je ne le suis pas ", dis-je. "Cette affaire doit être réglée et je suis venu ici pour la résoudre. Je connais votre dossier - je vous ai entendu parler à plus d' une femme. Vous avez j'ai un nerf de fer, dis-je; "Mais cela ne vous servira à rien. Continuez tout de suite jusqu'à ce que je vous dise d'arrêter."

" Si vous aussi vous voulez la tuer, " dit-il, " très bien, alors abattez-moi. Alors partez et expliquez-lui ce que vous avez fait. Regardez son visage tel qu'il sera alors. Peut-être que vous pourrez " Dis-moi alors si elle se soucie de moi ou non. Veux-tu voir le visage d'une femme regarder ailleurs — le voir toute ta vie ? Et penses-tu que tu peux arranger les choses ou y mettre un terme en me tuant, en la tuant, ou en nous tuant tous les deux ? " Peut-être que vous tueriez davantage, qui sait ? Nous sommes mari et femme. Est-ce que cela arrangerait les choses , Curly ? Je ne sais pas grand-chose moi-même, mais je ne semble pas penser que ce serait le cas.

C'était curieux, mais cela semblait être vrai : il ne semblait pas avoir pris le temps de se demander s'il était en danger ou non. Et je savais qu'il ne bluffait pas non plus, pas plus que moi. Il a regardé droit devant lui et n'a pas prêté attention à mon arme.

"Curly", dit-il, "vous n'avez pas fait ceci et vous ne pouvez pas y mettre fin. Il s'agit d'un cas d'homme et de femme, tels que Dieu les a créés. 'C'est lui qui les a créés mâle et femelle.' Si je mourais aujourd'hui — si elle le mourait aussi — je remercierais Dieu que nous soyons allés jusqu'ici de toute façon ensemble.

"Eh bien," dit-il, continuant comme s'il parlait à moitié à lui-même , "je ne croyais pas grand-chose en rien - j'étais athée et socialiste - jusqu'à ce que je la voie. Je ne voyais rien de grand-chose qui valait la peine . le monde - jusqu'à ce que je la voie. Je ne voulais pas faire ou être grand-chose - jusqu'à ce que je la voie. Et maintenant, je vois tout - tout ! Je vois combien le monde vaut la peine et combien il vaut la peine d' être vécu . elle l'est et moi, et à quel point les autres valent aussi la peine. Je ne le savais tout simplement pas avant - jusqu'à ce que je la voie. Ensuite, j'ai su ce qu'était la vie. Pensez-vous que vous pouvez régler cela maintenant, ou aider ça, Curly ? Non, c'est trop tard.

Nous avons encore parcouru un bon bout de chemin.

"Curly", dit-il enfin, "j'ai fait mon discours. Si quelqu'un dit que j'ai épousé Bonnie Bell pour autre chose que l'amour - le meilleur et le plus pur des amours - il commet l'erreur la plus cruelle du monde; et c'est un foutu." menteur aussi. Tu lui demandes, Curly.

"Qu'est ce que c'est?" dis-je. "Je lui demande ? Je ne suis pas venu pour ça. Je ne pouvais pas la regarder. Cette fille peut amener ma chèvre à n'importe quelle station. Je ne veux pas lui parler."

"Mais autrefois, on n'aurait pas lynché un voleur de vaches dans un champ de tir pour une telle démonstration."

"Voleur?" lui dis-je. « Elle a dit qu'elle était une voleuse – elle avait volé la vie et le bonheur de son père et d'autres… »

"C'est vrai", dit-il doucement. "Quand on y pense, toute vie n'est qu'un vol à tous points de vue. Chaque être humain vole tous les autres. Ainsi va le monde. La génération à venir vole toujours celle qui est passée. Dites-moi, est-ce que c'est cela ? tort ? Et dites-moi, pouvons-nous, vous et moi, juger si c'est le cas ? »

Je restai assis et réfléchis pendant un bon moment, essayant de comprendre les choses. Je ne pouvais pas. Finalement, j'ai levé la main et j'ai jeté mon arme dans le sage.

XXVII - Comment j'ai quitté le vieil homme Wright

Je retournais à la gare dès qu'arrivait un wagon qui voulait me conduire, environ une demi- heure après avoir laissé l'homme de mer dans le chariot. Ensuite, je suis allé voir Cody. Quand je suis arrivé là-bas , j'ai fait ce que quiconque connaît les cowpunchers sait que je ferais dans ces circonstances. J'ai certainement été fidèle à mes habitudes.

Tout d'abord, je suis allé au bureau du télégraphe et j'ai envoyé un télégramme au vieil homme Wright : « Ne faites rien avant d'avoir de mes nouvelles. » Ensuite, j'ai montré que j'étais un bon homme d'affaires en allant acheter un billet de train pour Chicago ; et je l'ai laissé ainsi que dix dollars au réceptionniste de l'hôtel.

Cela faisait peut- être sept ou huit jours que j'étais occupé à célébrer ma perte de mon emploi comme le fait presque toujours un cow-puncher. Ayant autant d'argent, il m'a fallu un certain temps pour finir de décorer Cody comme je le préférais. Pourtant, au bout d'un moment, n'ayant plus que dix dollars et le billet de train, j'ai décidé de rentrer chez moi.

Quand je suis rentré à Chicago , j'ai trouvé Old Man Wright assis là où je l'avais laissé et il avait l'air de n'avoir vraiment rien fait depuis. Ses cheveux étaient très longs et son visage était plein de moustaches.

"Eh bien, je les ai trouvés ", dis-je.

« Qu'as-tu fait, Curly ? dit-il.

« Je ne lui ai tiré aucun coup, dis-je. Pour ainsi dire, il m'a pris mon fusil.

"Hein ! Où est-elle ? Comment va-t-elle ?"

J'ai dû lui dire que je n'avais apporté aucune nouvelle de Bonnie Bell et que je ne l'avais même pas vue.

"Je ne pouvais pas le supporter, Colonel", dis-je. "Il m'a fait un discours terriblement fort, Colonel", dis-je.

Il n'a rien dit pendant un long moment. Il a alors commencé à parler très lentement.

"Je pensais n'avoir qu'un seul ami au monde", dit-il, "un homme sur qui je pourrais me reposer. Mais même toi, tu m'as repoussé – même toi, tu m'as laissé tomber, Curly."

"Oui, Colonel", dis-je. "J'ai fait bien pire que ça. Je sais ce que vous ressentez et je ressens la même chose. Je ne le suis pas . apte à être votre contremaître. Tu m'as amené ici uniquement parce que tu étais si tendre que tu ne pouvais pas me virer. Vous n'avez fait preuve d'aucun jugement, sinon vous m'auriez viré à ce moment-là, et cent fois depuis. Toute cette confusion était due au fait que je n'avais pas de cervelle – je ne pouvais pas voir une charge de foin ; pourtant, c'était moi qui faisais tout ce qui voyait – vous n'y avez jamais pris part. Shore, je suis tombé ! Vous ne me virez pas pour le moment ; Je me vire. Je suis revenu pour vous dire cela, colonel. J'ai passé environ une semaine à Cody pour y réfléchir, avec de l'aide."

Il s'est simplement assis et m'a regardé, et j'ai eu du mal à essayer de parler. Je lui ai dit où ils vivaient tous les deux.

Puis, tout d'un coup, l'ensemble du tableau du bon vieux temps, quand lui et moi étions jeunes, sembla se présenter devant lui. Il s'enflamma comme si seulement une partie de lui était en feu à l'intérieur. Il se leva et marcha de long en large, les mains serrées.

"Au diable vous tous !" dit-il, et ses yeux étaient maintenant comme des charbons. "Qu'ai-je fait à l'un d'entre vous ? Qu'ai-je fait de mal à quelqu'un pour mériter cela ? Ne te souviens-tu pas quand tu étais un homme, Curly ? Ne te souviens-tu pas quand toi et moi étions assis à la porte de le grand pâturage, avec nos fusils sur nos genoux, et nous attendions que ces bergers arrivent et essayent de faire passer ces moutons à travers nous ? Ont-ils réussi à passer ? Non ; personne ne nous avait fait égorger. C'était à l'époque où vous et moi étions des hommes, Bouclé.

"Qu'avons-nous fait maintenant ? Nous avons laissé ce foutu hypocrite, Dave Wisner, prendre le dessus sur nous tout au long de la ligne. Il a marié son homme à ma fille, et il a installé cet homme dans son vieux ranch. , où sa mère et moi avons fait notre premier départ. Est-ce que quelque chose pourrait être plus difficile à supporter pour moi que ça ? Tu étais sur la porte, Curly ; et tu les as laissés passer .

"Il a dit qu'ils étaient complètement heureux - eux deux, colonel", dis-je. "Que diable pouvais-je faire, colonel ? Tout m'a envahi. Je pouvais voir le soleil briller; je pouvais sentir le vent souffler à nouveau, comme si c'était autrefois."

"Heureux!" dit-il. Il chuchotait à moitié maintenant et sa voix était comme celle d'un bon vieil homme. "Heureuse ! Moi aussi, sa mère aussi, là-bas dans la vieille maison en rondins, avec les montagnes, le soleil qui brillait et le vent soufflait. Bouclée", dit-il, "qu'est-ce qui l'a poussée à gâcher sa vie ? Qu'est-ce qui l'a poussée à gâcher sa vie ? qui nous a fait venir ici ? »

"J'aimerais que vous m'offriez du jambon et de l'aigs , Colonel," dis-je, "avant de partir. J'ai rencontré il y a quelque temps un type qui était fauché ; donc je n'ai pas grand-chose."

« Va manger, mec, dit-il, et ne me parle pas de partir.

"Qu'est ce que c'est?" dis-je.

"Tu n'es qu'un foutu vacher sans valeur et insignifiant et tu ne seras jamais différent. Je devrais te virer - j'aurais dû le faire il y a longtemps; mais je vire mes propres hommes - ils ne se virent pas eux-mêmes . Va manger ".

« Vous ne pouvez pas non plus en manger maintenant, Colonel ? Je l' interroge .

"Pas encore", dit-il. "Peut-être après un moment."

Je suis sorti et j'ai pris le premier repas carré que j'avais mangé depuis deux jours. Comme je ne pouvais plus manger à ce moment-là, j'ai en quelque sorte fait un tour dans la maison, qui ressemblait désormais à un enfer. Quand je reviens, j'ai vu un coupé électrique devant notre cour. Tom Kimberly venait juste d'arriver. Dans le coupé, j'ai vu deux filles. L'une était Katherine et l'autre semblait être Sally Henderson.

"Je n'essaierai rien de dire, M. Wright", dit Tom Kimberly au bout d'un moment au vieil homme - "seulement, quoi que Bonnie Bell ait fait, elle l'a fait parce qu'elle pensait que c'était mieux. Elle a essayé de faire ce qui était honnête." et juste. Si elle ne m'aimait pas , cela n'aurait pas été juste de m'épouser. Elle n'a jamais dit qu'elle m'épouserait; elle a dit qu'elle me le dirait un jour. C'était son droit de décider par elle-même. J'aimerais elle va bien, aussi difficile que cela soit pour moi de le dire.

"Oui, je sais", dit le vieil homme. "C'était une fille bien, Tom. Mais elle n'est pas la seule au monde à ça ; et elle avait des taches de rousseur, certaines - elles s'aggravent en vieillissant. Il y a beaucoup de filles dans le monde qui la font toujours plus belles - toujours C'est beaucoup. Si je n'avais pas épousé sa mère, Tom, j'aurais épousé n'importe quelle autre fille parmi une demi-douzaine d'autres, genre, au fur et à mesure qu'elles arrivent. De toute façon, elles sont toutes semblables, vous voyez ; alors ne le prends pas mal."

C'était un foutu vieux menteur ! Il n'aurait jamais épousé une autre femme au monde que celle qu'il avait épousée, et il le savait ; mais il essayait de mettre Tom plus à l'aise. Alors Tom s'est assis là et a allumé une cigarette. Son pantalon était très court, et quand il l'a remonté, j'ai vu qu'il portait des jarretelles bleues. J'étais alors réconcilié.

Au bout d'un moment , il se leva et nous dit au revoir. Puis il sortit jusqu'à l'endroit où se trouvait le coupé, dans la rue. L'une des filles à l'intérieur lui a ouvert la porte – peut-être Sally Henderson.

XXVIII - Le trou dans le mur

Un journal est sorti, avec une photo de la clôture Wisner, montrant l'endroit où le trou avait été percé . Il était marqué d'une étoile pour indiquer où il se trouvait. L'homme qui a écrit l'histoire a dit qu'il s'agissait d'un cas moderne de Pyrame et Thisbé. Qui ils étaient , je ne le sais pas ; mais apparemment, ils vivaient du côté sud. Il y avait cette fois des photos de notre William et de leur Emmy. Je n'ai pas lu davantage à ce sujet, car j'étais en colère contre toute cette affaire et très inquiet à propos du vieil homme Wright et de ce qu'il allait faire. Mais une partie de la pièce disait quelque chose que j'avais vu par hasard.

Évidemment [il est dit] bien qu'il puisse être difficile pour un jeune homme d'embrasser une fille à travers un mur de quatre pieds, cette ouverture, ouverture ou orifice, sans aucun doute ni question à l'origine, était destiné à être une voie permettant à M. Pyramus d'y accéder occasionnellement. , sinon aux lèvres, du moins aux oreilles de la petite Mademoiselle Thisbé. Il ne reste plus qu'à savoir qui était M. Pyramus et qui était Miss Thisbé. À ce sujet, l'échevin Wright s'est régulièrement démenti devant la presse, tandis que Mme Wisner, le seul membre de la famille résidant du côté nord du mur, refuse également de parler. Il est bien connu que M. Wisner s'est absenté en Europe pour des affaires importantes liées à l'emprunt de guerre...

J'ai lu cela jusqu'ici au vieil homme Wright, puis il a éclaté.

« Emprunt de guerre ! » dit-il. "C'est un prêt pour lui-même qu'il recherche. Il a perdu quatre millions de dollars sur son projet d'irrigation lorsqu'il a acheté notre ranch. Maintenant, je vais saisir et il le sait. Il a ses fonds immobilisés dans des cargaisons. de viande et de céréales qui ne sont pas encaissées. Il est petit, et sacrément petit ! Et je le sais ; et c'est une époque où les banques ne relâchent pas beaucoup. La guerre, oui ; je vais lui montrer la guerre ! Il ne peut pas personne n'obtiendra le titre d'un pied de terre avant que le vieux Wisner n'obtienne son titre de moi - et il ne l'obtiendra jamais. Si c'est mon dernier acte, je le ruinerai. Je t'ai fait confiance et tu m'as refusé. Je lui ai fait confiance et elle m'a renversé. Je ne ferai plus confiance à personne, sauf à moi-même.

"Qu'en est-il ?" se dit-il au bout d'un moment en regardant les grandes pièces autour de lui. "Qu'est-ce que tout cela est arrivé, qu'est-ce que j'ai fait pour elle ? Et j'ai abandonné le ranch pour elle et j'ai abandonné la vie que j'aimais !"

« Le soleil était sur les collines quand j'étais là-bas, Colonel, » lui dis-je soudain, pensant à quelque chose, « et le ciel était bleu comme toujours ; et le vent ne faisait que transporter l'odeur du sage, comme avant ; et la rivière coulait blanche sur les radiers, comme avant. Et les vaches... »

"Ne le fais pas, Curly!" dit-il. "Ne le faites pas!"

« Je ne le ferai plus, Colonel, » dis-je. « Je ne serai plus sur votre liste de paie très longtemps ; mais au bon vieux temps... »

"Ne le faites pas!" dit-il. "Je ne peux plus penser au bon vieux temps. Je ferme les livres maintenant, Curly."

" Moi aussi ", dis-je.

"Que veux-tu dire?" dit-il. "Je ne comprends pas bien certaines choses."

"Non, vous ne l'êtes pas ", dis-je. "Tant que c'est une guerre juste, je suis avec vous; mais quand il s'agit de faire la guerre aux femmes et aux enfants, je ne suis pas d'accord."

"Les enfants ! Bouclés, que voulez-vous dire ?"

« Les enfants, dis-je, c'est tout ce qu'il y a à faire. Jouez comme vous le souhaitez, colonel, dis-je ; "Mais quand vous vous opposez au jeu des enfants , vous vous opposez à Dieu Tout-Puissant lui-même. Il l'a organisé pour qu'il ne puisse pas perdre. Ils n'ont pas pu s'en empêcher . Je dois finir un jour , comme toi. ... Très bien, j'en finirai avec eux.

Ensuite, je lui ai serré la main et il l'a fait avec moi. Il me regarde dans les yeux et je le regarde en retour. Nous n'avons faibli ni l'un ni l'autre. C'était de loin la chose la plus difficile à laquelle nous ayons jamais fait face ensemble, mais aucun de nous n'a vacillé. Nous avions tous les deux décidé ce que nous pensions être juste.

"Mon fils," dit-il au bout d'un moment, "tu es un homme après tout." Et il pose la main sur mon épaule ; comme il le faisait avant.

"Elle n'a pas de maman", lui dis-je à la fin. "Je suis la moitié de son père, la seule moitié qu'il lui reste ; et je resterai si son père ne le fait pas . Mais elle n'a pas de maman. C'est ce qui me rend si désolé pour l'enfant", dis-je.

Il me regarde, les yeux grands ouverts, mais il ne parle pas.

« Je l'ai vue assise là, colonel, dis-je, dans cette pièce, sur notre vieux salon de cuir, elle se tordant les mains comme si elle allait les déchirer. Elle se battait alors contre un jeu difficile et faisait de son mieux. pour jouer honnêtement - elle n'était qu'une enfant, sans aucune chance particulière d'être aussi très sage et sans mère. Elle n'avait pas d'âme à qui s'adresser, et tout ce qui l'inquiétait était de savoir de quel côté du jeu elle Car elle savait que , même si nous ne le savions pas, comme je vous l'ai dit tout à l'heure – elle devait le savoir d'une manière ou d'une autre – il y a un jeu particulier auquel Dieu Tout-Puissant joue pour ne pas perdre.

Il gémit comme si je détestais entendre. Mais il n'a pas faibli. Je savais qu'il ne pouvait pas abandonner.

XXIX - Comment le jeu a échoué

Aujourd'hui était le jour où le vieux Wisner devait rentrer chez lui ; et ce soir-là, Old Man Wright et moi sommes partis pour aller là-bas et discuter avec lui. Il y avait donc beaucoup de choses à faire ce jour-là.

Le vieux Wright se levait au lever du soleil et était occupé presque toute la journée dans la pièce qui lui servait de bureau à la maison ; il n'était pratiquement pas allé en ville depuis la fugue de Bonnie Bell. Il avait ici un bureau rempli de papiers et maintenant il faisait venir son avocat et son coiffeur tôt dans la journée.

"Eh bien, échevin", dit l'avocat, "vous agissez comme si vous rédigiez votre dernier testament et que vous vous prépariez à fermer vos affaires."

Il rit alors ; mais Old Man Wright ne rit pas.

"Je le suis", dit-il. "Il est temps ; je suis mort depuis plus d' une semaine maintenant."

Ils rédigèrent des papiers sur les maisons, les lots, les stocks et autres choses, comment ils devaient être distribués en cas de décès dudit John William Wright. Puis, au bout d'un moment, ils reviennent dans les journaux sur la grande affaire que nous avions contre Old Man Wisner pour le dernier paiement différé sur l'échange Circle Arrow qui n'avait pas encore été payé et ne le serait pas. Le vieil homme Wright se recule et regarde les papiers juste là .

"Je sais pourquoi Old Man Wisner est allé à l'Est", dit-il. "Il ne pouvait pas réunir autant d'argent - près d'un million de dollars - avec quelque chose d'aussi sauvage que des fraises et de la crème dans le Wyoming ; pas à cette époque. Même les banques en sont conscientes maintenant. Les sténographes, les employés, les ministres et les médecins ne le savent pas . mordent comme avant ; il est plus difficile de trouver des gens prêts à payer autant d'argent par mois pour un bungalow en Floride ou dans le Wyoming alors qu'ils restent chez eux occupés à un travail léger et distingué. De temps en temps, le peuple américain se fait prendre . avec un peu de sens du cheval. Il y a des endroits pour les pêches et la crème, et il y a des endroits pour les vaches, mais vous ne voulez pas vous tromper.

"Alors," dit-il, "je sais que le vieux Wisner est fauché en ce moment. Il est allé en Hollande pour voir s'il ne pourrait pas former un syndicat néerlandais pour décharger. Les Néerlandais sont le dernier recours des Boomer américain . Lorsque vous ne pouvez pas vendre à personne d'autre un tas de terres de bois gras pour une colonie d'ananas, allez les vendre aux Hollandais ; c'est facile. J'ai vu un jour un homme vendre presque toute l'extrémité nord. du Nouveau-Mexique à un syndicat hollandais pour une plantation de café. C'était bon pour les vaches ; mais il avait des photos de bateaux à vapeur, de canaux et d'autres choses là-bas dans l'armoise - vous devez avoir un canal sur votre plan si vous vendez quelque chose à Ces gens de Hollande. Comme assez, le vieux Wisner avait des photos de canaux. Mais il n'a pas pu vendre cette propriété, à cause de la guerre là-bas ; ils sont occupés à autre chose.

"Le résultat est qu'il est revenu ici fauché. Il sait que les banques sont devenues sages et qu'elles ne le soutiendront pas plus qu'elles ne l'ont fait. Elles sont trop occupées à prêter environ un milliard de dollars aux gens en Europe pour pouvoir le faire. aidez-nous à faire exploser des bateaux à vapeur pour nous.

"Par conséquent", dit-il en secouant le presse-papier sur la table lorsqu'il abaisse son poing, "si les temps deviennent plus difficiles, comme cela se produira assez souvent, Dave Wisner devra laisser cette propriété sur le marché pour le prix qu'elle coûtera. apporter à l'intérieur son an de grâce après la forclusion. Je sais ce que cela signifie ; cela signifiera que j'aurai quelques milliers d'acres de terre supplémentaires à distribuer entre mes héritiers et ayants droit, mes exécuteurs testamentaires, mes amis, mes fidèles serviteurs, les villageois et autres - cependant vous avez compris cela dans les journaux.

"Montrez-moi ces papiers", dit-il au bout d'un moment. « Est-ce que vous avez écrit le nom de ma fille Katherine ? Et qu'elle a cette résidence en ville ici ?

Puis ils l'ont revu. Mais au bout d'un moment, l'avocat en eut fini, ainsi que le barbier, et ils s'en allèrent tous deux ; et le vieil homme se tourne vers moi.

"Curly", dit-il, "je suis riche. Je suis terriblement riche. Je ne savais pas à quel point j'étais riche jusqu'à ce que je commence à en discuter avec Fanstead , Maclay & Horn, mes avocats ici. Je pense que, en prenant à ma juste valeur, je vaux dix ou douze millions de dollars – peut-être vingt ou quarante – dont la plupart ont été gagnés dans cette ville en quelques années environ, et tout cela grâce à l'argent Wisner que nous avons obtenu pour le ranch, que nous avons obtenu. Je vais revenir presque sans frais, pourriez-vous dire. Je ne le voulais pas, mais je suis riche – terriblement riche !

"Et donc, voyant que je n'ai pas d'héritiers de mon propre sang ni de ma famille, j'en ai cherché quelques autres. Il y a cette Katherine ; c'est une bonne fille. Elle m'a embrassé ici une fois." Et le vieil homme posa la main sur sa tête. « Je vais lui donner un petit quelque chose après ma mort ; par exemple, cette maison et les choses ici – un demi-million de dollars peut-être. De même, j'ai arrangé quelques choses pour mon fidèle serviteur susmentionné,

Henry. Absalom Wilson – c'est toi, Curly. Je te donne juste assez pour l'argent des cigarettes », dit-il ; "Peu importe combien. Et quant à eux deux", dit-il, "elle et l' employé des Wisners - pas un centime ! Pas un foutu centime ! Je vais lui montrer ! "

« Le vieux ranch, dit-il, sera réparé un jour – certains de mes héritiers et exécuteurs testamentaires s'en empareront. Il est facile d'avoir beaucoup d'héritiers si vous avez douze ou cinquante millions de dollars. J'ai laissé des instructions pour apporter des améliorations là-bas. Ce sera en quelque sorte les meilleures excuses que je puisse présenter à la femme qui est enterrée là-bas - que Dieu la bénisse ! - une femme aussi bonne que jamais sur terre. Je ne vois pas comment elle pourrait avoir une telle fille comme elle l'a fait. Eh bien, " termine-t-il en soupirant. "J'ai fait de mon mieux. Je ne vivrai peut-être pas plus de trente ou quarante ans.

"Alors, maintenant, Curly", dit-il après un moment, "puisque nous avons terminé toute notre journée de travail et qu'il nous reste un peu de temps, nous pouvons maintenant nous livrer à un passe-temps simple, comme marmonner des chevilles, ou peut-être jouer aux billes. , jusqu'à plus tard dans la soirée. J'ai fini de lui couper la parole, Curly, et je suis heureux. Je l'ai laissé aussi propre que je sais le faire. Maintenant, je te parie mille dollars que je peux te battre trois matchs. sur cinq à Mumblety-Pet. Mon exécuteur testamentaire, sans caution, " dit-il en continuant, " est le vieux Kimberly.

« C'est parti, colonel, » dis-je ; "même si je ne sais pas où j'en trouverai mille avant que votre testament ne soit homologué."

Alors nous sommes sortis, nous nous sommes assis sur l'herbe et avons joué au marmonnement - moi, j'ai perdu ce millier, naturellement. Ensuite, nous nous sommes en quelque sorte amusés dehors d'une manière ou d'une autre jusqu'à ce qu'il fasse nuit. Il m'a quitté au bout d'un moment et est entré seul dans la maison.

Quand je suis entré, je l'ai vu debout seul dans notre chambre du ranch, en train de regarder certaines choses qu'il avait ramassées. Il s'agissait d'un foulard en soie blanche et d'une paire de longs gants blancs – il aurait aimé les trouver au fond du canapé, là où Bonnie Bell les a probablement laissés tomber le soir où je l' ai vue assise là, se tordant les mains parce qu'elle ne l'avait pas fait. savoir quoi faire. Nous ne laissons jamais personne nettoyer la salle du ranch. Il les déposa doucement sur le canapé, lissa l'écharpe et plia les gants ; c'était comme s'il les rangeait dans un tiroir.

Nous n'avons pas grand chose à manger, pas même du jambon et de l'aigs . Il a commencé à faire noir peu de temps après et je me suis en quelque sorte promené sur le trottoir pour regarder autour de moi. Le vieil homme Wright était seul dans la maison .

À ce moment-là, j'ai vu une voiture arriver très vite et s'arrêter sur le trottoir à mi-chemin entre notre maison et celle des Wisner . Quelqu'un est sorti de la voiture et est venu en courant dans notre allée. Je pouvais voir que c'était une femme. Ne voulant alors que personne ne soit dérangé, je suis descendu à sa rencontre.

C'était Bonnie Bell ! Elle rentrerait alors à la maison.

J'ai parcouru l'allée pour la rencontrer et je l'ai repoussée. Je savais que ça ne ferait pas l'affaire qu'ils se rencontrent maintenant. Mais elle a couru et a mis ses bras autour de mon cou. Elle était seule, même s'il y avait quelqu'un dans la voiture qui n'était pas sorti.

"Bouclé!" dit-elle, "Curly ! Je t'ai vu debout là et je suis entrée. Où est-il, Curly ?"

J'acquiesce derrière moi.

« Là-dedans », dis-je. « N'entrez pas, vous ne devez pas.

« Il le faudra, un jour. Laisse-moi partir maintenant.

" Non , ce n'est pas le cas", dis-je. "Vous ne pouvez pas. Il est trop tard."

"Trop tard ? Trop tard ? Pourquoi, que veux-tu dire, Curly ? J'ai... je suis revenu ! Je veux voir mon père ! Je dois voir mon père. Il y a beaucoup de choses que je dois lui dire. Il je ne sais pas, je ne savais pas.

"Tu ne peux plus voir ton père, gamin", dis-je. "Ce temps est révolu . Je suis contremaître ici jusqu'à minuit aujourd'hui, et pendant que je suis là, personne ne va le déranger. Il a eu C'est déjà assez compliqué."

Elle se tenait debout, tremblante. J'avais maintenant ses poignets dans mes mains.

"Quand tout sera fini", dis-je, "c'est-à-dire quelques questions que nous allons régler ce soir", je viendrai vers vous dans le Wyoming. Je ne serai plus contremaître ici. Je vais aller et je me joins à vous, même contre le vieil homme. »

Elle commençait à pleurer maintenant.

"De quoi tu parles ? Je le veux !" dit-elle. "Je veux voir mon père. J'ai besoin de lui, et il a besoin de moi !"

"Oui, il a besoin de toi", dis-je. "Il a eu besoin de toi depuis longtemps. Mais tu n'aimerais pas le voir maintenant; il a bien changé. Il n'a plus d'ami sur terre à part moi , et ça finit à minuit. Il a eu la vie assez dure, quand on y réfléchit, dis-je.

"Je dois y aller, Curly", dit-elle.

"Non, vous ne pouvez pas", dis-je. "Je suis contremaître et je ne vous laisserai pas. Il ne le voudrait pas; il vous a rayé de ses livres - nous venons de le faire aujourd'hui, avec un avocat et Un barbier."

"Mais, Curly, il ne sait pas———"

"Hein!" dis-je. "Eh bien, il le pense. Il pense que tu es pareil que si tu étais mort."

"Bouclé!" elle pleure maintenant fort. "Curly, ça ne doit pas être le cas ! C'est une erreur ; tout a été une erreur. Je suis revenu———"

"Oui", dis-je; "C'était une erreur. Cela n'a été qu'une erreur sur toute la ligne. Mais, dans la mesure où cela peut être réglé, le vieil homme et moi, nous avons décidé de régler le problème ce soir. Lui et moi allons "Je vais rendre visite au vieux Wisner ce soir", dis-je. "Nous y allons dès que le vieux Wisner rentre à la maison. J'y vais avec ton père, Bonnie. Tu me connais et je pense que tu le connais aussi. Je je pense qu'il peut y avoir une conversation simple.

"Je dois le voir!" dit-elle encore et encore.

"Eh bien, si vous voulez le voir", dis-je, "vous continuez là-bas et, comme c'est assez, vous le verrez d'ici peu. Votre place est de ce côté du mur maintenant. Ce soir, c'est le moment où Old Man Wright et moi nous installons ensemble . " Old Man Wisner, et s'installe de manière permanente. Nous vivons de ce côté. "

Elle se retourne maintenant et s'enfuit si vite que je n'ai pas pu la rattraper.

J'ai vu quelqu'un sortir de la voiture maintenant – un homme ; et elle lui prit le bras et ils disparurent tous les deux hors de vue au bout du mur. J'ai admis qu'ils s'étaient approchés de la porte. Très vite, j'ai vu une lumière dans leurs fenêtres les plus hautes au-dessus du mur – on pouvait à peine voir cela d'où je me tenais. Si j'avais voulu monter à l'étage, j'aurais pu en voir davantage depuis nos fenêtres ; mais je ne ferais pas ça maintenant.

Je suis rentré dans la maison et me suis tenu près de notre porte, regardant la rue. Au bout d'une demi-heure ou trois quarts d' heure , j'ai vu arriver la voiture du vieux Wisner ; il y avait des lumières dans la voiture et je pouvais le voir clairement. Il était assis, la tête plutôt penchée. Je suppose que, comme assez, on lui avait déjà remis nos papiers du centre-ville. Il était arrivé en ville tôt ce matin-là et avait été occupé toute la journée à son bureau. Il venait juste de rentrer chez lui. Il devait savoir qu'il était arrêté.

J'ai attendu encore une demi-heure pour que les choses puissent s'arranger là-bas, puis je suis entré et j'ai trouvé Old Man Wright. Il était assis, immobile, comme un homme mort, regardant la cheminée de notre pièce du ranch, même s'il n'y avait pas de feu. Il était tout habillé de ses vêtements de soirée

; et maintenant je comprenais pourquoi il avait fait venir le coiffeur. Il n'y avait pas dans toute la ville de gentleman plus beau que le vieux Wright à l'époque, bien qu'il soit pâle et triste. Seigneur, comme il était triste ! Mais pas du tout, lui, même si la vieille dame Wisner nous avait appelés comme ça.

« Il est venu, colonel », dis-je doucement, me tournant d'un vieil homme triste à un autre vieil homme triste.

Je ne lui ai rien dit sur les autres personnes que j'avais vues dans notre cour ; Je ne voulais pas l'énerver, car je savais qu'il avait rayé Bonnie Bell de ses livres et fermé les livres pour de bon. Quand je lui ai parlé , il se retourne et se lève, silencieux.

« Très bien, dit-il ; "Nous allons continuer maintenant."

Alors nous sortons ensemble de notre porte d'entrée. Il ferme alors la porte derrière lui et nous continuons ensemble l'allée. Il ne se retourne qu'une seule fois et regarde la maison.

La rue entière était là devant nous lorsque nous sommes sortis de notre cour pour entrer dans la leur. Les lumières étaient toutes allumées maintenant, à des kilomètres et des kilomètres ; et au-dessous de nous se trouvaient les centaines de milliers d'autres lumières de la grande ville – la ville qui ne nous avait pas rendus aussi heureux que nous le pensions. J'ai entendu un bateau siffler quelque part au fond du lac, ça m'a fait trembler l'estomac.

À l'ouest, au-delà de notre quartier de la ville, on pouvait entendre une sorte de bruit sourd, comme celui d'un tramway ; mais de notre côté, il n'y avait que des automobiles, des milliers, qui avançaient aussi vite et doucement que des oiseaux. La plupart d'entre eux se dirigeaient encore vers le nord ; mais de l'autre côté de la rue, il y en avait en baisse, peut-être à cause des gens qui allaient au théâtre. C'était à peu près l'époque où les citadins mangeaient ce qu'ils appellent le dîner. La lune se levait derrière notre maison, qui était là toute noire, sans aucune lumière maintenant. Je pouvais voir les parterres de fleurs dans notre jardin et les statues blanches et nues qui s'y trouvaient. C'était plutôt joli, mais froid comme un cimetière.

La porte d'entrée était fermée et, la lune étant à l'est, la partie de la maison qui nous faisait face était noire. Je me souvenais de ce que l'avocat avait dit à propos des choses signées, scellées et livrées. Eh bien, nous avions fermé les livres. C'était au diable Better Things !

Je n'ai pas dit à Old Man Wright que Bonnie Bell était là, parce que les choses étaient déjà assez difficiles pour lui et que je travaillais pour lui depuis un petit moment encore. Il était comme un jour d'été maintenant.

J'avais été son adjoint une ou deux fois lorsque nous devions aller arrêter un méchant homme. Il était maintenant exactement comme il l'était alors. Il marche, les pouces des deux côtés, juste posés sur la ceinture de son pantalon. Je ne sais pas ce qu'il avait en tête ; mais on ne pouvait pas voir la marque d'une arme à feu sur lui et j'avais jeté mon arme. Ses pans de manteau pendaient droit. Dehors, il était absolument civilisé. Son visage était blanc et il avait l'air tout à fait doux, tout simplement doux. Il ne l'était pas. Quant à le changer, il aurait été aussi simple de changer l'une de ces statues en marbre de notre jardin.

Eux Wisners ne surveillait pas sa propre porte comme il aurait dû le faire. Nous avons monté les escaliers et le vieil homme a sonné et est resté là, le visage sans aucune expression maintenant.

Nous avons entendu des bruits à l'intérieur : leur chien s'est mis à aboyer et il semblait que les gens parlaient. Leur William a ouvert la porte et nous sommes tous restés là.

Le vieux Wright tend le bras et le pousse sur le côté, et lui et moi entrons, marchant rapidement vers le milieu de la maison.

XXX - Comment ça s'est passé après tout

Il y avait un rideau devant la porte entre le couloir et la pièce au-delà. Le vieil homme Wright a balayé d'un seul coup et a ouvert toute la pièce devant nous. Nous restâmes là devant la porte, aucun de nous ne faisant le moindre mouvement. Tout s'est alors arrêté. Plus personne ne parlait. Ce que nous avons vu devant nous était quelque chose que vous ne pouviez pas imaginer voir du tout.

Ils étaient tous assis à table et ils étaient tous habillés. Il y avait le vieil homme Wisner et la vieille dame, et Bonnie Bell — elle était assise à côté de la vieille dame. Juste au-delà, juste en face de nous, face à nous, se trouvait l'homme de mer, l'homme pour le compte duquel nous étions venus régler les choses maintenant et les laisser signées, scellées et livrées.

J'ai trouvé que c'était vraiment drôle que leur employé mange avec eux, et qu'il soit tout habillé comme eux. Puis je me suis souvenu à quel point il avait toujours été frais et comment il s'était vanté de l'attirance qu'il avait auprès de ces gens. Et je me souvenais aussi de la conversation que j'avais entendue entre lui et la vieille dame Wisner. Quoi qu'il en soit, il était là, grand comme la vie ; et s'ils avaient des problèmes à propos de quoi que ce soit, vous ne pouviez pas le voir. Personne ne versait aucune larme et il ne semblait pas y avoir de guerre.

J'avais l'impression d'être en l'air. J'avais l'impression d'avoir rêvé de quelque chose et de ne pas m'être réveillé . Je n'arrivais pas à comprendre ce que j'avais vu. Personne n'a dit un mot.

Vous devez vous rappeler que Old Man Wright ne savait pas encore que Bonnie Bell se trouvait à moins de trois mille milles de lui. Et quand il écarta le rideau, elle était là, assise juste à leur table ! Et juste en face il y avait aussi un jeune homme assis, un jeune homme qu'il ne connaît pas.

Voyez-vous, il n'avait jamais vu cet homme à gages, pour le connaître. Je n'avais pas dit au vieil homme que Bonnie Bell était là, parce que j'avais permis qu'il le sache de toute façon. Maintenant, c'était le cas.

Ce fut Bonnie Bell qui bougea la première, car elle savait ce qui pourrait arriver. Elle fit un saut pour son père et passa ses bras autour de lui – non pas autour de son cou, mais autour de ses bras. Elle n'essaya pas de l'embrasser, elle ne dit pas un mot ; elle était effrayée. Elle savait où il portait son arme : sous son épaule. Je n'ai jamais su si elle l'avait trouvé ou non.

"Non!" dit-elle vite ; et elle a verrouillé ses mains derrière son dos pour qu'il ne puisse pas lâcher ses bras. "Non ! Non ; vous ne pouvez pas... vous ne le ferez pas ! Non, non !" elle dit. "Papa papa!"

D'ordinaire, elle n'aurait été qu'une paille pour lui, il était si fort. Mais, voyez-vous, il ne s'attendait pas à la voir, et beaucoup de choses lui viennent à l'esprit en même temps. Elle était là, avec ses bras autour de lui de toute façon, quoi qu'il arrive.

Pour une fois, Old Man Wright a oublié. Sa main s'est en quelque sorte tendue vers la sienne là où ils se trouvaient , et il dit en tremblant :

"Bonnie, ma fille ! Je ne savais pas que tu étais là !"

À ce moment-là, tout le monde était debout. L'homme de main démarre pour nous, mais je l'ai arrêté.

"Pas encore", dis-je. "Je travaille pour l'ancien patron jusqu'à minuit ce soir. Tu restes où tu es."

Quand j'ai dit que Old Man Wisner et Old Lady Wisner, ils se sont figés là où ils étaient . Mais pas Bonnie Bell. Elle se tourne vers moi maintenant et je sens sa main sur mon bras.

« Que voulez-vous dire, les hommes ? Êtes-vous fous ? dit-elle. "Je n'accepterai pas ça ! Asseyez-vous ! Toi, Curly, tu fais une pause ici et je te gifle", dit-elle. "Vous m'entendez ? Ne commencez rien ici !"

Eh bien, tu ne penserais pas que nous avons tous été séparés juste par une fille, n'est-ce pas ? Mais elle nous a mis en fuite avant que nous commencions. C'était surtout parce que tout cela était si inattendu. Je ne m'attendais pas à voir l'homme engagé à leur table et Old Man Wright ne s'attendait pas du tout à voir Bonnie Bell ; alors tout le troupeau commença à tourner en rond.

Elle a poussé son père sur un siège, et moi aussi.

« Alors c'est comme ça que tu agis quand je ne suis pas là ! dit-elle. "Vous devriez avoir honte", dit-elle. "Je n'en aurai plus."

Leur employé s'est assis maintenant, très sérieux. Il n'a pas ri et n'a pas essayé de le faire passer. Nous savions tous qu'il s'agissait d'une confrontation, qu'il s'agissait d'un règlement et qu'il devait être adopté.

Old Man Wright, il ne semblait regarder personne d'autre que Bonnie Bell. Si l'on peut dire qu'un homme peut avoir l'air affamé avec ses yeux, c'est à cela qu'il ressemblait à l'époque. À ce moment- là , elle pleurait et elle met maintenant ses bras autour de son cou.

"Papa!" dit-elle. « Pore vieux papa ! Pore vieux papa insensé et malheureux ! Maintenant, elle commence à l'embrasser un peu ; mais il ne peut pas parler — il lui caresse simplement les épaules.

"Je suis la fille la plus misérable et la plus méchante du monde", lui dit-elle en repoussant ses cheveux, "et je suis aussi la plus heureuse ! Papa, écoute-moi. Tu ne dois pas juger. Ne prends pas les choses sont si difficiles. Attends, essaie de voir. Essaie de voir s'il n'y a peut-être pas une autre volonté dans le monde que la tienne, papa - peut-être que certaines volontés seront plus grandes que les nôtres toutes. Je n'ai pas pu m'en empêcher, papa - je Je ne pouvais pas ! Je suis si heureuse, dit-elle, si follement heureuse maintenant !

"Heureux?" dit-il enfin ; et il la repousse loin de lui. "Avec lui, là-bas ?" Il fait maintenant un signe de tête à l'homme engagé, après l'avoir placé. « Qu'est-ce qu'il fait ici ? dit-il.

"Pourquoi ne devrait-il pas être ici ?" dit alors le vieil homme Wisner, parlant pour la première fois. " C'est mon fils !"

" *Qu'est-ce que c'est ?* " dit Old Man Wright. "Ton *fils* !"

"Rive!" dit-il. "Pour qui pensez-vous qu'il était ? Il peut manger à ma table. Il s'en sort bien ; il a épousé la meilleure fille que j'ai jamais vue !" dit-il. Ensuite, il devient incapable de parler pour un centime.

Mince! J'aurais aimé être presque n'importe où ailleurs. Son fils! Comment son fils pouvait-il être son employé, et où était l'employé si ce n'était pas lui ? Je me sentais commencer à transpirer sur mon visage et partout. J'avais été un imbécile, moi.

"Dave Wisner", dit le vieil homme Wright, "je viens ici pour régler les choses avec vous. Notre compte est long. Vous m'avez rendu la tâche difficile - terriblement difficile ! - lorsque vous avez obligé votre homme à s'enfuir avec ma copine. " Votre fils ! De quel genre de discours s'agit-il ? Que voulez-vous dire ? "

"Mais c'est *notre* fils !" dit alors la vieille dame Wisner, parlant pour la première fois. "Au nom du ciel, pour qui *pensais* -tu qu'il était ? Un homme engagé ! Que veux-tu dire ?"

"C'est ce que j'essayais de te dire, à toi et à Curly", dit maintenant Bonnie Bell, tenant le manteau de son père d'une main et lui tapotant fort l'épaule de l'autre. "Je vous ai dit que tout était une erreur, tout était mélangé. À part la miséricorde de Dieu qui m'a envoyée ici tout de suite, quelqu'un aurait pu être tué, pour autant que je sache", dit-elle. "Vous les hommes, vous n'avez pas plus de cervelle qu'un lapin. Il est temps que je vienne !"

"Ton *fils* !" dit le vieil homme Wright. " *Fils !* Et Curly a dit qu'il était ton employé ! "

Le vieux Wisner éclate de rire.

"Un homme à gages ! Oh, je vois comment tu pensais ça ! Tu l' as peut-être vu bricoler dans les fleurs comme - il était toujours fou de ces choses - mais pas d'homme à gages ; il ne valait pas vraiment un salaire."

"Et qu'en penses-tu?" » rit alors Bonnie Bell à Old Lady Wisner. "Sa mère pensait autrefois que j'étais une employée!"

La vieille dame Wisner jouait depuis un bon moment une sorte d'accompagnement, se parlant toute seule. Tout d'abord, elle commence et dit : "Oh, mes lois ! Oh, mes lois, putain ! Oh, mes lois, putain, vivantes !" - encore et encore, elle avait si peur. Et maintenant, elle commença à dire : "Bénis mon âme ! Que Dieu bénisse mon âme ! Oh, Dieu bénisse mon âme !" Et elle le répète encore et encore.

"Je t'ai dit, Curly", dit maintenant Bonnie Bell, "qu'il y avait eu une erreur partout. Pourquoi n'as-tu pas dit à mon père que j'étais là ?"

"Eh bien", dis-je, "j'ai admis qu'il le découvrirait après un certain temps. N'est-ce pas ?"

Je transpirais énormément maintenant et je sentais à quel point mes cheveux étaient roux. J'ai tellement marché que mes jambes étaient croisées.

"J'ai découvert beaucoup de choses", dit maintenant Old Man Wright, tout d'un coup et rapidement. "J'ai moi-même commis quelques erreurs; mais vous" - et il fait maintenant face à leur employé - "vous vous êtes fait passer pour un domestique."

"C'est vrai, monsieur", dit-il. "J'ai été sous de fausses couleurs pendant un long moment et je détestais ça autant que n'importe qui. Mais que pouvais-je faire ? Je ne trouvais aucun moyen de la rencontrer. Je ne voulais pas de son argent et je ne voulais pas de son argent." Je vous ai tous trompés, c'est vrai. Je l'ai trompée aussi - elle ne savait pas vraiment qui j'étais jusqu'à il y a moins d'une semaine. Puis elle est rentrée à la maison.

"Pourquoi n'es-tu pas venu me le dire au début ?" dit le vieil homme Wright.

"Comment pourrais-je?" dit-il. "Je savais ce que cela signifierait, d'après tout ce que Curly avait dit. En plus, je voulais la conquérir juste pour ce que j'étais, juste pour ce qu'elle était. Je voulais être sûr qu'elle m'aimerait comme je le voulais, juste pour ce qu'elle était. Je l'étais, j'en suis sûr maintenant.

"Mais j'allais venir vous le dire, c'est justement pour cela que nous sommes venus maintenant, nous deux, comme vous le voyez. Ce n'était pas un plaisir pour moi de tromper ni vous ni elle, je n'ai plus jamais aimé ça. que toi."

Le vieux Wright était juste là à le regarder, et il ne pouvait pas parler. Le jeune homme continua.

"Je l'ai aimée la première fois que je l'ai vue, monsieur", dit-il. "J'ai décidé, la première fois que je l'ai vue, qu'un jour je l'épouserais. Je l'ai fait. Et nous sommes heureux – nous sommes plus heureux que je n'aurais jamais cru que quiconque pourrait l'être. Comment pouvez-vous garder rancune contre une fille comme ça – ta propre fille ? Elle n'a fait que ce qu'elle pensait être juste. Et c'était bien aussi ! Et ça continue !"

" Alors tu es le fils de cette famille ! " dit Old Man Wright, lentement. "On n'y peut rien non plus. Je... eh bien, je ne savais pas. Je... je pensais que tu la voulais pour son argent. J'irai jusqu'à dire ça."

"Cela n'aurait fait aucune différence", dit alors Bonnie Bell. "Je l'aurais épousé de toute façon. C'est exactement comme il le dit : il ne m'en a jamais parlé jusqu'à il y a peu de temps. Je pensais qu'il était une sorte de parent éloigné de la famille Wisner. Si vous réfléchissez à ce que vous pouvez Voyez comment toutes ces choses se sont produites assez facilement. Surtout lorsque vous vous arrêtez pour penser que, à pied et à cheval, Curly est enclin à faire des choses plus stupides qu'une cage de rats blancs – que Dieu le bénisse ! Parce que personne d'autre que lui. aurait pu faire exactement ce qu'il a fait ! »

"Eh bien, il me semble", dis-je alors, "que la plupart de tout cela est arrivé à cause de moi. Je pense que j'ai fait autant de folies que n'importe qui pourrait le faire", dis-je. "Comme je l'ai dit à votre père, je "Je ne pouvais pas voir une charge de foin. Mais c'est ici que j'ai arrêté. Il ne semble pas que vous n'ayez plus besoin de moi, car les choses sont maintenant aussi confuses que possible", dis-je.

"Reste tranquille, Curly", me dit Bonnie Bell. « Asseyez-vous !

À ce moment-là, j'ai vu ces deux vieillards se regarder. Sans rien dire, ils se levèrent tous les deux et sortirent ensemble dans le salon. Nous ne pouvions pas entendre ce qu'ils disaient. D'ailleurs, nous ne pouvions pas entendre ce que nous disions nous-mêmes , à cause de quelque chose qui s'était passé là-dedans.

Leur chien colley, César , aboyait après nous quand nous sommes entrés. Il s'était en quelque sorte mis sous la table. Mais maintenant, nous avons entendu un autre chien aboyer comme un fou. Et maintenant, il arrive de quelque part, de la garrigue ou de la voiture peut-être, ce chien de Boston, Peanut, de Bonnie Bell !

Il cherchait également un règlement. Il n'hésite pas , mais il va directement chercher ce colley sous la table, et ils le mélangent beaucoup sur-le-champ, jusqu'à ce que la plupart d'entre nous soient assez heureux de monter sur les chaises. J'ai essayé de les arrêter et la vieille dame et Bonnie Bell leur criaient dessus ; mais le mercenaire leva la main.

"Laissez-les tranquilles !" dit-il. "Ils ont , d'une manière ou d'une autre , une intelligence presque humaine", dit-il. "Laissez- les tranquilles, pour qu'ils puissent s'en sortir."

donc amusés pendant un bon moment dans la salle à manger, sous la table et parmi les chaises, sous le canapé et un peu partout, tous deux s'amusant à fond . Leur chien, César , avait vieilli maintenant et Peanut avait les mains occupées ; mais il était travailleur et sincère.

Peu à peu, après un bon moment, ils se séparèrent et se mirent à se regarder, la langue pendante, heureux et souriant. Cacahuète, il s'approche de sa maîtresse et il secoue une oreille qui était détachée. César , il s'approche de la vieille dame, boitant et levant le pied, l'air complètement content.

"Ils s'entendront bien maintenant", dit l'employé - James, ou Jimmie, ou Jim, peu importe comment vous l'appelez.

Je ne pouvais pas croire qu'il s'agissait du jeune M. James Wisner. Parfois, je ne le fais même pas encore.

"Vous devriez avoir honte", dit Bonnie Bell. "Je le déclare, les hommes sont des brutes de toute façon !"

"Je le sais, Bonnie Bell", dis-je. "J'ai causé beaucoup d'ennuis, mais plus maintenant. Je prends le train du matin vers l'ouest", dis-je.

« Où aller ? elle m'a demandé ; et je ne peux pas répondre – pour moi, le monde entier était sens dessus dessous, comme cette pièce ici.

Vers ce moment, les deux vieillards reviennent dans la pièce, tous deux sérieux ; mais on pouvait facilement voir qu'ils n'avaient pas eu de guerre – seulement une sorte de confrontation et de règlement ; Je pense que c'est à cause de Bonnie Bell et de ce James, ou Jimmie, ou Jim, qui n'étaient pas des hommes à gages après tout, et peut-être qu'il avait une marque de fraise sur le bras – je ne sais pas comment ils l'ont prouvé.

Old Man Wright, il s'est levé, la main sur une chaise ; et il a fait un petit discours après le dîner qui lui a coûté, peut-être, plusieurs millions de dollars – mais cela ne l'intéressait pas !

"Je viens ici ce soir", dit-il, "pour peut-être faire justice de moi-même - de toute façon, je pense que je suis venu ici pour rendre un jugement; mais je n'étais pas un bon juge, parce que j'essayais l'affaire sans avoir toutes les informations nécessaires. Mais je suis ce genre d'homme, dit-il, que lorsque j'ai commis une erreur et que je le sais, je suis prêt à me lever et à le dire. C'est ce que je fais maintenant. Je pense que je me suis trompé. Certaines choses ne peuvent pas être évitées. Je ne vais plus essayer d'aider à cela.

"Le fait est, je pense, que c'est peut-être la meilleure chose qui puisse arriver . Cela ne s'est pas produit par mon intermédiaire. J'ai fait de mon mieux pour empêcher que cela se produise. C'est là que j'avais tort. Je suis heureux de tout cela maintenant. et je retire ce que j'ai dit. J'ai été un âne sauvage du désert de vingt-deux carats, aux yeux roses et aux rayures noires, mais pas à moitié aussi idiot que Curly. C'est lui qui nous a tous trompés. ".

Old Man Wisner, il se lève aussi ; et il fait sa confession qui est bonne pour son âme. Sa pomme d'Adam lui a en quelque sorte parcouru le cou, mais il s'en est sorti.

"N'en dites pas plus, colonel", dit-il. "Je suis moi-même responsable de tout cela. J'étais le plus grand imbécile qui ait jamais existé. Cette clôture... eh bien, cette clôture maintenant..."

James, ou Jimmie, ou Jim et Bonnie Bell, ils se regardent alors et éclatent de rire.

« Vous ne l'avez pas construit assez haut, dit-il ; "tu ne pouvais pas!"

"Je suis content de ne pas pouvoir le faire", déclare Old Man Wisner. "Les choses vont bien se passer, comme elles devraient se passer. J'ai beaucoup appris ce soir, beaucoup sur le fait d'être voisin. Fils, nous avions un voisin et nous ne le savions pas. Peut-être que c'est comme ça que beaucoup de choses se passent. Nous avons eu un voisin qui a sauvé votre père de la faillite et de la disgrâce devant tout le monde – avant demain soir. C'est le genre de voisins que nous avons eu depuis le début", dit-il ; "et nous avons essayé de construire une clôture et de les éloigner de nous ! Oui, Dieu merci, je n'ai pas pu construire la clôture assez haute", dit-il.

"Elle savait où il portait son arme."

"J'en savais quelque chose, papa", dit alors James, ou Jimmie, ou Jim. "J'aurais pu vous dire il y a longtemps que l'accord sur le ranch ne pouvait pas gagner. Réduisez-le, abordez les véritables valeurs commerciales et humaines, et il devrait gagner - et gagner gros!"

Old Man Wisner, il est toujours plutôt fort en matière d'organisation. Il regarde Old Man Wright et ils regardent tous les deux ce jeune homme ; et ils acquiescent tous les deux.

"C'est une bonne idée", dit Old Man Wright, "une sacrément bonne idée ! Maintenant, nous commençons à parler. Pourquoi ne pouvons-nous pas mettre les deux entreprises ensemble et faire en sorte qu'une main lave l'autre, et laisser cela jeune monsieur s'occupe de la réorganisation sur place ?

"C'est l'idée!" » interrompt Bonnie Bell à ce moment-là. "Il n'y a pas de meilleur pays pour les vaches que la Yellow Bull Valley. Je le sais. Donnez-nous une chance et nous sortirons toute cette affaire du trou", dit-elle.

"James", dit le vieil homme Wright, et il se promène et tend la main, jouant le jeu grand ouvert, comme il le faisait toujours - "James", dit-il, "voudriez-vous serrer la main du pire vieux imbécile qui soit ici ? le monde entier, sauf Curly ?

Maintenant, James, il se porte plutôt bien jusqu'à présent, mais cela l'assomme. Il se lève, un peu rouge et surpris, et il serre la main du Vieil Homme ; mais il ne pouvait rien dire et ne semblait pas savoir quoi faire de ses mains. Alors il met sa main dans sa poche, comme le ferait un homme, et il semble y sentir quelque chose ; et tout à coup, ne pouvant penser à rien d'autre, il sort ce qu'il a trouvé et le tend au vieil homme Wright.

« Colonel, » dit-il, « voulez-vous manger un morceau ? C'est Arrow Head, le même nom que notre source là-bas », dit-il. "Je n'en ai pas utilisé d'autre depuis. J'ai juste entendu dire que vous déteniez la plupart des actions de la Arrow Head Tobacco Company ; mais je ne suis pas surpris. Vous n'avez pas grand-chose oublié !"

Je pense que c'est l'accident le plus chanceux qui lui soit jamais arrivé : lorsqu'il a trouvé ce morceau de prise. Old Man Wright en a pris une bouchée libérale et dit :

"Fils, tu portes des jarretières ?"

Tout le monde s'est alors mis à rire, sauf moi et Old Man Wright. C'était sérieux pour nous. Nous pensions maintenant aux vachers. Bonnie Bell, elle s'approche encore une fois de son père, le serre dans ses bras et regarde l'homme de main.

"Ne faites pas attention à lui, Jim", dit-elle. "Il est horrible parfois ; mais il veut dire bien et il a sa propre façon de penser. J'ai le meilleur père du monde !" dit-elle.

"Tu avais la meilleure maman du monde", dit Old Man Wright. "Il me semble que parfois tu préfères ta mère", dit-il.

Puis ils s'embrassèrent ; Le fait est que presque tout le monde s'est fait embrasser là-bas, sauf moi. Pourtant, quand on y réfléchit bien, j'étais responsable d'un bon nombre de ces choses et de la façon dont elles se sont déroulées, et je n'en ai reçu aucun crédit. Aucun contremaître ne le fait jamais.

La vieille dame Wisner, comme je l'ai dit, elle était assise là et disait principalement : « Que Dieu me bénisse ! et "Que Dieu bénisse mon âme!" - personne ne lui prête beaucoup d'attention. Mais maintenant, Bonnie Bell se rapproche d'elle et lui tend la main, timidement. La vieille dame, elle, met un bras autour d'elle, et elle se met à pleurer aussi. Ils étaient tous les deux vraiment heureux. Les chiens doivent se battre et les femmes doivent pleurer ; alors ils sont heureux. Je pense qu'ils avaient tous les deux une sorte de compréhension.

"Fils", dit Old Man Wright après un moment à James, ou Jimmie, ou Jim, "où t'ai-je déjà vu ?" Il le regardait depuis un moment.

« La première fois que vous m'avez vu, colonel, dit-il, c'était lorsque je suis tombé amoureux de votre fille, monsieur », dit-il. "C'est à ce moment-là que je t'ai reconduit chez toi la veille de Noël."

« Vous avez conduit… quand vous nous avez ramenés à la maison ! » dit le vieil homme Wright. "Que voulez-vous dire par là ? Nous avions notre propre voiture ; et j'ai donné au conducteur une pièce d'or de dix dollars ce soir-là parce que c'était la veille de Noël. Il s'est allumé ; donc il était bancal aussi le lendemain. Je m'en souviens . "

"Moi aussi", dit James en riant. "J'ai cet argent maintenant. Mais c'est votre vrai chauffeur qui s'est allumé, pas moi. Vous voyez, quand Bonnie Bell est sortie dans la tempête ce soir-là, elle n'a pas remarqué que ce n'était pas sa voiture. La sienne. lui ressemblait beaucoup - à la fois de la même marque et tout à fait neuf. Peut-être qu'elle ne connaissait pas encore très bien son nouveau chauffore ; alors elle m'a dit de la ramener à la maison. J'ai donc dû faire ça.

"Comment saviez-vous où aller ?" alors Bonnie Bell, en riant.

"Je savais tout de toi !" dit-il. « J'avais été occupé pendant plus d' une heure dans la salle à manger de l'hôtel avec Henderson, et c'était assez long pour apprendre tout ce que j'avais toujours voulu savoir. Je savais à quel point tu étais riche. C'est pourquoi je t'ai reconduit chez toi et je n'ai pas Je ne vous ai pas dit qui j'étais ; c'est pourquoi je n'ai jamais essayé d'appeler ; c'est pourquoi beaucoup de choses se sont produites comme elles l'ont fait. J'avais peut-être mes propres théories idiotes ; peut-être que j'ai eu une touche de le socialisme ou quelque chose de ce genre quand j'étais à l'université.

"Mais quoi qu'il en soit, colonel Wright", poursuit-il, "je tiens à vous dire, monsieur, que je vous connais et vous admire bien plus que vous ne l'avez jamais imaginé. J'ai voté pour vous pour le poste d'échevin - bien que mon propre père "Je pensais que vous défendiez ce que je pensais être juste. Le monde entier est vraiment voisin", dit-il, "et la démocratie humaine me suffit. J'ai alors voté pour vous - et je le fais maintenant. Mon papa a beaucoup à apprendre."

Il se tourne alors vers son père, et le vieil homme semble exploser, il était tellement fou ; mais nous avons tous fini par en rire aussi.

"Fils", dit Old Man Wright, "m'as-tu dit que tu utilisais un de ces rasoirs à l'ancienne ? Je suis ce genre d'homme dont on dit parfois qu'il a des préjugés. Maintenant, j'affûte toujours mes propres rasoirs . "

"Moi aussi", dit James, ou Jimmie, ou Jim.

Le vieil homme hésite un moment et le regarde très tristement ; et il dit, comme s'il se parlait à lui-même :

"Eh bien, eh bien ! Je me demande comment j'ai pu être un tel idiot peint à la main tout le temps ! Je crois que nous, à terre, pouvons encore faire de vous un vacher", dit-il.

"C'est dans six et sept", dit James, ou Jimmie, ou Jim, "mais il y a une chance là-bas, dans ce ranch. Peut-être que je peux apprendre. Et c'est tellement bien là-bas, avec les montagnes, le ciel et le vent. soufflant dans la sauge, et le——"

"Chut, mec!" lui dit le vieux Wright. "Vous me donnez tellement le mal du pays que je ne peux pas le supporter. Nous irons tous vivre là-bas. Je vais vous dire ce que nous ferons", dit-il d'un ton précipité, prenant en quelque sorte les devants. des choses. "Nous garderons ces deux maisons ici pour nous deux comme maisons de ville, et nous aurons tous l'ancien ranch comme maisons de campagne", dit-il. "Et nous dirigerons tous l'entreprise de manière sensée sur de bonnes lignes commerciales", dit-il, "avec les pêches et la crème, et les côtes levées, les mandrins et les assiettes tout dedans. Eh bien, nous allons…"

"Oh, papa !" dit Bonnie Bell, et elle s'approche du vieil homme en pleurant parce qu'elle était heureuse. Elle l'avait vu changer juste avant elle : il avait rajeuni de quarante ans au cours des dix dernières minutes. "Papa", dit-elle - "Papa, nous le ferons - quand ?"

"Ma fille", dit-il, "nous allons commencer dès maintenant à leur offrir de meilleures choses pour lesquelles nous avons commencé. Tu vas avoir la place dans la vie que ta mère a dit que tu devrais avoir. Toi et Katherine ", dit-il, " je devrai arranger ça à propos de cette maison que j'allais quitter dans mon dernier testament. Mais, comme je l'ai dit, je donnerai à Katherine un demi-million quand elle se mariera - si elle se marie. " Un homme aussi bon que vous. Vous voyez, Katherine m'a embrassé - ici même, dans un endroit doux - sur ma vieille tête chauve. "

Il frotte alors l'endroit. Bonnie Bell, elle l'embrasse là aussi — pour peut-être plusieurs millions.

Au bout d'un moment, je me suis en quelque sorte dirigé vers la porte, comme si ce n'était plus ma place.

"Où vas tu?" me dit le vieil homme Wright ; et Old Man Wisner, il dit aussi quelque chose sur le fait que je ne suis pas pressé.

"Je ne sais pas, mais je pense que je vais continuer maintenant. On dirait que j'ai été un contremaître. J'ai fait tout ça. Mais quels remerciements vais-je en recevoir ?"

Je commence à sortir de cette zone de baiser, pour ainsi dire. Je ne savais pas, mais la vieille dame Wisner essayait de m'embrasser. Je ne voulais pas que cela arrive.

« Hé, hé ! » » dit Old Man Wright en riant comme il y a des années. « Écoutez ce garçon idiot parler, n'est-ce pas, Dave ? Vous ne pouvez pas arrêter, Curly », dit-il ; "Il y a trop de choses à faire pour toi dans le vieux ranch. Penses-tu que tu pourrais apprendre à ce gamin à jouer à la corde ?" dit-il.

"J'ai déjà commencé", dis-je. "Lui et moi, nous nous entraînions un peu."

Eh bien, c'est ainsi que nous avons pu mettre les choses au clair, des deux côtés, et parvenir à un accord qui ne semblait jamais possible il y a peu de temps auparavant. C'est ainsi que nous retournons dans l'ancien pays du Taureau Jaune, du moins pendant une partie de l'année. C'est ainsi qu'un mauvais rodage a été sauvé. C'est ainsi que le vieux Wisner a été empêché de s'effondrer le lendemain et, comme assez, une banque ou deux avec lui. De même , c'est ainsi que ces deux fortunes, peut-être cinquante ou quatre-vingt-dix millions ou plus à elles deux, une fois les choses nettoyées, furent réunies jusqu'à ce que la mort les sépare. Quand ces deux vieux gars ont commencé à se ressaisir, quelque chose a dû craquer. Nous, à terre, avons une affaire maintenant – plusieurs d' entre elles .

J'ai acheté Jimmie - nous l'appelons ainsi au ranch - pour qu'il puisse en enfiler au cours de sa première année, même si j'ai dû lui montrer comment étendre un peu sa boucle et ne pas dépendre du savonnage de son hondoo .

C'était comme au bon vieux temps de voir un enfant débuter sur le parcours dans le jeu individuel qui vaut la peine sur terre : élever des vaches dans un bon pays de vaches. J'étais heureux de ne pas avoir tiré sur Jimmie, ou que mon patron n'ait pas tiré sur son père – cela ne me dérangerait pas autant pour la vieille dame Wisner, car je ne pouvais m'empêcher de me rappeler comment elle avait délibérément créé des ennuis dès le début. Bien sûr , j'avais aussi créé des ennuis, mais je n'y suis pas allé.

Que devient le vieux mur entre les deux maisons ? Pas grand chose; nous l'avons laissé debout, car d'une manière ou d'une autre , il ne semblait plus si haut lorsque le lierre de Bonnie Bell et les autres plantes ont commencé à pendre dessus. Mais, bien sûr, j'ai dû creuser un peu plus le trou après un certain temps, pour que les jumeaux puissent passer facilement, ainsi que Peanut. L'un s'appelait David Abraham et l'autre John William ; mais ils ne pouvaient pas s'en empêcher.

Le meilleur moment, c'était lorsque nous nous rassemblions tous au printemps, à la gare, pour aller au ranch pour le rassemblement du printemps et pour commencer l'année. Le vieux Wisner et la vieille dame étaient là, ainsi que le vieux Wright, Jimmie, Bonnie Bell et moi – moi qui étais contremaître maintenant et qui, comme si j'en avais assez, le gagnais, vu la façon dont les choses avaient été mises en pièces.

Nous étions descendus de Cody jusqu'à cette station où j'avais trouvé Jimmie – à l'époque où j'étais à sa recherche. Pendant un moment, nous avions été très occupés à préparer nos affaires, prêts à aller au ranch. Nous avions deux chariots, un rempli de provisions et d'autres choses. Ils avaient même installé des moustiquaires là-bas maintenant et avaient des fauteuils à bascule pour s'installer. Le vieux Wright était aussi occupé qu'un violoniste à mettre les choses en place. Ses manches étaient retroussées, et tout à coup Jimmie le regarde et dit :

« Colonel, si je ne me trompe pas, vos taches de rousseur réapparaissent.

Le vieil homme éclate de rire.

"Oui", dit-il; "Je suis presque apte à courir pour She'f encore une fois . N'est-ce pas comme au bon vieux temps, Curly ? » dit-il.

« C'est le rivage, colonel, » dis-je ; "et il n'y a pas de meilleurs moments qu'eux."

Le vieux il monte dans le chariot d'un côté et il prend les deux jumeaux sur ses genoux. Sur son dossier se trouvaient Papa et Maman Wisner – moi, avec Old Man Wright, au milieu. C'était un chariot à trois places, et les mules étaient pleines d'avoine et en plongeaient ; mais cela ne dérangeait pas Jimmie : il conduisait, avec Bonnie Bell, sur le siège avant.

« Tout est prêt ? » dit-il en tournant la tête ; et Old Man Wright hoche la tête.

" Giddap ! " dit Jimmie, et il les libère.

Bonnie Bell, elle se retourne à moitié, le regardant à moitié et à moitié les jumeaux, et dit :

« À la maison, James ! »